当代河南女作家研究资料汇编

计文君卷

张莉 张天宇

主编

北京出版集团

北京十月文艺出版社

—— 计文君 ——

河南许昌人。艺术学博士，北京曹雪芹学会理事，北京大学曹雪芹美学艺术研究中心专家委员会委员。2000年开始小说创作，出版有小说集《化城喻》《问津变》《白头吟》《帅旦》《窑变》《你我》《剔红》《天河》等，作品被《新华文摘》《小说选刊》《小说月报》《中华文学选刊》等选刊选载，多次入选小说学会年度排行榜、城市文学排行榜，另出版有《红楼梦》研究专著《曹雪芹的遗产——作为镜像和方法的世界》《曹雪芹的疆域——〈红楼梦〉的阅读接受史》等。曾获人民文学奖、《人民文学》中篇小说金奖、杜甫文学奖、郁达夫小说奖、《北京文学》年度优秀作品奖等奖项。

目　录

总　序　　　　　　　　　　　　　　　　　　　1
地方性色彩与女性写作的可能
　　——"当代河南女作家研究资料汇编"序言　张　莉　3

作家作品选　　　　　　　　　　　　　　　　　1
你　我　　　　　　　　　　　　　　　计文君　3
帅　旦　　　　　　　　　　　　　　　计文君　49
夏生的汉玉蝉　　　　　　　　　　　　计文君　73

作家创作谈　　　　　　　　　　　　　　　157
千足虫之舞　　　　　　　　　　　　　计文君　159
大象的故事
　　——《化城喻》创作谈　　　　　　计文君　164
这里胜似花开
　　——《满庭芳》创作谈　　　　　　计文君　167

对　谈　　　　　　　　　　　　　　　　　171
小说之路
　　——计文君访谈录　　　　　计文君　张天宇　173

研究论文 219

计文君：也许和也许 李敬泽 221

愿得一心人　白头不相离 何向阳 224

"红"范儿作家计文君 刘　涛 228

一个人的战争 吴义勤 236

计文君："脱域"而去与回望内心 郭　艳 241

计文君论 孙先科 252

现代人乡愁的三重奏

　　——论计文君的小说创作 杜　昆 277

论计文君"钧州系列"小说 李　群 296

小说的化城与琢光的心性

　　——计文君的小说 张　欢　孟繁华 310

火中栽莲

　　——计文君的小说 黄德海 328

现代都市的焦虑与松弛 行　超 339

"后真相时代"的虚与实 饶　翔 343

新媒体塑造的"新青年"

　　——以计文君《化城喻》为例 李　馨 351

透视时代症候群

　　——谈计文君小说 张天宇 363

研究资料索引 381

作家创作年表 387

后　记 398

总序

地方性色彩与女性写作的可能

——"当代河南女作家研究资料汇编"序言

张　莉

一

想到河南，几乎所有人都会想到那个著名的豫剧片段《谁说女子不如男》："刘大哥讲话理太偏，谁说女子享清闲？男子打仗到边关，女子纺织在家园。白天去种地，夜晚来纺棉，不分昼夜辛勤把活儿干，这将士们才能有这吃和穿。你要不相信（哪），请往身上看，咱们的鞋和袜，还有衣和衫，这千针万线可都是她们连（哪啊）。有许多女英雄，也把功劳建，为国杀敌是代代出英贤，这女子们哪一点不如儿男……"

唱词如此之好，它以典型的女性视角说出了历史的真相、生活的真相。这个唱腔里有典型的河南风格和河南气质，有着古乐的典雅，但同时，女性声音的加入硬朗又柔软，某种对真相的讲述伴随着恳切、朴素，引起了一代代观众的共情。在我们民族的文化生活里，《谁说女子不如男》以其鲜明的独特性和女性气质留存下来。而豫剧、女性意识都成了"硬通货"。这让人想到何为深具地方色彩的女性写作，何为超越性的地方书写与女性艺术的问题。

二

之所以编纂"当代河南女作家研究资料汇编"丛书，是试图厘清新世纪以来河南女作家们的创作谱系。何向阳、邵丽、梁鸿、乔叶、计文君都曾在河南生活成长、写作，即使她们中有四位已经在北京生活，但是，"河南"在她们的写作中有着深深的烙印，毕竟河南是她们创作与生命的给养。

五位作家都讨论过河南之于她们写作的重要给养。何向阳谈起黄河之于她的意义。"这三十四年我切实喝它的水，吃它的水浇出的粮食，它给我生命的恩惠，无法计算。'何水德之难量！'古人说。难量的还有它其中的精神，那是没有物的测杆的——文字能不能成为它呢？也许还是不能，标尺的想法是多余的。因为躺着的水击散到每一个人那里，就是每一个人——这直立的黄皮肤的水，他们奔涌，在历史间，一幕幕大戏开和阖，他们也是为了一个方向，一个必要到达的目的而不懈不屈，我写，在那熟悉的身影里，不止一次找得到我自己。其实是想说，在他们为理想叠加生命进去的队列里，我想找到我自己。"

邵丽非常认同"中原作家群"这一概念。"我还是比较喜欢'中原作家群'这个称呼。河南的作家群体很有特色，从队伍方面来讲，老中青作家非常齐全。从作品内容来看，中原特色比较鲜明，有态度，有担当，有天下意识。中原作家群确实是一个非常有担当意识的群体，毕竟中原地区文化积淀深，'天下'意识有历史传承，所以更容易做到'我为人民鼓与呼'。当然，文学创作是一种更心灵化、个体化的活动，所以文学中的文化意识传承，必然也和作家的个体因素有关。……它是一个文学现象而不是哲学概念。共性只能在个性中存在，每个河南的作家都是不一样的，任何个性都不能完全被包括在共性之中，这才构成一个独特的群体。相对而言，我关注城市比较多，对真正的农村，尤其是底层生活还比较陌生。"对中原及河南的深深认同感，也体现在邵丽的写作中。2021年，邵丽在北京十月文艺出版社出版《天台上的父亲》，其中收录的短篇小说《天台上的父亲》和《风中的母亲》，都给人带来惊喜，那是独属于中原人民的故事，她借由这样的故事，重新为中原大地上那些最普通的人民画像。

梁鸿是"梁庄"最著名的女儿，她以那个落在河南的村庄为坐标，为中国当代的非虚构文学树立了一种写作范式。十年来，《中国在梁庄》引起的影响依然深远，十年后，梁鸿重回梁庄，不负期待，写下迷人的《梁庄十年》。诚挚、诚恳，内心充满柔情和暖意，作家写下作为生存之地、生活空间的梁庄，但也写下历史裹挟、时间变迁中的梁庄，这是《梁庄十年》给我们带来的震动。不再只是作为社会问题的梁庄，不再只是作为中国缩影的梁庄，它还是乡民日常生活、情感变化之所。作家以一种更为生动的细节和故事去讲述村庄里的父老、坟墓里的亲人以及她之于这片土地难以割舍的深刻情感，作家写下村庄之变时，其实也写下了村庄之不变，从而为我们重新勾勒了另一种意义上的作为乡土风景的梁庄。

乔叶的写作中有着另一种中原气质，温厚而多情，《最慢的是活着》《认罪书》《拆楼记》都是她关于中原大地生活的写照，在这位作家那里，河南是她写作的肌理。"河南是我的成长根基，河南文化是我的精神父母，这就是河南对我的意义。它是上天赐给我的命定的东西，我无法拒绝也不能拒绝。它对我创作的影响就是我必会带有河南气息。我曾把河南比喻成我所有作品的序。这序早在我动笔之前的几千年就开始铺展，开始弥漫，直至浸入我作品的字里行间，并延伸到纸外所有的空白。这序的作者所执之笔浩大如椽，它所用之纸，更是季节更替无边无垠。——不仅是我，事实上，它分娩和养育了这里的一切篇章。"

计文君的小说中，钧州是常常出现的地名，在她看来，河南或者北京之于她，只是一种写作时的肌理，而并不一定具有显性表征。"写作时，河南在我的认知中是一种文化和审美性质的存在。它跟我的生命经验有关系，我能由衷地感觉到河南的美——这很好理解，我的审美口味本来也就是由河南'塑造'的。河南优秀的作家很多，每个人的河南都不一样，就像北京对不同的人也是不同的城市。我不认为存在一个客观的实在的'河南'或者'北京'，任何地域都是通过人显现的。人在世界之中，世界通过人来显现，河南，北京，都是我观察世界的一种具体方式。"

读这些女作家的作品和她们的创作谈，你不得不想到那句话，"所有创造性的艺术必须源于某一块特定的土壤，闪烁着地方的精灵"。会想到她们作品中强烈的地方性特色，自然，也会想到她们作品中的那些超越地域的部分，五位作家作品中蕴含鲜明的女性气质。

何向阳的评论独具个性，那是充满着爱和体谅的文字，是以随笔体方式对文学所表达的最诚挚的爱和理解。而她的诗歌，安静、沉静、优雅，写的是女性最深沉的情感和内心生活，显现了我们时代女性诗歌少有的内敛和庄重，一如霍俊明所说，何向阳的诗歌"对日常的身边之物和细微之物保持了持续的观照、打量和探问的能力和热情。这对于女性写作来说是非常关键的"。

邵丽的作品里女性叙述人清晰而鲜明，2021年出版的长篇小说《金枝》，讲述的依然是中原地区人民的生活。一代代如金枝般的女性在酷烈的社会性别秩序中努力抗争，最终拥有了自我意识和自我命运的决定权，从而，人生路途宽阔，枝繁叶茂。作为承上启下的人物，周语同的话语里包含了审视父辈、女性意识、代际冲突等重要命题，《金枝》里固然有"我们如何做父／母亲"的思考，但同时也有"我们如何做儿女"以及关于"革命"的理解。这是一部使我们重新审视父辈，同时也重新审视子辈的作品，叙述人不断向内的思考、倾诉和痛彻的反省尤其令人动容。女性叙事对于这部作品如此重要，一如程德培所指出的，"女性叙事，尤其是以父亲为名所开启的几代母亲形象都是《金枝》得以立足的基石。无论是满含深情与怨恨，在修辞上掌控着叙事进程的'我'，还是'我'的母亲，父亲的母亲和祖母，抑或是另一个母亲穗子以及穗子女儿等，她们为人子女都是金枝玉叶，为人父母却又承担养育下一代的职责，所谓一种天然的道德承诺。从这个意义上说，代际关系与生命传承无疑是《金枝》的时间线索"。

《梁庄十年》中，梁鸿用情感结构她的所见所闻，尤其是引领我们看到女性的力量、女性的逃离，而无论女性的力量还是女性的逃离，其实都是今天这个时代给予女性的机会。很难忘记作品中五奶奶她们一个个说出自己的原名而不是谁谁妈谁谁妻子谁谁奶奶的那一幕，当她们每个人快乐而主动地确认自我时，梁鸿勾勒的是新的中国农村女性风貌，我们从中看到包括河南农村在内的整个中国农村内在情感结构和家庭结构的隐秘而重要的变革。

作为作家，乔叶越来越意识到，女性身份与出生成长地河南之于她的珍贵，在访谈中她多次说过这两者在素材选择、观察视角、思维方式上，对她的影响。而正如我们所读到的，创作二十多年来，乔叶也从未回避过她的女性视角和女性声音，无论她的小说还是散文，都浸润着一种女性独有的对生活的热气腾腾的爱，那是对生活最朴素的爱和理解。一如李敬泽所说，"作为小说家，一直有两个乔叶在争辩：那个乖巧的、知道我们是多么需要安慰的小说家，和那个凶悍的、立志发现人性和生活之本相的小说家"。而无论前者还是后者，都基于"乔叶是那种真正具有生活热情的小说家，因为热爱生活，所以这位小说家才能看到未被理念整理和驯服过的真实的心灵"。

杨庆祥看到了计文君小说某种古典的质地，"计文君的小说，在务虚和务实之间找到了微妙的张力。务实是指善于书写和发现物质性的世界，但她最好的东西是在热闹、繁花锦簇之后有务虚的东西，她的精神气质是有穿越性的，这是我特别感兴趣的地方。她的小说中的人物一方面完全活在现实、算计、功利的物质层面，另一方面又像从古代走出来的人物"。但她的作品女性气质也极为鲜明，吴义勤评价说，"学术研究的背景、理性思维的偏好、生活阅历与经验的丰富、文学阅读视野的宽阔等作为一种'前理解'进入其小说创作，造就了她独特的小说家气质。她的奇特，一方面表现为女性意识与男性意识的碰撞，她的小说既有强烈的女性小说的性别特征，又有着强烈的'力量感'，有着对于女性意识的超越与怀疑；另一方面又表现为传统与现代的纠缠，她的小说叙事及思想形态有着鲜明的现代感，但她的审美趣味却又明显地钟情于传统"。

…………

"女性气质"使这些作家的作品既在河南又不在河南，既有强烈的地方色彩，又有超越地方性色彩的一面，正是这样的既"在"又"不在"，既"有"又"有"，成就了她们之所以是她们的独特性所在。

今天，讨论女性写作时，常常在单一维度、既定框架里去讨论，而讨论地域写作时，也往往就此处说此处。如何在女性写作中杂糅进地方性色彩，又如何在地方性色彩里嵌入女性写作的特质，我以为是当代地方性写作及女性写作的重要路向。

三

那个深夜，我重看了常香玉大师当年的表演，一板一眼，有力、笃定、自信，是后来的女演员们所不能企及的。那次观看感受如此强烈，它多次让我想到艺术作品与地理知识的关系："文学作品不只是简单地对地理景观进行深情的描写，也提供了认识世界的不同方法，揭示了一个包含地理意义、地理经历和地理知识的广泛领域。"我甚至觉得，在常香玉的唱腔里，既有着鲜明的地理性，但也有与这种地理气质相关的认识世界的方法和角度。我的意思是，在常香玉的表演中，闪烁着地方的精灵、女性的迷人，但是也有超越性别、超越地方性的魅力所在。在某一刻，雌雄同体真正在常香玉的表演里得到了实现。

为什么要编纂"当代河南女作家研究资料汇编"丛书呢？某种程度上是我对自己观看常香玉表演后的回应——我试图从这些作家作品里厘清某种传统，试图思考建构一种深具女性气质的中原书写传统的可能性。我相信，这个编纂系列将使我们看到，这些女作家的创作既在中原作家的创作脉络之中，也在中原作家的写作脉络之外——女性视角是给予这"之外"的最强劲动力。

2021年5月15日

作家作品选

你　我

计文君

1

不知道这故事是不是真的。很可能是真的，因为这是许多三十五岁以上的中国人都不陌生的一类故事；但也很可能是假的，因为这是许多三十五岁以上的中国人都不陌生的一类故事。

故事发生在上世纪八十年代末，大别山区，山下有个周锅村，村里一个叫周志伟的年轻人，考上了远在长沙的中南理工大学。山上有个东马庄，庄上有个女子，一直跟在大学校园里的周志伟互相通信。寒假暑假，周志伟朝山上走，那女子朝山下来，他们在半山腰的老龙潭边见面。

大四那年，女子来信，告诉周志伟她进城打工了。这是周志伟与那女子之间来往的最后一封信。周志伟没有回信，没有回信的原因是他没有办法回信——那个女子没有告诉他进城后的新地址。

毕业后，周志伟就职火电一公司，很快被公司派遣去了巴基斯坦在建的电站。出国前他回了一次老家，被母亲抱着哭得心乱如麻；去车站前跑到老龙潭边站了站，又被父亲催着去赶一天只有一趟的出山班车了。

从国外回来再回老家，已经是数年后的春节。大年初一陪母亲上山烧香，在庙外头看见了东马庄那女子，躲在背风的地方奶一个襁褓中的孩子，一个路还未走稳的女孩儿扯着她的后襟一直哭闹，她也不曾转身。

这就是周志伟的初恋故事。

2

电视信号突然断了，一片冷漠沉闷的蓝漆刷在荧屏上，支瑾抓起遥控器关掉了电视，无意间一抬头，正撞上周志伟的目光，夫妻俩笑了笑，突然降临房间的安静，成了他们需要解决的问题。

支瑾站起来，走到落地窗前。周志伟开始抽烟，支瑾抬手开了一扇窗户。窗外是初春的晨曦，窗下是萌了一层新芽的女贞丛，一蓬暗绿顶着一层碧嫩，道边的白玉兰在落花，有一些花瓣很走运，没落到道上遭人踩，落在了女贞丛上，一大瓣，一大瓣，还是纤尘不染的甜白色。

支瑾准确地知道这种介乎乳白与牙黄之间的颜色是甜白——难为想得出来！支瑾有些感慨最初为这个颜色命名的人，能把"甜"跟"白"联系在一起，多半是个兰心蕙性玉窍玲珑的女人……

烟从周志伟口鼻手指间出发，迤逦穿过房间，攀过支瑾的肩头，踱出窗外。

他以前不抽混合性外烟，支瑾从更富刺激性的烟味里，察觉出丈夫的某种改变——他心底有东西在膨胀——是她多想了吧？她的目光投向那株一个冬天都在温暖的室内不知世事傻长的绿萝。绿萝立在空调旁边，顶端新生的细蔓招摇着伸向落地窗前的护栏，有一根还成功地缠了上去。支瑾浮出一丝洞悉真相的微笑，轻巧的手指将那一丝野心勃勃徐图大举的细蔓劝回到盆中的棕柱上，又带点儿警告意味地轻轻弹了弹绿萝丰腴的叶片。

周志伟似乎先说了点儿别的什么，支瑾漫不经心地应着，眼睛瞟向墙上的钟，至少还有一个小时，周志伟才会离开家去机场——支瑾的目光落回来，发现周志伟在看他腕上的表。

周志伟戴的这块表，是几年前支瑾去欧洲，回国前匆匆在机场免税店里买的。大老远去一趟，不带点儿什么似乎说不过去。就像此刻，离别在即——虽说不是什么生离死别，两地分居的夫妻，离别是常态——两个人要是各自做事，不支应着对方，似乎也说不过去。

本来事情没这么困难，有新闻播音员的声音填充空间，俩人就不用找话说，偏偏电视信号断了。还有一个打发时间的简单方法，就是做爱。这次见面是计划外的，周志伟昨天突然得去"小浪底"出差，完了顺便回家。晚上上床，他拥抱妻子，支瑾有点儿踌躇，他松开她说："没关系，我坐飞机也累了，睡吧。"

支瑾想他一定是洗澡时看见了那些东西，知道她身上不方便，也就没多说，温存地回应了他一下，翻身睡了。支瑾今天方便了，可她有些怜惜自己早上浴后初着春衫的清新，念头一转也就算了。

周志伟抽完了一支烟，靠在沙发背上，自嘲地笑了一下，"想想我这个人，有时候也马虎得可怕……"

支瑾从绿萝旁走回到丈夫对面的沙发前，把堆在上面的杂志哗啦扫到地毯上，人舒舒服服地窝了进去。

周志伟望着天花板，仿水晶枝形吊灯上落着无数阳光的碎片，"读大学的时候，老家有个女孩子，我们一直通信……"

周志伟要讲故事，支瑾有些意外，也来了兴致，笑着接口："刘巧珍!"

周志伟也笑了，目光落下来，望着支瑾。支瑾怀着巨大的善意含笑回望着他，鼓励他讲下去。

周志伟讲了他的初恋故事。

"……信里没有不再联系的话，可她为什么不给我留地址？我怎么也想不明白……我一直把那封信带在身上，换衣服从来没忘过，开始的时候天天看，后来就是摸一摸，真的很痛苦……"

支瑾的笑比方才鼓励他开始讲述时稍稍收了一些——笑得太充分显得对人家的痛苦不尊重，缺乏理解力；完全没有笑，会被误会成吃醋，生气了——那增一分太肥减一分太瘦的微笑，楚楚动人地牵着支瑾的嘴角。

周志伟苦笑了一下，"我给你说过，在国外很寂寞，巴基斯坦那儿不安全，弄不好会被绑票，我们都不大出去，没事儿就窝在宿舍里看黄碟，你不能想象，一群荷尔蒙分泌旺盛的精壮汉子，天又热，看着那些东西，空调也降不下去体温，屋子里那味儿……"

支瑾充满同情地看着周志伟，他对这种苦闷的表述，显然更具感染力。

"也不知道怎么回事，那天我看着屏幕上那些白花花的人肉，忽然恶心起来，跑到卫生间吐得一塌糊涂。吐完了我就出去走，从我们驻地出去没多远，就是海滩。那片海滩也在警戒范围之内，平时就没外人，那天风很大，一个人也没有，我顶着风走。走的时候，我摸到了屁股兜里放着的那封信，我还一直随身带着它，虽然不再看了，也很少摸，可还是带着。那天我把信掏出来看，风太大了，我一个没小心有一页被风刮走了，追了半天才捡回来，我捡起那页信纸的时候，忽然发现就在那页的背面，写着一行字——"

支瑾说："地址！"

周志伟用力地点了点头。

支瑾轻轻地叹息了一声，"天哪！"

周志伟说："我那一刻都不知道是什么感觉——你说，你说，我看了不知道多少次，我怎么就没想到把信纸翻过来看一看呢?!"

支瑾没有说话，周志伟的口气似乎要表达椎心泣血的后悔，可给人的感觉却是恼羞成怒气急败坏的，捎带着连听故事的支瑾都被埋怨了。

恰当的片刻安静，间离了方才戏剧性的空气，墙上的钟，适时出场，悠扬地提醒他们，是时候告别了。

两个人都有些慌乱，仿佛晚了一般，匆匆忙忙的，支瑾说我下去我下去，周志伟说你不用你不用。还是在玄关处拥抱了一下，两个人同时张开胳膊，然后支瑾笑着投进了丈夫怀里，在他耳边说："我爱你!"

周志伟拎着包的手揽在支瑾的身后，"我爱你!"

支瑾能感觉到他说"我爱你"的时候，胳膊用了一下力，作为对语气的辅助表达。周志伟笑着说："走了，照顾好自己!"

支瑾笑着挥手，"你也是!"

3

"韩剧看多了吧?"艾琳笑得像听了个段子。

支瑾挖了一勺香草冰激凌，没有往嘴里送，"周志伟不看韩剧! 再说人家的初恋故事多乡土中国呀!"

艾琳在"湖畔咖啡"巨大的绿绒沙发上东倒西歪地笑，雪白的真丝衬衣被波涛起伏的前胸推着要从窄裕的黑色套装里跳出来，短短的A字裙，两条在细黑网格连裤袜里闪着白亮肉皮的腿，跷来跷去，无限春光时不时就落人眼里一点儿。

支瑾故意沉了脸，"有那么好笑吗?"

艾琳的笑这才雨罢云收，坐正了，盯着支瑾的脸，点点头说："你吃醋了。"

支瑾从鼻子里哼出一声笑来。

"你就是吃醋了，别不承认！"艾琳微微一笑，"刚才你讲那段儿，酸得脸都歪了，老龙潭边，你们家周儿跟那女的——"

"刘巧珍，就这么叫吧，知道意思就行！"支瑾说。

"刘巧珍——"艾琳可能觉得这名字耳熟，皱着眉头在想，支瑾有些不耐烦地提醒她，"高加林！"

"《人生》！想起来了，咱俩一块儿看的，你哭得一个半劲儿的，高中还是初中？不管了。刘巧珍嘛——刘巧珍当然要怀念了——你用不着吃醋。"

支瑾说："我没有吃醋，听的时候也没什么感觉，就是这会儿跟你一讲，讲得有点儿……难受……"

艾琳笑道："大龄文艺女青年！"

支瑾拿勺砍着玻璃盏里的冰激凌，艾琳这样的讥讽，没有还口的必要。

艾琳端起咖啡喝了一口，"你们家周儿一个搞理工的，也这么文艺——你俩还真是一个调调——瞎难受什么呀？你不觉得这是他编的？可能有那么一点儿影儿，然后添枝加叶给自己弄一个酸酸的初恋故事，拉着你一块儿意淫！"

艾琳想象中的周志伟，让支瑾忍不住微笑。支瑾知悉艾琳所有韵与不韵的事，包括床笫之间的细节——向支瑾诉说带给艾琳的快感，不亚于本事自身，她上瘾。

支瑾向艾琳透露的自己，却是相当有分寸的。她的世界里有太多难以界定的感觉，像南宗的禅，不可说，一说就错。跟艾琳更是说不清楚，譬如她对周志伟的感觉，支瑾只能让艾琳想象——他们是互补而和谐的。

艾琳正色道："你别不以为然地笑，他编得漏洞百出！第一，他那个巧珍又不是拉登，地址那么难打听？村里就没人知道？第二，他们通了几年信，如此惊世骇俗的爱情，两个村早尽人皆知了，他爹妈呢？巧珍爹妈呢？第三，你把一封信在口袋里揣几年试试，看看会变成什么样？最最可笑的是高潮部分，大海，狂风，随风而去的信纸——这可真韩剧。更富想象力的设计应该是这样的：巴基斯坦可以保留，狂风也要，风在屋子外头刮，人在里头，看黄碟这部分最精彩，要保留，周志伟起身进了卫生间，解决生理需要——你表情不对啊，不要往歪里想，人有很多种生理需要得在卫生间解决——他忽然发现，卫生间没有纸了，情急之下，从身上胡乱摸出信封里那几张纸，擦完要扔的时候，才看见了信纸背面的地址。信纸还是被丢进了抽水马桶，哗啦——自古人生长恨水长东！"

支瑾皱眉笑道："看你把人家初恋糟蹋的！"

"初恋就是用来糟蹋的！"艾琳应了这句，招手叫服务生。

艾琳给自己点了一客紫雪糕，支瑾认为不应该再吃凉的了，想要一杯花草茶，正看单子，艾琳一把夺过来，对服务生说："玫瑰。"转脸命令支瑾，"看看你的手机，我这儿怎么没尹健国的电话呀？上次同学聚会，我记得我存了……"

支瑾翻出手机给她查尹健国的电话，"怎么？想起自己的初恋了？你当时恋的不是张伟吗？怎么找尹健国？"

艾琳低头编着短信，说："我恋的是张伟，尹健国恋的是我，你的明白？"

支瑾把电话号码念给艾琳。艾琳给支瑾看刚发出的短信：

一个人，在湖畔，点了一客紫雪糕，忽然想起了你。

艾琳

支瑾从牙缝里吸了口气，说："冷！"

艾琳微微一笑，"尹健国现在是XJ集团的CFO，他们下面那么多分公司，帮我弄几个大的团险应该不成问题——管他呢，试试呗！"

支瑾又做齿冷状，艾琳针锋相对地蹙眉做悲苦状，"你命好——纳税人养活你，老公养活你——我呢？孤苦伶仃一个单身女人靠卖保险养活爹妈孩子——"

支瑾隔着桌子拍了拍艾琳的手背，"拜托实事求是一点好不好？"

艾琳说："好吧，实事求是地说，我病态地喜欢催眠别人的推销过程，看到人家把口袋里的钱掏出来，我充满了邪恶的快感——怎么会这样呢？"

艾琳的手指放在厚厚的嘴唇上，眼睛迷蒙蒙的，本来是要装困惑，结果成了诱惑——她撑不住，笑出来。粉黛把五官点描得太过分明，透着与岁月对抗的紧张，笑起来那份紧张不明显了，只是风尘气开始弥散。艾琳身上的这点儿风尘气有着重重叠叠的掩映：欲语还休的凄楚；故作刚强的佻达；貌似没心没肺的疯傻，实则是洞明世事的自嘲……笙箫夹鼓琴瑟间钟，那点儿风尘气不仅与低俗无涉，反而成了意味无穷的暗示，其审美效果在张力中对比上升……

如果代价不构成负担，男人多少都有些救风尘的侠气，谁不喜欢充当拯救者呢？艾琳常常在支瑾面前嘲笑男人的自以为是，一边嘲笑一边又无比真实地喜欢他们，为他们受伤——弄不清到底谁上了谁的当。尹健国会如何反应？这么久都没有回短信，艾琳已经看了几次手机，后来索性把手机放在桌上，盯着。

支瑾正暗笑，手机嘀的一声，艾琳立刻抓起来，读后闷笑，递给支瑾看。

还记得紫雪糕！想不起上次聚会时你的模样，脑子里还是你原来的样子。

支瑾摩挲着自己的胳膊笑，"这一身鸡皮疙瘩！"

艾琳连连拍着桌子沿，"快说，快说，怎么回？啊，怎么回？"

支瑾慢慢呷了口芬芳却微微发涩的玫瑰茶，笑道："顺着往下说——调情的路数，你还用得着我教？"

艾琳嗲声说："人家一动真情就蒙了嘛，智商归零——怎么顺着说吗？"

支瑾差点儿把茶喷到艾琳脸上，扯了张纸巾擦完嘴，略想了想，故作抒情状念："原来的样子，太遥远了，我自己都忘了，能告诉我吗？"

艾琳边听边记，发出短信，抬眼对支瑾说："你才是高手啊！"

这次尹健国回得很快。

单纯，青涩。

艾琳和支瑾同声大笑，又同时迅速抑制了音量，相对伏在桌沿上抽动肩膀，艾琳的手伸过来，笑得一哽一哽地推着支瑾问："这可怎么回啊?"

支瑾摆手，这招架不了——尹健国的短信又发过来了。艾琳低头看后，眼睛发亮地望着支瑾，"他约我中午吃饭!"

艾琳回短信时的神情，倒真像坠入爱河的女人了，欢喜得带着蠢相。支瑾冲她做了个OK的手势，抓起包闪人。艾琳伸手拦她，"你干吗——"

支瑾戳了她的头一下，"你不是告诉人家，你一个人吗?"

艾琳傻傻地笑了，站起来，抱着支瑾，轻声说："亲爱的，我好幸福好幸福!"

支瑾推开了她温软多肉的身子，有一点羡妒的酸在腐蚀支瑾的宽容，她半是鄙夷半是怀疑地挖苦道："有那么幸福吗?"

艾琳丝毫没有察觉支瑾的刻毒，笑着说："有啊! 你忘了我的名言，每一次都怀抱着初恋般的真诚开始! 所以，很幸福!"

支瑾的手机响了，看看是北京的号码，知道周志伟平安到达了，她朝艾琳挥挥手，边接电话边朝外走。

4

大概是听到了周志伟打电话的声音，小田从办公室隔子板背后露出半张脸——那一半被长长的刘海挡下了，"回来了!"

她说完一笑，抬手撩了一下头发，可丝毫无意将那头发撩上去，还是任它盖着眼睛和半侧脸庞。脸上又没有疤痕胎记，干吗用头发盖着脸？对生于1983年的小田，周志伟的理解是有边界的，小田的刘海就在边界之外。

即使把头发撩开，小田也算不上十分漂亮，唯一难得的是她的笑，如逢花开，如瞻岁新，那笑容把五官的线条都改柔和了，连肤色都提亮了。

在公司难得见这么一张脸。也许那些女同事不得不在北京没正形的风沙里奔跑，脸木木地迎着风沙的那份焦灼与愁苦，透过皮肤变成了肌肉的记忆，洗不掉，忘不了，再雪白细腻脂光粉艳的皮肤，搭上这样的表情底色，也都跟着黯淡了。

不过，小田的笑靥，似乎只为周志伟一个人明媚。另一个隔子里，大刘边穿外套边叫："田儿，吃饭去？"

小田转过去，脸上的笑还在，却不再明媚，像玻璃反光，"刘老师，我不吃。"

大刘走过来，拍了拍坐在电脑椅上的周志伟。周志伟忙说："飞机上吃过了。"

大刘问："拿下了？"

周志伟点点头。大刘的手握成了拳头，照他肩窝敲了一拳，"你得请客！"

周志伟笑道："没问题。"他调整了电脑椅的角度，正对着伏在隔板上的小田，"不吃饭怎么行？身体会搞坏的……"

小田回身抓了盒酸奶，冲周志伟摇了摇，又笑了，笑得周志伟心神一荡。他把目光挪开了。午餐时间，办公室里只剩了他们两个，两个人一时都没说话，不知道谁的办公桌上的电脑响起QQ的提示音，砰砰的敲门声似的。在林立的高楼间穿行的阳光，千回百转地射在了宝蓝色的隔子板上，斜斜地画出一块平行四边形的光影。

四边形里出现了一簇晃动翻卷的黑，那是小田的裙影。她挪了过来，站在隔子口，手里还握着那盒酸奶，略微扭动身子，千层糕似的咖啡色短裙上坠着累累的奶油色蕾丝花边，她亭亭地立在那杯"花式咖啡"里问："想什么呢？"

周志伟脑子里本是一片空白，可不知为什么，被小田一问，思绪却落在了离家前与妻子的对话上。他好像是把那个故事讲完了，可似乎又没有讲完。不充分的感觉闷着他，胸口有一股气在鼓荡，寻不到出口——心脏被那股气充得胀起来，有种怪异的却不无快感的钝痛。

小田踢了一下他的椅子，周志伟的话头也被她踢开了，他开始用相同的开头讲述他的初恋故事。

周志伟刚开了个头，办公室陆续就有人回来了，他放低的声音里有了丝紧张，几乎想立刻停下来，可小田目光里有一种哀伤的央求，他只得讲下去，"……半山腰那儿有个老龙潭……"

一张粉黛俨然的脸出现在小田的肩上，那是肖丽，她意味深长地笑着加入，成为听众。周志伟与小田默契地交换了目光，他几乎没有停顿，"云台山就是有水，北方的山有水的不多，云台山这点就难得，有峡谷，还有很多瀑布，潭水……"

"周工啊，你不要光说说呀，组织大家去一趟嘛！"肖丽近乎揉搓地搂着小田，哆哆地笑道，眼波横流。

小田有些烦躁地挣脱了肖丽的搂抱，退到周志伟的隔子里面来了。周志伟从小田微微蹙起的眉头上，感受到一丝尖锐的焦灼与痛楚。他不知道自己的目光里是不是流露出了心疼的神色，肖丽脸上的笑变得暧昧，带着份心照不宣的嘲讽。他立刻收敛心神，笑着说："组织大家那是领导的事儿，带你一个人去，我倒可以考虑！"

"好啊好啊，说话算数！"肖丽笑得花枝乱颤，却丝毫没走的意思，周志伟的话题也就从云台山上下不来了。

小田揭开了那盒酸奶，探手从自己桌上拿过一把折叠小勺，开始吃。

远远有人叫肖丽接电话，肖丽才悻悻地走了。

隔子里的两个人落进了瞬间的真空，小田低头看着手里的酸奶盒，轻声问："后来呢？"

周志伟的讲述里忽然有了颇具感染力的忧伤，他似乎想用那忧伤去抚慰小田，被强势的、粗暴的、冷酷无情的力量肆无忌惮伤害的感觉，他懂。

小田站得离他很近，他能闻到一股玫瑰的气味。妻子身上的香水清冽强大，浩浩荡荡吞没了一切其他气味，不像此刻小田身上的玫瑰香，从周遭一切气味的夹缝里钻出来，钻进他的鼻息里去，甜美而柔弱。

周志伟自觉地删节了在巴基斯坦看黄碟的段落，大风刚在他的讲述中刮起来，部门经理余浩连声叫着周志伟的名字一阵风地闯进办公室来。

"你老兄可以呀，回来不找我报到，先在这儿跟美女起腻……"

小田在余浩走过来之前就闪回到自己的隔子里了，余浩堵在周志伟的隔子口，嚷嚷完了，又奉送了小田一串豪爽的笑声。

小田略带羞涩地一笑，消失在隔子板后面。

周志伟站起来，从公文包里抽出中标合同，啪地拍在余浩的胸口，"不是怕打扰你老人家用午膳吗！"

余浩左手按住胸口上的档案袋，右手点着周志伟，声音低了，情绪却没低，"我就知道得你去！你的老根据地嘛！晚上还在'湘西往事'，把你摁酒杯里好好洗洗！"他凑近拍隔子板，"田儿，你也去，啊?"

小田站起来，没说话，笑着看周志伟。

周志伟忙说："改天改天，连着两天飞来飞去的，没战斗力！"

"I see！I see！"余浩的右手做了几个上下翻飞的手势，笑道，"你们家那位舞蹈家，肯定累着你了！"

周志伟"喊"了一声，把余浩从自己隔子里推了出去。

两个人隔着隔子板站着了，小田一脸平静，那平静是层半透明的薄膜，一碰就破，里面包着兜儿随时准备四散流淌的委屈，"讲吧……"

"讲到哪儿了? 想想……"

办公室嘈杂起来，嗡嗡的到处是人声，肖丽标志性的笑声从另一角爆出来，烟花似的升向办公室的天花板，大刘吃完饭回来了，远远地丢了声："姐姐！您这笑——杀人于无形！"

周志伟的故事在众声喧哗中走向了命定的结局，小田抬手撩了一下头发，也许因为用力，那头发竟然在她的耳朵上方停留了一会儿，周志伟终于获得了对小田脸型的完整概念，那是满月一样的圆脸，晶莹饱满，眼睛却是狭长的月牙，密密的睫毛半垂着抖动。她终于抬起了眼帘，"你，你一直还爱着她，对吗？"

周志伟愣了一下，这问题与他的故事衔接得十分自然，符合逻辑，可他却敏锐地嗅到了藏在这问题后面的某种危险……他沉默了。

柔和的电铃声在办公室里响起来，提醒上班时间要到了。铃声仿佛震落了小田暂栖在耳郭上的刘海，那满月的脸又被头发削去了一半。

大家纷纷离座去打卡机那儿打卡，小田从眼前离开了一会儿，周志伟才清醒过来，也去打卡。回来的时候，他犹豫了一下，还是在小田的隔子口站下了。

小田低头坐在桌子前，手指拨弄着酸奶盒大小的一盆多肉植物，婴儿手指一样的绿绿的一簇，刺也不大像刺，成了黄色茸毛，间或缀着星星点点的红色，不知道是花蕾还是别的什么。周志伟察觉小田鼻息很重地吸了一下鼻子，他心里一顿，低声说："想什么呢？"

小田受惊似的猛一抬头，看见是他，笑了笑，那笑是白色的，没有光泽，也不透明，乌嘟嘟的面纱一样。小田说："想北京的'两限房'呢！满三十岁，单身，按揭要首付，每月得还贷……"说着又笑了。

有些什么从那白面纱一样的笑后面透了出来，混沌不清的，有几分哀矜，似乎还有几分没有方向感的嘲讽……有人从周志伟背后走过，他赶忙说："给大亚湾的那几张图，该晒出来了，你催一下。"

小田应了一声，抓起电话。周志伟回到了自己位子上，小田在跟晒图室的人通电话，细细的声音轻快地在他耳边跳，宝蓝色的隔子板上，那块阳光投下的四边形的角，变得更尖锐了些，光柱里有无数灰尘在飞舞，一种极度的空虚从身体最深处弥漫出来，他感觉整个人都涣散成了午后阳光里飞舞的灰尘，毫无意义毫无目的——为什么要讲那个初恋故事呢？

5

"你说，他为什么要给我讲他的初恋呢？"支瑾伏在松软的枕头上，声音有些被闷住了，不大清晰。

"嗯……"崔嵬含混地应了声，嘴唇继续在她光滑的脊背上移动，她的肩胛骨抖动了一下。午后的阳光从金红色的纱帘后透进来，在支瑾的皮肤上涂了一层蜜色，崔嵬用舌尖去舔那层蜜。

他的手环在她的身前，能感觉到细小的惊栗在她皮肤上出现，看不见的风暴正在她身体深处生成，起伏的小腹只是蝴蝶轻轻扇动的翅膀。支瑾是那种质地绵密鲜花着锦的女人，耐得住把玩又需要细细把玩，她会有层出不穷的细节上的好处等着你领略……崔嵬从侧面拥着她，觉得她足够纤细；可把她铺展在自己身下，又觉得她足够丰腴……

崔嵬在她胸口留下一个深吻，直起半身，脱掉了身上的T恤，也就这不到一秒钟的停顿，支瑾就从方才的迷醉中清醒了。当他从T恤中掏出脑袋，发现枕上的支瑾睁着眼睛，看着他，"他为什么……"

崔嵬知道必须谈话了。他跳下床，从门厅处的小吧台上抓了瓶矿泉水，顺便在宾馆墙上的镜子里打量了一下自己的裸体。

他们身处的这座建筑物，也像男性生殖崇拜的图腾似的，在这个城市边缘矗立着，他们又在二十几层，窗外就是天，崔嵬为了支瑾的情绪才拉上了金红色的纱帘，支瑾不喜欢强烈的光线——良家妇女的标志。崔嵬很清楚，与良家妇女上床的代价之一，就是必须承担谈话的义务。

在他开始舔舐支瑾皮肤上的蜜色之前，他已经心不在焉地听完了支瑾转述的周志伟的初恋故事。崔嵬能感觉到，周志伟的故事，带给了支瑾巨大的不安，而她自己却没意识到，她认为自己只是有些困惑——她不知道自己是在恐惧。

崔嵬自然不会去戳破那层被遮蔽的恐惧，他有些怜惜地望着靠着床头的支瑾，她拉起雪白的被子搭住身体，遮光布做的外窗帘堆在窗边，床头全在阴影里，支瑾的脸躲在里面，伶仃的下巴和脖子却暴露在金红色的光线里。

"有点儿——难过？"崔嵬喝了口水，踱过来，坐在床边。

"我不是吃醋——真不是，我——"那金红光线里的下巴随着这话在抖动。

崔嵬的手端住了那下巴，"也许你该吃醋——"

支瑾脸上有了戚容，崔嵬心里的怜惜更浓重了。支瑾这样的女人，最容易让人产生悲剧感。花团锦簇的天性，不知道被什么拘住了，只能在极小的空间里翻转，像万花筒里那些色彩的碎片，在黑暗的小筒里繁复地拼凑着虚幻的图案花卉——这种繁复和变幻并不是真正的丰富，恰恰相反，她的精神基调是简单甚至乏味的——一腔无处着落的怨主宰了一切，好的只是细节，聪明也落在小处。可这些对崔嵬的需要来说有什么妨碍呢？明白筒子的形状，丝毫不妨碍朝里窥视带来的视觉愉悦。

支瑾知道了会伤心的——崔嵬松开了端着支瑾下巴的手，疼爱地摸了摸支瑾的脸——话又说回来，失去他目光的抚摸，那筒中万花岂不更加悲凉？

崔嵬笑得很温柔，"他讲这个故事——也许应该说他编这个故事的目的，可能就是为了让你吃醋。"

作为一个男人，崔嵬很容易解读出那个讲故事的男人对妻子的巨大不满——不是一般意义上的不满意，而是一种彻底的否定。这种伤人心戳人肺的判断，崔嵬不能说，说了估计支瑾就彻底没情绪了。

支瑾没说话，忧郁地想着什么。崔嵬在心里叹了口气，支瑾这样的女人，经常在面霜粉底防晒霜湿粉干粉定妆粉之外，还要涂一层忧郁，认定那是自身美不可或缺的组成部分。可惜她们自顾自的忧郁与周遭的环境混搭在一起，就会出现喜剧性效果，譬如此刻，譬如崔嵬决定勾引她的那一刻……

认识支瑾是因为朋友的朋友出书开研讨会，崔嵬去捧场说好话，完了吃饭，饭局上有支瑾。她跟出书人是一个系统的同事，她的同事又补充介绍说她是著名舞蹈家，支瑾有些羞恼地反驳，结果赢来了一大堆肉麻可笑措辞混乱的赞美。她无奈地笑笑，满眼忧郁，崔嵬又好笑又同情地看着她，决定勾引这个女人。

那天的情势对崔嵬有利，是个很容易让初识的人对他产生"光环效应"的场合，他也借势着实卖弄了一番。第二天崔嵬约支瑾去看画展，支瑾先把调色盘打翻在了自己身上——没关系，反正衣服是要脱掉的——这种装扮上的失措，无疑是因为内心的慌乱，崔嵬需要她慌乱。

她的慌乱在他吻过她之后，反而消失了，她偎在他怀里，略带忧郁地回忆那天晚上，"……你说搞创作的人是去迎受痛苦，而你是上学毕业当教授，专门讲授别人的痛苦。我觉得你说得真好，搞创作的人内心都有无法痊愈的伤口……"

崔嵬已经揽她在床，虽还未宽衣解带，沸腾的身体也快把衣服顶破了，可怀里的女人清清冷冷像首宋诗——不仅沉郁，还要说理！崔嵬最难克制的倒不是欲望，而是要爆出来的笑。他埋头在她的头发里，嗅着薰衣草的香气，镇定下来，然后抬起脸来，"那不是我的话，是克尔凯郭尔的，他写了本很有名的书——"

看见她眼睛中被"名著"引出的期待，崔嵬立刻又把脸埋进了头发，压下了那阵笑，然后凑到她耳边上说："《勾引家日记》。"

她动了一下，似乎想把脸扭过来，好听清楚他说话，崔嵬的手按住了她的肩膀，没让她动，自己把脸挪到了她的上方，"勾引家——"

支瑾嘴边终于浮出了一丝会意的微笑，崔嵬不失时机地吻她，同时将那色彩混乱的衣服从她身上扫荡了，手过处，她的身体一阵一阵剧烈地颤抖，实在是可爱极了。

今天不能再求助克尔凯郭尔，崔嵬想了想，决定求助路遥和弗洛伊德。

"其实很简单——"崔嵬站了起来，赤着脚也赤着身子，握着一瓶矿泉水在地毯上踱来踱去，他言简意赅地分析了城乡二元结构对几代人心理构造的影响，周志伟和支瑾之间的差异与矛盾，有着深刻的社会文化背景，周志伟有着所有"进城后的高加林"都有的自卑情结，别人毫无感觉的事情，可能就会对他造成刺激。这种负面情绪在无意识中反复积淀，总是要寻求宣泄的，梦，或者白日梦，就是编故事，都是一种宣泄。支瑾做得很好，用一种宽容和理解承受了他的宣泄，当然可以做得更好——在宽容和理解的大基调上，稍稍表示一点点醋意，那对他的心理疏导就非常完美了。

支瑾扑哧笑了，"你这戏码技术含量也太高了，我来不了！"

崔嵬知道他的分析恢复了支瑾被那故事动摇了的自信——他们夫妻相处的情形，支瑾不说，崔嵬也猜得出，举案齐眉那点儿小聪明，她还是有的。他把矿泉水瓶子放在床头矮柜上，坏笑道："你什么来不了?!"

他掀开被子上床。他的身子凉，支瑾被被子捂得温软的身体碰上却在发烫，他不觉起了层愉悦的鸡皮疙瘩。他把支瑾揽在了自己的胸口上，抚摸着她的背说，"我知道你做得很好——如果说他真的在你面前有无法克服的深层自卑，你也毫无办法——你总不能毁掉自己的优雅、曼妙、灵性、冰雪聪明……"

他一边嘴角淌蜜地说，一边把伏在他胸口的支瑾沿着他的身体向下推，"小弟"在清冷的空气中也跟着听了半天的道理，与支瑾一样，身子变得软塌塌的了，需要她用稍微温润热烈的方式召唤一下。

崔嵬满足地吁出口气，为了巩固得来不易的胜利果实，他怕疼似的吸了口气，坚持着又说了句，"情绪性的东西，过去就过去了，没必要——不安……"

6

太阳还没落，云开始变灰变厚，敛走了天空中明亮的光线，夕阳成了彩色铅笔涂出来的圆，淡淡的一团，没有润色没有光泽，红也红得局促不安，不知道是该再盘桓片刻，还是识趣地立刻消失，让位给已遥遥立于东边侧幕的新月。

下班了，同事在身后叫她一起去坐班车，站在窗前的支瑾忙回头，"晚上我去我妈家，你们先走。"

办公室的门关上了，支瑾感觉脸上的笑还没消失，回头，太阳消失了，西天上灰白的云在缓慢地流淌。

支瑾觉得有些累，她坐回到办公桌前——崔嵬太能折腾了。支瑾的嘴边浮出一丝笑，一眼从桌上的小镜子里看到了，又觉得自己笑得莫名其妙。她不是艾琳，天真到这般时候，还能"怀抱初恋般的真诚"去感受"幸福"……镜子里的支瑾笑意更深了，她摇散头发，仿佛要把那笑从脸上摇掉。

镜子里的她风鬟雾鬓，脸上散着不少鬈曲的发丝，笑纹却还在，可笑吗？

是很可笑。早上因为要送周志伟，请假没去上班，莫名其妙听了他的初恋故事；然后被艾琳拉着瞎聊，替艾琳聊出来了第N次初恋；从"湖畔"出来竟有些失魂落魄的，打电话约崔嵬，难得他有空，立刻出现，打点出那么多好话供她享用；翻云覆雨之后再人面桃花地出现在办公室，同事自然拿老公回家开她玩笑，说笑着到下班——就这样过完了一天……

支瑾从抽屉里摸出把小巧的鱼形紫檀木梳，握着慢慢梳理短发，理顺了，拿那鱼背温和的弧形靠在腮上。镜中人脸上的笑此时落尽了，显出法相庄严的忧郁。

自己的每一天都让自己失望，她仿佛永远等在混乱的后台，不知道命运何时通知她上场——工作是维持生存，丈夫是敷衍现实，崔嵬是聊慰寂寞……她真正的人生什么时候开始呢？有什么是她长久的可以持续不断去信靠的呢？

一日复一日的失望叠加至死亡，就是她全部的人生——她的人生一眼就看到头了，一眼看到头的人生还值得过吗？什么样的人生是值得过的呢？

这是个让人疯狂的问题——支瑾其实无力真的跟这个问题纠缠，她不过偶尔拽着这个问题从让人窒息的庸常中探出头，呼吸一口冰冷荒凉的虚无，然后呛咳着又坠回暖烘烘的庸常中来了。若被人发现她长久地挂在这个问题上，好心人多半会建议她去看心理医生了。

她把梳子丢回到抽屉里——罢了，用母亲的话说，胡思乱想耽误瞌睡——她弯腰从办公桌下面抽出崔嵬带给她的一提淮山药，拎着回娘家吃晚饭了。

7

北京五环外，沃尔玛超市的二楼拐角处，"呷哺呷哺"店门外，周志伟和柳洁拿着号牌在等位子，前面还有二十多个号，周志伟叹了口气，吊在他胳膊里的柳洁把脸埋在他怀里，偷偷抿嘴笑了。

柳洁今天不想做饭。平日她喜欢亲手喂饱周志伟，就像喜欢喂饱阿乖。

阿乖是柳洁捡来的一只猫，捡到它时它眼睛还没睁开，趴在一个装汉堡的盒子里，盒子被丢在地铁站外的垃圾箱上。如今阿乖被柳洁喂成了现实版的加菲猫，肥胖的身体披着蓬松的黄白长毛，除了吃东西，就是在柳洁的屋里找个舒服地儿打瞌睡。周志伟在柳洁的屋里和阿乖一样，除了吃饭就是睡觉。不同的是，阿乖被柳洁喂饱了，再也不会离开，而周志伟被柳洁喂饱了，还会离开。

柳洁喜欢阿乖吃她准备的猪肝泡馍时发出的满足的呜呜声，也喜欢周志伟酣畅淋漓地吃完她做的一大碗捞面条之后，从皮肉底里滋溢出的满足的光泽。

那一点油腻与汗意，让柳洁觉得可亲，她宁肯他一直是这样的。可她偏又喜欢他身上那种冷冷的洁净的气息，那气息属于名称由字母组成且含义不明的写字楼，那气息是银灰色的，泛着金属的光。

感觉过去了好久，像上辈子的事，其实还不到三年，十八岁的柳洁还是那家山西小馆的服务生，周志伟去他们店里吃面，她端面的时候听到周志伟在用家乡话打电话——他们应该是老乡。

柳洁等周志伟挂了电话，问了他一声，周志伟点头笑了，露出两排大而白的牙齿。正是中午上客的时候，她没机会跟他多说，可是在他离开时，她的目光跟着他的背影，出店门，过天桥，一直跟到那座银灰色大厦的暗色玻璃门前。

周志伟又来了，还带了一男一女，柳洁的眼睛忍不住要往那边瞟，有一次跟那女孩子的目光撞了个正着，女孩子低头跟周志伟说了句什么，周志伟的眼光朝她扫过来，柳洁低头躲闪了。柳洁端着一大摞油腻腻的粗白大碗，偷眼看他们三个在笑——一定是笑她！柳洁当时气得噙了两眶眼泪。

不过那次柳洁也有收获，她听到那女孩叫他"周工"，听到那男人叫他"志伟"，柳洁就这样知道了自己心上人的名字。

他再来，柳洁抢着迎上去，把菜单摁在桌上，低声问："周工，吃什么？"

周志伟惊诧得眉毛一抬，柳洁得意又调皮地说："我还知道你的名字！"

以后点单的时候，他们总会攀谈几句，他们是"亲老乡"，一个县的，在千里之外遇上，这是什么样的缘分?!

柳洁的时间分成了两部分：周志伟出现的时间和等待周志伟出现的时间。她知道自己在做梦——做梦怎么了？谁敢说她就不能看到所有梦想都开花？不是因为梦想，她干吗跑北京来吃苦受罪？

90后的柳洁，勇于且善于行动。她能够想到的行动就是送周志伟一件礼物——所有的人都喜欢收到礼物，也都会喜欢送礼物的人。在柳洁的世界里，她的感受当然就是真理，而真理往往是简单的。

柳洁在那些大热天还穿着皮毛衣服的藏族人摆的地摊上，买了一只银鹰，柳洁觉得它与周志伟很配。可是柳洁买下那只银鹰后的一个月里，周志伟一直没来。那家山西小馆要重新装修，柳洁失去了工作，同时也失去了住处。

柳洁背着简单的行李，站在北京七月的烈日下，漫天飘着"同一个世界，同一个梦想"的小红旗，整个北京都在跟她一起燃烧。她踩着滚烫的过街天桥，在那些小红旗的呐喊声中，走到了对面那座银灰色的大厦前，她被门卫拦住了。柳洁准确地记住了周志伟的部门名称。门卫在打电话，柳洁不敢听，后背僵硬地对着门卫，执拗地盯着那两扇弧形的暗色玻璃门——过了不知有多久，那两扇门——不止那两扇门，一切都像被施了魔法一样向旁边闪开，周志伟从沉沉无光的所在，走到白花花的日头底下了。

柳洁的眼泪一下子就出来了，她开始哭，喉头胸腔剧烈地疼，眼泪里的盐分烧灼着脸上的皮肤——她哭着把手里握着的那只银鹰递了过去……

柳洁甜蜜地想着他第一次拍着她的背安慰她时的感觉——阿乖跑过来蹭她的腿，柳洁知道阿乖饿了。本来今天轮休，她照例会好好做顿饭——可她今天没有喂阿乖，也没有喂自己——因为周志伟回家了。

周志伟昨天回家，也不知道今天会不会回来——她不能打电话……

周志伟是已婚男人，是柳洁买那只银鹰之前就知道的事。周志伟不可能跟她结婚，是他帮她找到住处她哭着求他留下时就知道的事。周志伟真的不可能跟她结婚，是她无意间在他手机里看到一张支瑾的照片之后知道的事。

对于柳洁来说，周志伟是个庞大而复杂的世界，可除了他对她喜爱的程度，柳洁对别的也没什么兴趣。周志伟是喜欢她的，他对她有无数的昵称，黑黑——她有些黑，胖丫儿、猪猪——她浑身肉嘟嘟的，当然最多的还是"乖"。

"乖，离开你我就饿！哪儿都饿，啥都填不饱！"周志伟说这样的话，柳洁心里闪闪烁烁的小火苗就遇上了风，被蛊惑得摇曳蓬勃起来——也许，也许……她会奋斗，会努力，不抛弃，不放弃，柳洁二十岁的世界里，一切皆有可能！

房间里光线暗得只能模糊看见家具的轮廓，柳洁嘟着嘴坐在黑暗里，阿乖蹭了半天，喵了声发泄不满，无聊地在屋子里东扒西扒的，一会儿推着什么推到柳洁的光脚上，柳洁捡起来发现是那只银鹰——周志伟当然不会戴这种东西，柳洁现在知道她当初买的这个礼物有多可笑了。虽然可笑，搬了两回家后找不见了，她还是有点儿心疼——那是她的吉祥物。

握着失而复得的吉祥物，柳洁心里火在烧——周志伟回来了！他在客厅里与合租这套两居室的另一对夫妻寒暄，柳洁没有动，等着周志伟摸黑进屋。

周志伟轻手关门，丢下了包，一下子就把坐着的柳洁扑倒在床上，搂起她的毛衣，捧着那对饱胀得像柳洁一样嘟着嘴的乳房，舔嘴咂舌地吃了个痛快。

柳洁扯起毛衣捂在自己的嘴上，客厅里毕竟有别人——等周志伟结束，起身穿衣服，柳洁发现右手一直握着自己的"吉祥物"。

也许是"吉祥物"给了柳洁勇气，她带着委屈跪在床上扒着周志伟的肩，要他带她去吃"呷哺呷哺"。周志伟顺势把她像抱孩子似的揽在怀里，柳洁意外地发现他也像在哪儿受了委屈，一脸的不高兴——他说，密密麻麻一排几十个人，像上晚自习似的守着一张巨狭长的台子吃小火锅，傻不傻？

为了上这个"晚自习"，还要等如此久，更傻了，可他还是为她傻了——柳洁很开心。她低头挨个儿叼着周志伟的手指头玩，周志伟咬她耳朵说："你再玩儿可就吃不成了——第六套广播体操，再做一遍！"

柳洁闷笑，周志伟忽然说："坏了，乖，没吃药吧？"

柳洁的脸还在他怀里，朝上看着他的下巴上的胡楂，"哦，药没了。"

周志伟把她拉出来站好，自己跑出去买药。柳洁有些怔怔的，不是生气也不是难过，就是觉得身上有些凉。她吃避孕药有反应，恶心头晕，可周志伟不喜欢套子，没办法。药买回来了，他还多买了一盒事后吃的。

柳洁把药收进了包里，手臂又吊上了周志伟的胳膊，晃着身子，"我知道你不是真喜欢我这样儿的——我不管，你要我一天，我就跟你一天！"

周志伟跟着她晃，"那我真喜欢什么样儿的？"

柳洁把脸埋进了他怀里，瓮声说："支瑾那样儿的——我就是你的玩具！"

周志伟笑起来，"不是玩具——是玩物——"他忽然觉得不对，柳洁竟突然在他怀里哭起来了。他捧起她的脸，撮起嘴朝她嘘嘘，总算把她的哭声嘘成了哽咽，他低声说："开玩笑呢！

以前还说一次多少钱，要记账，都没恼，怎么啦？"

柳洁的嘴又瘪起来，周志伟一把揽她入怀，"我就喜欢你这样儿的——真的，很早以前就喜欢，我初恋的女孩子，就像你这样儿……"

负责叫座的女店员扯着沙哑的嗓子叫："239号两位，239号在吗？"

"在呢！"柳洁从周志伟的怀里探出头，高声应着，拉起周志伟直奔空位。

周志伟把自己塞进小小的圆形吧台椅，虽然伸胳膊幅度大点儿就会碰到邻座，可大家都自顾自地跟同来的人说话，大声小声随意，也有独自埋头吃的，如此的拥挤嘈杂，反倒成就了栖身其间者异样的独立与安静。

柳洁在点菜单上钩着，"要沙茶酱吧——接着说嘛。"

"说什么？麻酱，我要麻酱调料，谢谢。"周志伟好像忘了刚才的话茬。

"初恋啊！"柳洁把圈定的单子交给台子里的服务生，扭头看着周志伟。

周志伟脸上的笑很复杂，说不清楚是高兴还是难过，可他的确是在笑，笑着说："我的初恋就是你！"

柳洁把脸逼过去，顶着他的鼻尖向后逼。柳洁知道他没有躲闪的空间，再躲就靠到邻座女孩子的身上了，他只能投降。

周志伟的初恋故事单纯得约等于无。柳洁追着问，那个很像自己的十八岁的留在老家村子里的女孩儿，如果没有主动终止与他的通信，如果不急着二十岁时就嫁人，如果她一直等下去，如果她始终追在他身边，他又如何？

周志伟躲闪地笑，"人生不能假设……"

柳洁不依不饶，"如果她一直很爱你很爱你，你会娶她吗？"

周志伟夹起一筷子肥牛，放在料碗里，他似乎被触动了心事，表情有些沉重，柳洁又追着问了句，周志伟叹了口气，说："当时我要有现在的想法，肯定会。"

柳洁惊喜地叫道："真的？！"

周志伟朝她苦笑了一下，"真的——那样的话，我可能活得更踏实，简单，快乐——像我这样的庸人，都是后知后觉的……"

柳洁获得了肯定性答复后，敏锐地发现上来的青菜不是他们点的蒿子秆，而是水芹菜，忙着叫服务生来换，没在意他后面冗长的解释。

愉快的晚餐，吃剩的从锅里捞出来拎回家，阿乖闻到味儿就喵喵叫着迎过来，绊着周志伟的腿跑，他躲着怕踩到猫，又低声提醒柳洁，"药。"

柳洁内心笃定地朝他一笑，拿起水壶去烧开水了。

8

支瑾一进门，母亲劈头一句就是："志伟呢？"

屋子里有炖牛肉的香气，厨房里油锅噼啪作响，一会儿炸鱼的香味也出来了。父亲在做拿手的干炸鱼块，支瑾抽了抽鼻子，一边换鞋一边说："好香！"

"志伟呢？我问你话呢！昨儿我打电话时，你不是说志伟回……"母亲的声音焦躁起来。

支瑾轻描淡写地说："上午的飞机，又回北京了！"说完她就往屋里走。

母亲紧跟着她，声音低下来，却充满了晦暗的紧张，"怎么了？你们怎么了？吵架了——还是出，出什么事了？"

"能出什么事——"支瑾的声音有些失控，高而尖厉，她自己听了也是一惊，扭脸看见母亲瘀胀的脸上那让人可怜的恐惧，心一酸，口气软了下来，带着笑说，"老太太，您没写电视剧都可惜——你女婿给你的！"她说着把手里拎的淮山药塞给母亲。

母亲高高地拎着装山药的纸盒，一边朝厨房走，一边仔细看上面的文字。父亲端了炸鱼块出来，对支瑾说："洗手，吃饭！"

支瑾看了看桌上的晚餐，西红柿炖牛腩，干炸鱼块，蒸排骨，糖醋里脊，香椿煎蛋，韭菜炒千张。母亲有严重的高血压，父亲有糖尿病，平时饮食控制都很严格，桌上这些东西，除了几根韭菜，没什么他们能吃的。父母对周志伟带着惶恐的重视，让支瑾陡然起了一阵悲愤。

支瑾勉强压下了偏激的情绪，洗了手，默默地帮母亲端熬得金黄的棒糁粥。终于坐下了，母亲歪头看支瑾的脸，"乖乖，你给妈说实话，是不是出事了？"

支瑾说："没事儿。"

母亲的声调一下子高起来，"事儿就在你脸上摆着呢！你让你爸看看……"

父亲告诫母亲："血压。"

支瑾说："我不高兴不是因为周志伟，是因为你们，你们看看，"她拿筷子点着桌子，"这是干什么呀？接驾呀？"

母亲的筷子也点过来，"不就几个家常菜吗？待女婿好我还有错了？不是为你，我认识他周志伟是谁？对你男人好你不高兴——这是什么理，你给我说说！"

支瑾的筷子收回到自己的碗里，一道一道地去划粥上凝的那层皮儿，嘟哝道："什么男人男人的，难听死了！"

"周志伟不是你男人？我哪儿说错了？"母亲拿筷子点着支瑾，"你以为我不知道你成天想什么，我喂的狗我知道！周志伟就算再配不上你，他也是个男人，男人三十一枝花，女人三十豆腐渣，你现在就是豆腐渣，还是不怎么新鲜的豆腐渣！——再说人家哪点儿配不上你了？"

支瑾被母亲的话气笑了。当初支瑾与周志伟结婚，在周围人眼里还算是金童玉女十分般配的，支瑾以二十九岁的"高龄"还能觅得如此美满姻缘，不少人为她庆幸，尤其是母亲，只叹天可怜见。

对于女儿，母亲有一种带巫气的直觉，支瑾从来不跟母亲说自己的事，可什么都瞒不过母亲的眼睛。婚后周志伟不常跟支瑾回娘家，但每次来都做得亲热周全，不笑不开口，开口必叫爸妈。支瑾为了让母亲安心，也会格外对周志伟亲热些。母亲偏就能看得出他们之间无法克服的距离感，碰上母亲那无法自控的心疼而悲哀的目光，支瑾瞬间就丧失了表演的能力。

支瑾在婚姻中，并不像母亲理解的那么委屈，她眉梢眼底那点儿驱不散的忧郁，其实与周志伟关系不大。同样，他们的婚姻也不像母亲想象得那么脆弱与危险。支瑾对自己的掌控能力还是有信心的。

三年前，周志伟遇到一个很好的机会，跳槽去了北京，他们即将开始的两地分居生活，让母亲焦虑得血压骤升，住进了医院。戏剧性的是，他们俩的婚姻并没有像母亲预料的那样变得风雨飘摇可堪忧虑，反而通过一次又一次的分别小聚，回春了——对于支瑾来说，短时间内打点出精神来支应丈夫，总比白天黑夜在一起要容易些。

支瑾似乎比早些年更能体恤母亲，学会了报喜不报忧，时不时给母亲透露一些正面的信息，让她放心，在母亲面前也竭力要表现得快活些——有母亲，她就没有权力不幸。

可惜，支瑾是母亲"喂的狗"——她喂的狗她知道！这份"知道"常常让支瑾很无奈。母亲要的不是她的"汇报"，而是她真的幸福——真的幸福很难模拟。支瑾虽然常常露马脚，但总算展现了对婚姻的珍惜和积极的态度——母亲大概是从这个意义上，多少表现出了点儿欣慰。

母亲当然没有真的放心，遇到某些刺激——譬如今天周志伟没来，还会发作。支瑾的承受力比二十多岁时强大多了，母亲的难听话，她基本都能笑纳。父亲夹了一块炸鱼给低头喝粥的支瑾，缓声说："吃鱼。"

母亲就着两根韭菜喝了口粥，又问："志伟怎么在家一天都没停够呢？"

支瑾说："单位还有事——"她抬头笑了一下，"周志伟今天给我讲了一件特别好玩儿的事……"

支瑾怀着斑衣戏彩的孝心，删繁就简地给父母亲讲了那个"消失的地址"的故事，她篡改了周志伟的口吻，一个让人怅惘的初恋故事，变成了对马虎粗心逸事的轻松笑谈。

支瑾感觉母亲的目光在一寸一寸地度量自己，定是在跟另一时空中的那个农村女子比较，比较的结果可能还令她比较满意，这个晚上母亲终于露出了一丝舒心的笑，转瞬忧虑的阴影又袭过来——果然，母亲说："孩子的事，你们可得抓紧时间，也不想想都多大了……"

支瑾忙说："正在努力！放心吧！"

母亲不能放心，又开始嘱咐，"不行去医院查一下，要是……"

父亲拦进来："他们懂。"

母亲瞪父亲，"你这老头儿怎么不让我说话呢？我提醒一句多余吗？他们懂，他们什么都懂……你闺女她什么都不懂！周志伟话里有话她听得出来吗？他要是娶个农村女孩儿，不要说一个孩子，两个三个都有了，大的说不定都上中学了……"

父亲哭笑不得地说："瞎胡联系！"

母亲的声调高上来，"我瞎胡联系？！……"

支瑾无助地看着餐桌对面的一把空椅子，母亲的脾气到底还是发起来了，父亲的劝解，每句都成了火上浇油。支瑾默默起身，端着碗筷进了厨房，丢在水池里，无意间低头，看见地上放着那提淮山药，包装盒上有一行红字，写着某某文化节纪念的字样，不觉脸一热，在心里骂崔嵬不说明，带累她丢人现眼。

客厅里母亲焦灼的声音猛地停止了，支瑾浑身一麻，她反身奔回客厅，面色煞白的父亲已经托不住母亲向下瘫滑的胖大身子，跟着倒在了地板上。

9

母亲去世了。

支瑾没想到，天塌地陷竟然是无声的、缓慢的，世界粉尘一样四散开来，她孤零零地被抛在一个没有声音没有色彩的空间里，时间融化变形，一线晶亮的金属溶液，滴在她的皮肤上，她迟钝地看着，时间一滴一滴地渗进她的身体里去了。神经末梢从皮肤里扎出来，变成了根根透明的尖刺，风拂过，皮肤上的尖刺铮铮的——不是真实的声音，是幻觉中的幻觉……

没人知道，支瑾的世界里正在发生什么。

烈日下，她站着看那些拿红绸扇的黑衣女子起舞，音乐在耳边轰然而起，"唱支山歌给党听，我把党来比母亲……"

艾琳脸上遮着大墨镜，走到她的背后，递给她一瓶水，"结束吧，差不多了。"

支瑾的反应显得滞后，半天才点了点头，喝了两口水，等音乐停了，慢慢走到体育场中间，宣布彩排结束，"七一"那天正式演出。

艾琳发动车，"晚上尹健国请客，去吗？"

支瑾伸手关了空调，她受不了那冰冷的风，"不去，周志伟晚上走。这回跟尹健国时间不短，一百零三天了。"

这个时间数字带来了某种压迫性力量，艾琳落下了车窗，灼热混浊的风吹得两个人头发狂飘，支瑾知道艾琳在墨镜后面看自己，她转开了脸。

母亲去世一百零三天，这些日子安慰她成了艾琳的任务，支瑾体恤艾琳的无能为力——面对这样的任务谁都无能为力，她很得体地表现出仿佛得到了安慰。

支瑾似乎太得体了——适度的悲伤，适量的眼泪，适时对关心的回馈，恰如其分地在工作上投入，她在完成一个角色，扮演一个痛失萱堂的成年女人。没人知道，支瑾在母亲倒地的瞬间，退化成了一个小女孩，在自己那片废墟上，怀抱着母亲的死讯，无处安放。

悲伤是一个太过简单也太过确定的词，支瑾心里的感觉更加复杂动荡——母亲的死一直滚烫滚烫地在她胸口捂着，她的身体被灼出了黑洞，浑身痛楚地感受着母亲死亡的瞬间——时时刻刻都是现在，母亲一个人在死，孤单，恐惧……

崔嵬为了安慰她，曾泪眼模糊地向支瑾说起他母亲的突然去世，"……这是人生的大苦，你我都逃不脱，只能等着时间来解决。时间久一些，我开始怀念她，我知道，我已经把她从我的生活里剔除了，放进了怀念里；再久一些，我开始写回忆母亲的文字，我知道，我已经把她遗忘了，回忆就是遗忘的一种方式……"

什么事崔嵬都能说得这么好——你我都逃不脱？毕竟你是你，我是我——任何寻求安慰的方法想到底都是自欺，支瑾宁肯自虐地独自厮守着母亲的死——她的自虐里透着无法言说的自责——如果那天她带周志伟回家了，母亲也许就不会死了；如果不讲周志伟的初恋，母亲可能也不会那么激动……

这些话，支瑾任对谁也不会说，说了，只会遭遇文不对题的反驳和安慰。奇怪的是，即使在她内心，支瑾也丝毫没有把这种归罪转嫁给周志伟——周志伟本人与这件事毫不相关——这是支瑾与母亲之间的债，外人插不进来。只是她不再从心里勉强自己敷衍周志伟了，他未必能从她外在的态度行为上看出来——支瑾除了态度略显迟钝与生硬外，倒也没什么大异，周志伟最近每月都回来两三次，勤谨地照顾着家和支瑾。

又是离家前夫妻相对的时刻，周志伟刚洗了碗的手还是湿淋淋的，他从纸巾盒里抽纸擦手，眼睛没看支瑾，嘴里问："你，那个还没来？"

支瑾"嗯"了一声。

周志伟结巴起来，"三，三个月没来——你，你不会也怀孕——"他猛地咽下了话头，脸色发白地看着支瑾。

支瑾盯着周志伟，目光却是散的，她看不见他，也没来得及细想他那个不合逻辑内藏玄机的"也"字，她感觉那些时间的溶液被"怀孕"这个词里挟起的巨大力量逼着，进出了她的身体，水银珠子般滚落一地，坐在废墟上的小女孩站了起来，她转身的瞬间长成了一个成熟丰满的女人，手放在自己隆起的腹上——是的，怀孕！她知道自己并未怀孕，是强刺激造成的闭经，她去看过中医——但她现在渴望怀孕——妈妈，你来做我的女儿吧！

她在心里喊了，人却在周志伟面前静得像块石头，缓慢地绽开一痕笑，她说："我想要孩子……"

周志伟惊魂未定地胡乱点头，说："啊，是……"

10

北上的夜行列车穿过不知名的城市，躺在中铺的周志伟感觉道边的灯光被车速扯成了飞剑，寒光一闪一闪，贴着头皮飞过去。火车终于驶出了城市，田野上的夜还是大块安稳的黑暗，他发紧的头皮渐渐放松，睡着了。

周志伟睡着了。他不在上世纪八十年代撕裂灵魂的爱情故事里，也不在上世纪九十年代伤筋动骨的情感实录里，在这个大气磅礴海纳百川的时代镇定自若的目光里，你我的什么事儿都不算事儿——老人总要死，孩子总要生，饮食男女，人之大欲，不值得讲述，没必要思考，周志伟当然不会大惊小怪地失去睡眠。

似乎还是有一些干扰，他未睡沉——支瑾语调缓慢地说："我想要……"柳洁哽咽着坚定地说："我一定要……"好啊，好啊，迷迷糊糊的周志伟温和地把她们的声音都从意识中打发走了——你要你的，我要我的——要知道这是个多么好的宽容和谐的时代……周志伟在窄窄的铺上翻了个身，勉强聚拢的意识被晃动的车厢摇散了，沙一样的睡眠或深或浅地埋住了他。

帅　旦

计文君

1

"辕门外（那）三声炮如同雷震，天波府里走出来我保国臣……"

温暖浑厚的豫东调包裹住了赵菊书疲惫的身体，她满意地朝小儿子周卫东点点头，周卫东靠着屋门，溺爱地笑对母亲，"进屋听吧，天儿还凉呢。"

过了二月二，天儿再凉，也是春天了，还有这么好的太阳——赵菊书靠在藤椅上，看着头顶裸露的一小块儿天空，明黄色的阳光从那儿落下来，落在老藤椅的扶手上，灿灿地闪。她怜惜地用手抹着那扶手上的光亮，明天，太阳是照不进来了，剩的这一角被大瓦盖上，院子就没了——成了屋子。

赵菊书从来没想过要把院子变成屋子。她的栀子、蜡梅、迎春、葡萄、凌霄，石榴，还有那畦像闺女一样宝贝了多年的芍药，一并无处安置了。可是西关大街要拆迁了。去年传言开始的时候，那畦芍药花开得正好，后来凌霄藤也结了累累的花苞，菊书笃定地等着凌霄开花。架上的葡萄弥散出成熟的甜蜜气息，菊书心里暗笑，那些沉不住气的邻居，在石棉瓦覆盖的院子里度过了一个无比闷热的夏天。中秋节，菊书还有自家的葡萄和石榴分送亲友，不过她心底已经开始犹豫了，晚上在院子里摆供愿月儿的时候，她忧心忡忡地看着绿叶葳蕤的蜡梅，还能看到蜡梅开花吗？

蜡梅好像预感到了什么，绿叶未落的时候，那些浅褐色的花苞就暗暗地冒了出来，伪装得像枝上小小的凸起。头场雪立冬刚过就落了，没有丝毫的谦让羞怯，汪洋恣肆地下成了一场大雪。蜡梅的叶子一夜落尽了，虬曲的褐色枝干被雪半浸半衬的，成了墨色，风过，吹落积雪，一段墨色的枝干又添上了。菊书站在清晨的院子里，感觉有个透明的人在她眼前描着一幅她脑子里的花树作画，那些花正被点染出来，从雪白里透出的一星半点黄，黄得娇媚，明亮……香气却似与那花不相干——香气不在花的附近，凑过去，花只木木地黄着，不应你，等你转身离开，抑或擦肩而过，那香遥遥地像声叹息似的传过来，人心跟着它一颤……

还有残花挂在枝上，蜡梅被连根起了出来，菊书早就找好了大蒲包，多带些老土移栽，花木的元气伤得轻些。跟着蜡梅一起被大儿子拉走分送别人的还有芍药、石榴和栀子，菊书看着在车斗里晃动的花木枝叶，心疼得噙了泪：别的花还好，那芍药，娇气得很，这番折腾，只怕是难活了。她独自站在院门口发呆，知道后院里正在砍葡萄和凌霄的老藤——不看也罢。

老白媳妇端着个锃亮的小锅，隔着街喊："周家嫂子，你到底也动事儿了！"

赵菊书顶看不上老白媳妇成天蝎蝎螫螫的样子，朝她敷衍地笑笑，转身要走，老白媳妇却招着手，躲闪着车，过来了。菊书只得站下等她。

老白媳妇煞有介事地低声说："石棉瓦盖的不算面积，知道吧？"

菊书笑着说知道，心下嘀咕：你都知道的我会不知道？菊书备下的就是红色大瓦。她朝老白媳妇锅里看，见是从早市上买的粉浆，就说："这浆颜色怪好……"

老白媳妇"啊"了一声，并没跟着转移话题，反而欲说还休地看着菊书，不无遗憾地叹了口气，"我也是听说，他们要到街道上调查，今年新盖的都不算！"

菊书脸上的笑僵了一下，随即又化开了，她轻描淡写地说："街道上那几个人，又不是外国来的，跟哪家不是几辈子的老脸？"

老白媳妇像被捏响的橡皮鸭子一样嘎嘎地笑起来，"到底是你赵菊书，经过见过，可不是这个理儿?!"

打发走了老白媳妇，菊书心里那点儿被花草逗引出的伤感也就烟消云散了，噔噔地走回家去，指挥催促丈夫儿子和请来的几个帮工。好在兵精将勇，一上午清干净了花草，和泥拌灰，平整地面，日影移上西墙，大半个院子已然成了屋子。

拉来的旧檩条不够使，大儿子要再往熟人的工地跑一趟，菊书也就让帮工走了。等大儿子回来，周家父子三人，搭个黄昏，也就把这一角给盖上了。书菊吁了口气，拉着藤椅坐下，才感觉四肢酸沉，她嘱咐小儿子放张戏碟给她听。小儿子倒是会挑，给她放了《穆桂英挂帅》。

"……头戴金冠压双鬓，当年的铁甲我又披上了身。帅字旗，飘入云，斗大的'穆'字震乾坤，上（啊）上写着，浑（啊）浑天侯，穆氏桂英，谁料想我五十三岁又管三军……"

菊书身子憩着，闭眼随意跟着哼唱，她没学过，天生的本事，连那脆生生挑起的娇俏尾音，也能学得酷肖——封侯拜帅也罢，五十三岁也罢，且行演的毕竟是女人，金戈铁马，同样脂浓粉香。接下去一大段二八连板抛珠滚玉地淌下去，絮絮叨叨欲嗔还喜地说儿女，更是天下母亲的口吻。戏词本是烂熟的，她却忽然噎住了，不能跟着唱了，潮水样的万般感慨，汹涌地漫进了她的意识。

2

赵菊书这年正好五十三岁。她生于民国三十一年，也就是公元1942年，那一年，中原年馑，赤地千里，她幸运地托生在了温饱无虞的银匠赵寅成家。菊书七岁那年，父亲在买下这处院子当天病倒了，半年后过世。父亲去世后没过几年，开始有外人搬进了她家的院子。母亲胆小又糊涂，只会背着人哭，也说不清楚为什么腾房子，读高小的菊书要跟人论理，吓得母亲捆了她央告半夜，才算安生了。

那之后，寡母带着菊书姐弟，搬到临街的铺面二楼过活。

楼下是个茶馆，茶馆是街道办的，喝茶的倒不多，主要的业务是卖开水。后来开始吃食堂了，很多人家索性连火也不开了，要热水就让孩子拿上一分钱丢进门口的木头匣子里。烧水的老黄头儿是个五十多岁的老光棍，吃跃进糕吃得腰都塌了，听见分钱落进匣子，就把开水连同他嘟嘟囔囔的抱怨一起灌进暖瓶。

　　菊书一家与老黄头儿的炉火、热水和抱怨，只隔着一层薄薄的木质楼板。天冷时倒好过，天热就难熬了，端午未到，二楼就成了蒸笼。一年两年，菊书被蒸成了珠圆玉润的大姑娘——轻微的浮肿让白皙的菊书着实配得上"珠圆玉润"四个字。十八岁那年，背着母亲，菊书去找街道的人理论。后面的院子是被国家没收了，门面房却是街道跟她母亲租来开茶馆的，如今她兄弟大了，跟她们娘儿俩一个屋没法住，楼下的房子他们不租了。

　　这是赵菊书第一次为房子拼杀。

　　"赵菊书攥茶馆"成了轰动整条街的新闻。事情没有那么简单，街道说，他们这个"租"和一般人赁房居住的"租"可不一样，这个"租"是社会主义改造的一种形式。赵菊书说，你们这是要久占为业呀！街道上的人说，菊书你是个年轻人，虽然生在旧中国，可好歹也长在红旗下，怎么满脑子封建思想？菊书冷笑着说，我才不封建呢?!

　　菊书自己夹了铺盖，到楼下去睡了。老黄头儿第二天一早，吓得连滚带爬地揭了门板跑到了街上，结结巴巴地说一睁眼，看见个赤肚露胯的大闺女。看热闹的人挤到了门口，菊书从地铺上坐起来，大吼了声"滚"，就又躺下了。深蓝格子的粗布单子，把她裹得严严实实，什么也没露，只是到了下午，一街两巷却在津津有味地谈论她雪白的大腿。

母亲是管不住她了，菊书泼命地闹，街道开会批判她，她当场撒泼打滚哭个昏天黑地。街道把坚持斗争的任务落实给了老黄头儿，可老黄头儿的革命性毫不坚定，他苦恼地看着菊书近在咫尺的地铺。也许老黄头儿被菊书提醒了，开始思考自己存在重大缺失的人生。也许跟菊书毫无关系，反正他在某个早上，突然消失了。菊书后来听说，老黄头儿抛下一切回农村老家去了。当时正在动员农村来的职工回乡，街道就把老黄头儿当成典型报了上去。

茶馆也就此歇业了。街道上正经大事还忙不过来呢，也就没人理睬菊书了，菊书莫名其妙地旗开得胜。胜利的代价是惨痛的，菊书落了个"刺货"的名声。在钧州土语里，"刺"音同"辣"，发阳平声，有刺的东西扎手，说"刺手"；掺了麸糠的馍粗粝难咽，说"刺喉咙"；用在女人身上，意思就暧昧了，既指泼辣难惹，也指性感风骚。再加上，父亲留下的房子有人没收，可他留下的小业主的成分却没人收去，于是，菊书的工作、婚姻两件大事，竟都无从着落了。

外人的言三语四，到底进了菊书的耳朵，她回家栽在床上蒙着被子哭了一夜。母亲这时倒不哭了，第二天她照常去上班，从仓库里把草绳扎着的粗瓷碗一摞一摞搬出来，放在店门口，掸去灰尘，顺手把毛巾搭在肩头，就去办公室找主任了。

也许主任那天心情不错，也许平时罕言寡语的菊书妈妈竟说出了一排道理来震撼了他，总之，他同意初中毕业，又会打算盘的菊书来顶替不识字的母亲上班了，母亲又成了没有工作的家庭妇女。菊书在土产公司一直干到1992年，光荣退休。属于供销社系统的土产公司，这几年闹完承包闹改制，职工工资都发不下来，退休工人更没人管了。去商业局上访要工资，大家又把菊书推为统帅。

上次接待他们的领导，说这个月给答复，等忙完自己家的房子，就召集老伙计们去催催。菊书也认定自己有胆有识，敢作敢为，是个帅才。只有丈夫周庚甫说，赵菊书啊，这辈子都是听了他的主意，又拿他的主意来领导他。

菊书承认周庚甫比自己有智谋，但再有智谋他也不过是军师，元帅还是她。赵菊书领导周庚甫，算上谈对象的那一年，整三十年了。

三十年前，菊书担着"刺货"的名声，有意无意地愈发刚强自己的性子，嚷嚷着说话，动不动就摔摔打打，她的闲事，愿意管的人不多。她还不肯撇下孀母弱弟出嫁，这无异于要求对方"倒插门"，家境、成分、性子，没一样好的，菊书纵然生得雪肤花貌，到底还是耽搁下来了。

　　周庚甫那个成分坏透的封建官僚家庭远在武汉，他一个人住在运输公司的宿舍里，正娶倒插对他来说无所谓。他虽说小学都未读完就去学修车了，却是个秀才，写得一笔好字，不知道从哪儿念了些弯弯绕在肚子里，说出话来新鲜有趣，更要命的是他能看穿菊书虚张声势的泼辣，不跟她争强斗狠，一味地柔顺，做小伏低，深情款款，菊书反倒被他撮哄得服服帖帖，没见两面就淌眼抹泪地把心里的苦都掏给了他。

　　当年一无所有的周庚甫分担了菊书的委屈辛酸，于是，多年后，菊书给了他一个两儿两女、九间屋子的家。

　　菊书志得意满地笑谈丈夫当年的一无所有，周庚甫知道，菊书是在变相表达她的幸福和满足。可惜这种深刻而准确的理解力，在周庚甫提前退休后随之退化，他竟开始激烈反驳菊书：什么叫你给我一个家？这家是我们共同打下来的！

3

　　藤椅上的菊书，想起丈夫暴着青筋跟她争功，不觉心里一躁，可身子又懒得动，只是恨恨地用力拍打了几下藤椅扶手。谁都不能跟她来争，她豁出自己拼打来的家——丈夫，母亲，兄弟，儿女，甚至侄子侄女，都可以享用她的胜利果实，只是不能跟她争功!

婚后菊书跟丈夫一直住在西关大街铺面房的楼上，好不容易从供销社分到一套新公房，她让弟弟一家带着母亲去住了。老房楼上楼下又变得拥挤不堪，她那两双儿女噌噌地长，再也摁不到一张大床上了。

小女儿周爱冬上小学那年的冬天，周庚甫和赵菊书在灯下为落实自己家的房产政策准备材料。周庚甫写材料自然没有问题，写完了他看着赵菊书，那目光在无声地发问：平白地要回自己的房子，这可能吗？

赵菊书一把抓起他写的那摞纸，塞进抽屉，上床睡觉。她不跟丈夫讨论，甚至都不看丈夫的目光，看了会心慌，看了会害怕——菊书也不知道会怎么样。她的泼悍就像荒野中走夜路人的叫喊，不过是给自己壮胆而已。

街道，办事处，房管局，法院——从市中院到省高院，铜墙铁壁，千坑万陷，也是一座天门阵！赵菊书人生最激烈也最辉煌的一幕就此拉开。

三十七岁的赵菊书，自然不再轻易撒泼打滚了，她敲开各处办公室的门，耐心地记下里面那些人措辞费解含义模糊的话——他们的话就是具体的现实的政策，对于政策要好好领会，菊书也没白受这些年的政治教育，记下后回家和周庚甫深入探讨，寻找到最适合自己的解释角度。当然，要让"他们"同意这个角度，还需要一些沟通。于是菊书带着些难得一见的东西，诸如香蕉、菠萝、哈密瓜，上好的大枣、木耳、黄花菜等等，去跟他们沟通了。物质匮乏时代严格的配给制度下，在供销社系统工作的菊书拿出来的礼物，还是有些影响力的。

最终的结果还算理想，父亲买下的那处院子后面共七间房屋，四间无偿返还，剩下的三间，现在的租户不买，菊书可以购买。他们这样处理自然有他们的根据，菊书全力拼凑够了二百八十块钱，拿到了一纸拥有房产的凭证。只是要把这张纸变成可以住的房子，还要颇费些周折。

七间房里住了六户人家，除了两家听说自己住的公房变成了私房，觉得不可靠，当即就打算搬家了，剩下的四户都不肯搬，当过街道干部的老司婆甚至警告菊书别得意，这事儿不定怎么样呢！

去法院是周庚甫的主意，菊书开始也听了，后来发现打官司是个陷进去就拔不出腿的泥坑，没完没了地调解，好几年下来，也没人给她个痛快话。周庚甫倒像是上了瘾，写的诉状被受理案子的法官夸奖了两句，他就不知道自己姓什么了。谁知道那人反而判得更不好，他们连撰人的权力都没有了。

　　周庚甫拉菊书去了省城，花不菲的票价请高院一个年轻女子和她对象去看"走穴"来的明星演节目，结果案子发回市中院重审。又有两家不耐烦折腾，搬走了，剩下的殷老师家是没地方搬，老司婆还是死硬，菊书也就来硬的了。

　　菊书要翻盖房子，那房子算来七八十年了，再不翻盖，就住不得人了。菊书请了乡下做泥瓦匠的远亲带着帮工来施工，又嘱咐两个女儿放学去姥姥家，自己和丈夫都请好了假，大儿子摩拳擦掌——开工就是场硬仗！

　　果然，一抓钩筑到墙上，老司婆就跳出来骂人了。她住的房跟隔壁伙用山墙，菊书这边一扒，她家就只剩三面墙了。司家儿子媳妇接到信儿也赶了过来，冲突很快升级，骂对骂打对打，菊书勇猛不减当年，看热闹的挤得半条街水泄不通，反倒是周庚甫臊得躲到后街去了。大儿子周文革性子暴，不是菊书拦得紧，手里的砖头就奔司家儿子脑袋过去了。菊书又气又笑——比画比画就行了，不能来真的！大女儿周爱红读高一，中午放学听说了赶来给母亲助阵，菊书嘱咐小儿子把姐姐摁到屋里不准出来——菊书"刺"，可不舍得让女儿大庭广众之下跟着"刺"！

　　赵菊书马踏天门，大获全胜。老司婆骂骂咧咧搬到儿子家去了，殷老师的爱人跟菊书说了软话，菊书就让殷老师一家挪到临街的二楼上去了。

工程顺利进行，上梁那天放鞭炮，中午给师傅上酒，赵菊书正张罗时忽觉天旋地转，被送进了医院。菊书不知道自己有高血压，知道了也没大惊小怪。

老房子翻盖成了两层红砖小楼，楼下客厅墙上，周庚甫当时赶时髦，装了面巨大的镜子，后来他动不动就指着镜子里的菊书说："你看看自己，都成皮球了！"

菊书不看镜子，她生完一个孩子胖一圈，几年来为房子奔波，肚子反而更加滚圆起来，冬冬纤细的胳膊都搂不住妈妈的腰了，她抓了小女儿的手摩挲自己的胖肚子，笑说里面还有一个小弟弟。菊书不在乎腰身，对周庚甫挑剔她的歪话更是鄙夷不屑，她又不去选钧州小姐，再说，大儿子文革说话就把媳妇都给她领回家了，眼看要当奶奶的人，还臭美什么？

一个人的时候，菊书反倒会看看镜子里的自己，她知道自己本是好看的，那眉眼脸庞，依旧能辨出曾经好看的轮廓，只是菊书的好看，连她自己都没来得及好好看，就过去了。

菊书的好看折变成了她的房子和儿女，菊书还是幸福满足的。幸福满足的菊书喜欢上了养花，石榴树是几十年的老树，蜡梅、凌霄、葡萄、芍药，都是新房盖好后，菊书栽的。她精心侍弄自己的花草，花叶掩映下看自家红楼，越看越爱。

她没想到，儿子给她领回来的那个差点儿选上钧州小姐的准儿媳妇，一句话，就毁了菊书的功成名就志得意满。

4

墙头有棵没被铲掉的瓦松，在风里摇摇晃晃的，肉质肥厚的叶子饱满挺拔，不知道是不是夕阳的缘故，那苍色的叶片竟露出抹紫红。

戏里的穆桂英依旧壮怀激烈，诉说着祖辈的丰功伟绩，梆子声忽地远了，模糊了，菊书热腾腾的心事也冷下来，没来由的悲凉跟那瓦松一起在晚风里摇。

文革领回来的女朋友叫萧露桐，高中时两个人就好上了，儿子技校毕业进了运输队，露桐师范毕业去了报社，两人还一直好，文革就把露桐给妈领回来看了。

菊书一眼就喜欢上了露桐，模样好倒在其次，难得她稳重大方，对人礼貌，话不多，却会笑，看文革的眼神又专注又柔顺。菊书本就很为一米八六的大儿子自豪，如今借了露桐的眼光看去，儿子越发俊朗不凡了。

周庚甫夸露桐的名字好，又问可是出自《世说新语》，"清露晨流，新桐初引"。露桐笑着点头，赞叹周伯伯好学问。

周庚甫被夸得心花怒放，大笑着说你父母也好学问。

文革说，人家当然好学问，露桐的父亲是钧州市文联主席，还是一位作家。周庚甫瞪了儿子一眼，哦了声，随即跟露桐大谈起了文学。

菊书本就不喜欢周庚甫卖弄的腔调，又担心他麒麟皮盖不住马脚，闹出笑话，插嘴拦他："我这初中生还没吭声呢，你这小学没毕业的就少说两句吧。"

周庚甫气青了脸，露桐抿嘴一笑，说学问不等于学历，周庚甫这才转怒为喜。菊书把这个准儿媳妇爱进了心坎里，好好招待了人家姑娘一番，等文革和露桐出去了，就拉着周庚甫去了文革房间，商量如何铺地板砖，如何添置家具。

女儿爱冬嗤笑着出现在门口，"您二老省省吧，那个萧露桐说了，人家才不往咱这贫民窟里钻呢！周围都是小市民，日子没法过——就刚才，跟这屋，对我哥说。"

菊书登时气噎了，"她是大市民，她——"

周庚甫连连摆手，"没文化，没文化！贫民窟？她懂什么？去看看钧州县志，这西关大街当年都是什么人住的？让她回去问问她爹！"

西关大街住的是什么人？

住在西关大街上，是菊书父亲赵寅成一辈子的梦想。赵家的房子，本属于钧州城赫赫有名的端木家。端木家的宅子占了半条街，赵寅成买下的不过是个小院，属于端木家最不成器的七爷。写文书拿房契的那天，赵寅成在宴宾楼摆了酒，那是他人生的大日子，他带上了自己的一双儿女。

菊书被母亲着意打扮了一番，老油绿的纺绸棉裤上是枣红大袄，挂着沉甸甸的银锁，自然是父亲的手艺。赵寅成的好手艺不只在钧州有名，开封城都有特意跑来打首饰的。菊书的锁自然不是平常银锁如意元宝的样式，下端是朵盛开的牡丹花，上面是飞舞的凤凰，凤头优美而高傲地抬起，头翎都纤毛可见。

菊书的小脑袋也昂得跟那凤头一般，她似乎能察觉父亲胸口奔涌的热烈高亢的情绪，菊书胸口也像被鼓槌一下一下敲着，胀胀的却充满愉悦快感的微痛，然而她却压得住那激动，走上宴宾楼的楼梯时，脚步放得格外郑重，弟弟平素就乖，出来更是胆小，可菊书还是紧紧拉着弟弟，生怕他挣开去闯祸似的。

楼上雅间，七爷和做中人保人的两位伯伯先到了。有一位来过家里，菊书记得姓刘，刘伯朝菊书笑，菊书也羞涩地回应了一笑，低了头。大人们寒暄，落座，菊书的胸口那股劲儿还在膨胀，弄得她头晕乎乎的，几乎听不见人家说了什么，听了也未必懂，菊书只知道，今天过后，西关大街那片灰蓬蓬的青砖院落里，有一个就属于他们家了。母亲说，菊书进了那院门，就成了大家小姐，回头让爹给你买了丫鬟，就像戏台上那些小姐一样。菊书抿嘴笑了，她要是有个丫鬟，绝不给她起名叫春香，春红，梅香——那叫什么好呢？

桌上的气氛忽然有些不对，弟弟的小手指头钩着她的手心，菊书回过神来，愕然发现父亲的脸色铁青。刘伯在低声劝七爷，另外一个人则跟父亲在耳语，父亲的脸色更加不好了。这时候，又有请的客人来了，推门就笑着作揖，"恭喜赵掌柜，恭喜赵掌柜！"

父亲有些尴尬地站起来，招呼人落座，七爷不停地拿起手帕捂着口鼻，用力吸几下鼻子，放下，很快又拿起来，一点儿血色都没有的瘦脸上，那双眼睛格外地大，暗沉沉的黑眼珠，眼白却有层古怪的淡蓝色。

紧张尴尬的气氛，似乎得到了缓解，只是父亲的脸色一直没有恢复。笔墨纸砚端上来，刘伯看看七爷和父亲，两个人都对他点了头，他落笔成文，诸人签字画押。酒菜端上来，虽然大家都在恭喜父亲，菊书和弟弟也得到了很多夸奖，她心里却惴惴的，连宴宾楼最好吃的铁狮子头，都没吃足十分的滋味。

菊书的不安是有道理的，父亲到底没有坚持到酒宴结束，扫尾的鸡蛋汤上桌了，父亲突然从椅子上滑到桌子下面去了。

菊书守着躺在床上的父亲落泪时，听到屋门口刘伯对母亲说："端木家老七，太阴！都坐上桌了，他不卖了，最后拿了一把，又涨一成——寅成兄弟也是心劲儿提得太大了，我劝过他，你说这兵荒马乱的，置什么院子？"

母亲哽咽说："他想到那儿了，谁有什么办法？"

父亲想到，也做到了。从民国三十八年元月六日那天起，西关大街上有了属于赵寅成的宅子。父亲到底挣扎了些日子，翻过年出了正月，二月二那天，菊书一家搬进了这院子，父亲看见了院子里的石榴树开花，却没挨到端午，走了。

5

菊书似乎一直在用父亲的目光贪恋着这个院子，爱得愿意豁出自己为它拼杀，还为那拼杀感到自豪。那天听女儿传了露桐的话，菊书先是气，等气平了之后，突然换了看这院子的眼光。

依旧爱恋，却多了一层抹不去说不出的悲怜。父亲那灰蓬蓬的大家院落，已然不在了，自己的红砖院落，在花草枝叶遮蔽下，正跟着时间老去。偎着墙脚栽了一圈的迎春越发越茂，年年早春进出满院的黄花，娇滴滴黄得稚气，院墙和房子却被那不变的稚气比出了年纪，那砖红一年一年暗下去了。

菊书没拿着那话跟孩子们置气，还紧嘱咐周庚甫不能在露桐面前提这话，只是那话像根刺，扎进了菊书的心，再也没有拔出来。

那根刺，扎进去时疼了一下，过后竟不觉得了。微微的不适，触碰到了才会疼，是木木的钝钝的疼，深吸一口气，慢慢吐出来，疼也就过去了。

心里的疼，菊书跟谁都没说，就是想说，她也不知道该怎么说。露桐从来没在菊书跟前有过一丝一毫类似的表示，菊书后来都忍不住想，到底那话是露桐说的，还是爱冬那丫头弄鬼？不过哪个孩子说的，对菊书来说，并不重要。

露桐还是嫁进了菊书的院子，新房就是楼上文革的那间屋子。露桐在报社分有一套半旧的两居室，文革不去住，露桐也只得顺着他。菊书和露桐处得还算和睦，婚后半年，菊书帮着媳妇劝儿子，他们才搬到报社家属院去了。

急急的锣鼓点，锵锵的梆子声，藤椅上的菊书知道，抱着帅印的穆桂英要去校场点兵了。她深吸了口气，却无力缓慢地吐出来，那口气先是哽在喉头，猛地呛咳似的喷了出来。

夕阳落下去了，空气里有了凉意。菊书看着那角还在天光里的院墙，那棵瓦松成了黑色的剪影。菊书忽然感到拽不住那天光了，一日将去，雾霾般的恓惶不安，随着她不大均匀的呼吸进到心肺里去了。

"他们要到街道上调查……"早上老白媳妇的话里，此刻再想，竟有幸灾乐祸的底色。老白媳妇不是"他们"，她的话是不作数的。菊书见识过"他们"，各种各样的"他们"，站在浓雾中的"他们"，面目模糊变幻无常的"他们"……不知道这回的"他们"是谁——会知道的，菊书不仅会知道他们是谁，还会知道他们的办公室、家，多半还会知道他们的亲戚朋友……戏里的穆桂英说："……这些年我不往边关走，砖头瓦块都成了精……"

好大的口气！菊书心里笑了，她要抖擞精神，提起心劲儿，"他们"也不过是成精的砖头瓦块，有什么好怕的?！

攥紧拳头提足气说"不怕"，其实还是怕。

骨头缝里有些酸冷，四肢变得沉重——累了。这才哪儿到哪儿呀？别的地方拆迁时发生的故事，菊书听得多了。"礼"和"兵"两手，菊书都备下了。这一阵，她老将出马，得拼下一大一小两套房来——小儿子卫东也该成家了！

周卫东扯了根带着灯头灯泡的电线过来，用个钩子挂在新出现的屋顶下，黑洞洞的由院子变成的屋子，亮堂了起来。菊书朝儿子微笑了一下——她的儿女个个都是好的，说不上有多大出息，可知道跟她亲，知道顾家，还求什么呢？

煞戏的鼓乐起来了，卫东调整着灯泡的高度，"妈，不是我跟你犟嘴，还是京剧雅致，一样的戏，你听人家——"

卫东教小学数学，却喜欢京戏，还喜欢旦角，玩票的水平很高，一开口能吓人一跳。菊书身上没来得及发挥的艺术基因，一点儿没糟蹋地传给了小儿子。菊书听着儿子亮嗓子唱了几句，"猛听得金鼓响画角声震，唤起我破天门壮志如云，想当年桃花马上威风凛凛，敌血飞溅石榴裙……"

菊书竟听出了两眼泪。这个穆桂英也在自己给自己提心劲儿呀！桃花马，石榴裙，当年她是何等鲜亮人物！菊书眼皮剧烈地抖动起来，两行泪不听话地滚了下去，她看见儿子脸上绽出了惊愕、慌乱的神情，听得到远远有汽车停靠的声音，丈夫和大儿子回来了吧？小儿子挂上的灯泡晃得厉害，光也昏暗了，汽车声竟变成了沙沙的雨声，远得听不见了……

6

菊书中风的后果除了说话、行走不便，还有就是他们只得到了一套低价的回迁房，这使菊书下决心买下同病房病友东郊的那处院子。

病友丝毫没有瞒她，之所以如此便宜卖那院子，是因为村里人三天两头找麻烦，欺负他们是外来户。菊书的决定，家里没人赞成，可也不敢直接反对。

周庚甫期期艾艾地说："郊区农民，最难惹，城市农村的坏，都会使……"

菊书手里的拐杖噔噔捣着地，嘴角歪了半天，带着口水喷出两个字：不怕！

十五年之后，菊书的孩子们会充满感激和感慨地想起母亲的这声"不怕"。随着钧州城的迅速膨胀，他们发现，当初对着碧绿麦田和金黄菜花地的那处院子，竟然被拉进了这个城市新的黄金地段。

这是后话，菊书不知道的后话。她捣着拐杖歪着嘴角，在东郊那个叫陈官村的地方，率领丈夫儿女跟各色人物较量了近十年，赴单刀会，摆鸿门宴，软的硬的，明的暗的，大大小小无数阵仗，输输赢赢也算不清楚，她这个村头临路的家，却变得固若金汤，轻易没人能动得。

菊书院子里很容易又有了葡萄、石榴、凌霄和蜡梅，芍药不要了，没气力伺候，这些花木也由着它们自己长。石榴花开满树，一年才结三五个果子，葡萄果子倒多，味道却差，蜡梅开出花才知道品种不对，菊书此前那棵是上好的"倒挂金钟"，只有凌霄差强人意，橙红色的花年年累累地铺在墙上。

深秋了，阳光很好，菊书坐在那把老藤椅上，看凌霄花一朵一朵落在地上，噗噗地发出了声响——不只是听觉，菊书所有的感官都尖细敏锐起来，透明的空气在流动中弯曲她都能察觉……她真的听到了，母亲的声音，依旧年轻，低低地像是自语地念着：老不死的佘太君，长不大的杨文广，打不败的穆桂英……一个小女孩跟着在念……那是她，五六岁的菊书，跟着母亲一句一句在念……母亲在她耳边低笑了一声，那是戏……

是啊，那是戏。现实中她的母亲老了，死了；她的孩子长大了，各自干各自的去了；菊书呢，拼杀了一辈子，输赢难计，可最终还是败了，败给了时间……在败给时间之前呢？自己给自己扎靠插旗，想要扮威风八面的帅旦，可惜人生没给她备下华冠霓裳，她的行头太简陋了，简陋得做什么身段都会惹笑……菊书粗粝衰老不大灵便的右手，迟缓地摩挲过光滑润泽的藤椅扶手——帅旦也许只在戏上有，在戏台上才会有浴血拼杀依旧雍容华贵的女人……

菊书在意识消散的最后一瞬含混地想，也许她的人生角色本不必这样演……

殷红的纸，饱满的墨汁，规规矩矩的正楷柳字，父亲写得很用心，六岁的菊书站在桌边，四岁的弟弟踩着紫榆条凳趴在方桌沿上，小手沾着红纸的褪色。父亲写完那副春联，念给菊书听：新年纳余庆，佳节号长春。

菊书并不懂那联句的意思，只觉得那是两句灵妙的符咒，念动它，一个福祉无限的世界就敞开了，雅正，蕴藉，温暖，四时有序，父母在堂，无忧无惧，不急不躁，千秋万世的安稳岁月在那里缓缓流淌……

《人民文学》，2011年第9期

夏生的汉玉蝉

计文君

一　消失

这个春天，两个人从甘田的生活里消失了。

首先"消失"的是他的"女朋友"艾冬。

甘田会在"女朋友"三个字上打引号，并不是简单的否定，而是经过反复思忖、斟酌了这一定义所凝结的社会共识，拨开了自我干扰，最后不得不给出的身份确认。

甘田交往过多少女朋友，他自己也不确切记得了。他曾经尝试过列一张清单，发现有一些实在想不起名字，同时也觉得自己的行为近乎猥琐和无聊，就算了。甘田自己也清楚，他所谓的"交往"，不过是一种对于社会规范表示尊重的委婉语，给自己的荒唐存些体面。

甘田大概在十几年前就发现了，自己身上有个"百日魔咒"——无论怎么样的开始，最多三个月左右的时间，乏味或冲突必然降临。即便有过一两个女生，两人靠着理性和情感的帮助，共同努力把关系往下维持，接下去也是地狱般的彼此折磨，最后把有限的善意与耐心消耗殆尽，一别两宽。

作为心理学专业人士，甘田当然能够对这个"魔咒"做出科学解释：生物性因素和社会性因素各占一半。从大学开始到今天，唯有艾冬打破了这个"魔咒"——已经差不多三个百日了，她依然让他充满依恋和渴望，让他葆有好奇心和持续了解的愿望。

所以，艾冬是他的女朋友，却又不仅仅是女朋友了。

在艾冬"消失"的这四十一天里，甘田发现，她原来是自己的一种"瘾"。

甘田是在艾冬离开之后一周才确认的。

这一周，艾冬毫无征兆地对他实施了"戒断"。她不仅在空间上把她自己送到了非洲，同时还切断了两个人之间的"专有刺激信号"——不仅没有视频、通话，甚至微信都简约到数天才一条，地点加"平安勿念"四字。

甘田狂发了一周焦灼不堪、毫无回应的微信之后，意识到了这一点，于是淡定下来，只在收到艾冬微信时回复三个字，"好，保重"。

他们本也不是天天在一起，甘田作为知名心理咨询师和畅销心理读物作家，忙着巡讲和签售，艾冬在影视公司做内容开发，两个人约来约去，一个月顶多能挤出两三天在一起腻一腻。不在一起时，从早安问到晚安，三餐少问一次那顿饭就跟没吃一样。就是喝大了，甘田都有根神经绷着，能让他至少发个微信说我喝多了你好好睡——艾冬在这个世上的亲密关系支持，只有他。

艾冬年纪轻轻父母都不在了，也没有兄弟姐妹，那段已经结束的惨烈的婚姻不仅没给她带来个孩子，顺便还带走了她再有孩子的可能……甘田每想到此，都有点儿沉重，可就连这点儿沉重，都是他的"瘾"……

纵然出现了百般不适的"戒断反应"，甘田却安之若素，一字不问。不问原因，因为心性教养，也因为有一点赌气，更因为他约略知道那原因。

接下去消失的，是甘田的一位"来访者"夏生。

夏生的消失，发生在艾冬"消失"后一周。

这个加在夏生身份上的引号，是单纯的否定——名实不符。这五年来，甘田只是在"假装"夏生的心理医生，装给夏生的母亲夏梦华看。

　　夏生离家那天应该是正月十六。夏梦华在天津，这位天华钢铁集团的董事局主席和政府领导一起参加利用滨海区旧厂房改建的公益博物馆二期的剪彩仪式。当天母子还通过电话。次日夏梦华回到北京，就再也没有打通儿子的电话。

　　夏生失联的当晚，甘田就接到了夏梦华的电话——她认为儿子遭遇了"意外"。甘田心里一惊，但他除了担忧和同情，也提供不了任何有价值的信息。

　　次日，夏梦华的秘书却带着司机，冲到甘田租住的怡景SOHO，催着他关了电脑，跟他们走——夏梦华需要甘田向警察说明一些事情。

　　秘书想是看他脸色不对，上车后解释了一句，"主席很着急——"

　　甘田没有应声——他摁住了心里冒出的火，咽下了那句"那是你们的主席，不是我的"。

　　将心比心，甘田也不能责怪一个疯狂寻找儿子的单身母亲。

　　更何况，他知道自己这种沉郁又焦躁的情绪，属于"戒断反应"。他刚跟团队里的小姑娘们在工作群里发脾气，说她们把甘泉心理咨询中心的公号做成了"直女癌"专号——骂人都骂成"史诗"了，上溯祖宗十八代描述一个"渣男"的来路。

工作群里一片寂静，估计办公室那边玻璃心碎得满地都是，甘田下楼的时候就有点儿后悔，这会儿不能再迁怒无辜了。

秘书不停用手机查着路况，轻声和司机商量，略拥堵时，司机的手指轻敲着方向盘，两人粗重的呼吸，透露出压抑的焦灼不安。甘田又于心不忍了，说了句宽慰的话。秘书几乎是感激地扭过头笑了笑。他告诉甘田，从警方调查的情况来看，"意外"的猜想无法成立。

前天夏生离家的时候，让司机把他送到了造型老师黑泉的艺术空间，并且告诉司机，不必去接他，晚上他和黑泉老师，还有杰森哥哥一起聚会，然后和杰森一起回天华园。但从黑泉艺术空间的监控录像发现，夏生根本没进去见黑泉，而是直接叫车去了机场。警察根据叫车记录，调看了T3航站楼的监控录像，夏生过海关、安检、登机，没有任何异常，身边也没有什么可疑人员，出境记录显示目的地是马德里。再说，两天的时间里，并没有任何要挟或者勒索的信息出现，警方综合各种情况判断，夏生的失联，是自己离家出走，而不是遇到了意外。

甘田开始还有些不理解，为什么非要他来跟警察说夏生的情况。见了那位崔警官，听了他不无预设答案的提问，甘田明白了。

甘田几乎是斩钉截铁地否定了那些"预设"：夏生是个性

格随和、善解人意的孩子。他和母亲之间没有任何矛盾。夏梦华是把夏生作为继承人在全面培养，但对于这一点，夏生是接受的，而且夏梦华对儿子的培养既开明又开放，甘田也是了解的。她丝毫没有勉强儿子——儿子有能力且愿意管理企业，很好；没能力或者没意愿，也没关系。现代企业又不是封建王朝，天华集团有很多成熟且优秀的职业经理人在任。夏梦华的观念，儿子的人生不仅要有意义有价值，更要有幸福感。夏生喜欢造型，母亲给他请了黑泉这样的艺术家做老师，资助他举办艺术节，已经办到第三届了。夏生和母亲的关系是亲密的，去年天华高管团建，夏生跟着母亲一起"重走长征路"，一路上体贴懂事，吃苦耐劳，夏梦华是又骄傲又欣慰……甘田说的是实情，到最后，理直气壮得都有点儿慷慨激昂的意味了。

崔警官克制又客气地点着头，接着却毫不客气地问了一句，"那他为什么要找心理医生呢？"

甘田噎了一下，斟酌了一下措辞，"夏生做的咨询，不是治疗性质的。他是个心理健康的孩子。心理咨询可以让他更好地了解自己，提升自己。"

崔警官没再说什么，甘田却从他的眼神里读出了一丝略带嘲讽的不信任。夏梦华关于儿子可能遭遇意外的猜想，虽无人反驳，却也似乎只得到了甘田的由衷支持。崔警官想必在他领导眼中成熟可靠，不然也不会派他来处理"夏梦华儿子的失联事件"。崔警官安慰夏梦华，不要太焦虑，虽然夏生二十八岁了，可现在的孩子成熟得晚，想法也特别，一时别扭也许很快就过去了，能做的他们一定尽力，随时保持联系。

得体的话语，得体的微笑，不知道为什么有种让甘田都感到憋气的冰冷隔膜。夏梦华则在崔警官告辞之后，抓起他用过的茶杯摔了个粉碎。

五十二岁的夏梦华，当然无法接受这样莫名其妙地失去儿子。但作为天华集团的掌舵人，焦灼万分的同时，还不能失去冷静和理性，一方面要动用一切力量寻找儿子，另一方面又要尽量低调和不扩大——这种"怪事"很容易启人疑窦，内忧外患的多事之秋，不能再无谓增加天华集团的不确定性了。

夏梦华还是感谢了警方和相关领导的关心和大力帮助，但她不能滥用警力这么珍贵的公共资源。夏梦华重金雇用了私家调查人员，飞到马德里，在当地某些相关人士的帮助下，查到夏生是用中国护照入境西班牙，并且他们在巴拉哈斯机场的失物招领处，看到了夏生丢在咖啡厅的手机，手机已经彻底格式化，查看机场监控记录，手机是夏生自己放在吧台上的，他一个人平静地喝完咖啡离开，至此监控录像上再没有出现夏生的身影。

　　夏梦华关于儿子有可能被人挟持或者遭遇意外的猜想再次被否定。她告诉甘田时，语调相对平静。甘田出于职业敏感，即便两人已经略显尴尬地面面相觑了十几分钟，他都没有告辞。果然，夏梦华的情绪决堤了。甘田疏导夏梦华完成了情绪宣泄——不过半个小时的时间，夏梦华的哭泣渐渐停止，擦干眼泪，调整呼吸，向甘田道谢。

　　甘田不由得感叹，夏梦华实在有着常人远不能及的强健有力的精神自我。

　　夏梦华雇用的调查人员在马德里又停留了将近一个月，没有查到丝毫与夏生相关的线索。夏梦华决定放弃寻找，让他们回国了。她打电话跟甘田说了自己的决定，甘田说放一放也好，给夏生点儿时间。

　　夏生的离开绝非一时冲动，他显然进行了周密的准备，所以才能走得如此彻底——在今天，一个人要想踪迹皆无，难度是很大的。从机场消失，甘田推断，夏生一定是进行了变装——甘田见识过夏生的变装艺术，毫不夸张，真是脱胎换骨一般。这才不过是第一步，还是最简单的一步。甘田细细回想过，夏生绝无可能放弃生命，而一个活人在这个世界上存在是件复杂的事情——身份证件，经济来源……他从什么时候开始准备的呢？

这么一想，甘田有些沮丧——他竟然事先毫无觉察。

二 母与子

五年前，甘田开始给夏生做心理咨询。

黑泉介绍他来的，说这孩子在美国待了十年，刚回国一年，可能有些不适应。通过两次谈话，甘田认为夏生没有问题，寡言，表情少，眼神忧郁，气质文艺，是"范儿"，不是"病"——多少人想要这样的"高级感"，还得装呢。说起母亲，那份理解和体恤，透着成熟理性，甘田不解地问黑泉，这孩子他妈，还想要咋样？

黑泉笑说："哎，想那么多干吗？就当有人花钱请你陪孩子聊天了。"

于是，第三次心理咨询真就变成了两个人的聊天，夏生还是话不多，但有问有答，头脑清楚，绝非不谙世事的纨绔子弟，说起母亲期待他更积极阳光、开朗向上，颇为无奈地笑笑，说，她把您当健身教练了。

甘田忖了一下，才理解了这句淡淡的话后面那份很深的幽默，越想越觉得有趣，大笑起来。甘田最初婉拒了夏生替代母亲发出的邀请，黑泉为了巴结金主，再三游说，甘田也就去了。

夏生陪甘田在楼下等夏梦华。客厅的墙上挂着幅母子肖像油画，画里的母亲很年轻，膝上站着一两岁大的男孩儿。母亲正红绸缎质地的外套里露出一抹金色的内搭，她两手揽护着膝上的孩子，男孩儿只穿了条海蓝色的短裤，扭着胖乎乎的身子，仰着头，藕节似的小胳膊伸向母亲。夏生有些不好意思地解释，这是画家按照照片画的。甘田一笑，那油画从构图到色彩，都在致敬"圣母和圣婴"，不知道画家是谁，倒是会取巧。

无论是名字引发的联想还是油画里勾勒的五官，甘田都忍不住把夏梦华想成颇具风韵的美妇人。夏梦华打招呼的声音在甘田的头上响起，甘田被迫仰视着正在下楼的她：高大丰腴，身形动作迟缓有力，像逡巡中的大型猫科动物——身上偏是件纪梵希的豹纹印花上衣，金黄底子黑色斑纹的真丝下面是起伏的肉身，衬托着那张端正的脸不知怎么就有了"狮虎之相"，尤其是深陷的法令纹，威严里透着凶，纵然笑的时候也让旁边的人不敢放肆。油画家的勾勒很写实，却不传神，俊眉秀眼白若敷粉的夏生，五官肤色都酷肖母亲，只是看着坐在一起的母子，甘田偏就觉得是一头母狮生下了一只瞪羚。

夏梦华对甘田，宛若学生家长对家访的老师，再三拜托。甘田想起了夏生"健身教练"的比喻，不觉嘴边浮出了微笑。

夏梦华觉得儿子很好，只是可以更好。按照她笃信的世界运行原则，人的精神，也是可以通过科学的方法和坚强的意志，设计调整，努力锻炼，拥有完美的线条和肌肉的——所谓提升自己，所谓不断进步，不就是这个意思吗？

甘田甚至都不能说她是完全错的，只是很好奇她为什么想到要找心理咨询师。专业的人做专业的事嘛——夏梦华笑看甘田。知道甘田是源于黑泉的推荐，但夏梦华也是对甘田做了调查研究之后，才替儿子选择了甘泉的。她不仅知道甘田北大硕士的教育背景，读过他在报社期间写的专栏文章以及从事咨询实践后出的书，还知道他父亲是物理学家，母亲是语言学家，祖父曾是位文职将军，而祖母退休前是眼科专家……甘田后背都听出了汗，暗忖夏梦华是不是顺便把他一言难尽的私生活也调查了一番。

显然没有。夏梦华对甘田很是信任欣赏。甘田也没必要无事生非，默默接受了夏梦华的逻辑，成了夏生的"心理健身私教"。

这五年间，甘田和夏生结成了同盟。夏生再没有来过咨询中心，每月都会在约好的时间和甘田见面，不过都改在了别的地方，做了别的事情。甘田的任务，也就是两三个月"家访"

一次。夏梦华再忙，也会拿出完整的半天，和甘田见面。

甘田每次和夏梦华的见面，前半场像答辩——他先讲和夏生沟通过的"主题谈话"，夏梦华问问题，甘田回答；后半场像文化热点论坛——主发言人换成了夏梦华，甘田的"补充发言"通常是尾音略长的一声"哦——"像是沉吟、思考，也像是对她的话有所保留——稍稍顿挫之后，再补上几个"点头"——表达思考之后或者被她说服之后的赞同。

这倒不是为了奉承夏梦华的特殊设计——最初这只是甘田的职业技巧，面对敏感且自恋的来访者，唯有这样，才能让他们顺利表达——偶然发现这一技巧用来应对不感兴趣的谈话对象效果奇好，渐渐也就成了习惯。久而久之，无聊且逃不开的谈话，就条件反射般启动"哦——点头"模式，习惯成了自然。

夏梦华的无聊，不是源于内容贫乏。恰恰相反，从查理·芒格到王阳明，从乔布斯、莫言、特朗普到霍金……每次见夏梦华，她总有新的见解要谈，海纳百川，胸怀世界——夏梦华似乎感受到甘田的惊讶和不解，笑着说："我就高中毕业，当然，现在也有两个博士学位，那都是虚的，和你们真正的文化人不能比。但人要不断突破自我，提升自我，只有读书学习，终身学习。"

甘田也就笑笑。他的惊讶和不解不是源于夏梦华的"不断进步"，而是源自她的"万法归宗"——她就像一锅百年老汤，任何东西扔进来煮，捞出来都是一个味儿。不管她谈论谁，都不过是证明了她见解的正确与伟大。而夏梦华对世界的认知判断，都让甘田想起中学《思想政治》课本上的黑体小标题，像甘田这样自觉不肯脱离"低级趣味"的人，难免会觉得无聊。

甘田虽然与夏梦华毫无共同志趣，但却并不讨厌夏梦华，尤其是她认真表述自己观点时，脸上的质朴与诚恳，甘田甚至会觉得有几分可爱。甘田不知道夏梦华在其他场域中如何，反正甘田看到的她，总有种用力过猛的真诚、热切，周遭的人承受不住暗自趔趄——只是她永远都不会知道这一点，那些人必会强撑着站稳脚跟，受宠若惊喜出望外。

甘田自然不在"那些人"之列，面对这样的"好意"，他会明确表示拒绝，并且给出一个不失礼貌却必定会被夏梦华批评的原因。好在夏梦华对他和对夏生一样，只是语重心长地批评、教育，对别人她没这样的耐心。

甘田自然没有"雨露雷霆俱是天恩"的境界，坚持了五年，除了喜欢夏生这孩子，也因为夏梦华能接受甘田的"不知好歹"。譬如，他五年来只留在夏家吃过一次饭，此后都拒绝了。

那是他第一次拜访，留下吃了晚饭。

夏家餐厅会让人恍若进了那些"中国风"杂糅"和风"的

工艺品商店，竹帘、仿明的圈椅、长条原色鸡翅木餐桌上铺着小块儿的青色印花桌巾，旁边的架子上、餐厅角落里，堆满了琐琐碎碎各种竹器根雕陶塑瓷瓶，夏梦华说她不喜欢富丽堂皇，她喜欢雅致的东西。甘田出于礼貌含混地笑着，心想原来百亿身家的女富豪，"雅"起来，与囊中羞涩的女文青也别无二"致"啊！

甘田长的"见识"还在后头。吃饭是分餐，啰里啰唆的无数个碟子，也不知道多少人在厨房里忙活，至少上菜的就有两个小姑娘，那晚除了夏梦华、夏生母子，陪甘田吃饭的还有夏梦华当时的秘书。每人先是一小碟水煮毛豆，夏梦华解释说自己很爱吃这个，甘田剥了一个吃，五香料的味道很重，他就丢下了。接下去是一小碟蒜蓉芥蓝，粉条红萝卜丝菠菜炒在一起，甘田才知道这叫"合菜"，然后每人一大块儿炖鱼。夏梦华笑着说这是他们老家的侉炖花鲢，外面做不出这个味儿。甘田用筷子夹了一点儿鱼肉放在嘴里，他的舌头被电到了似的一麻——太咸了！他故作淡定地拿过纸巾擦嘴，悄悄吐了出来。

甘田对夏梦华说自己不吃淡水鱼。夏梦华一脸的遗憾与可惜，旁边的秘书欠身起来笑着说："那甘田老师这块儿就给我吧，免得浪费！"

夏梦华的脸上露出了欣慰的微笑，秘书拿过甘田的鱼，一边吃一边笑着说："还是沾甘田老师的光，这鱼不常做，我们主席平常吃得很简单。"

这话头儿递过来，夏梦华说起了"饮食有节，不贪厚味"的道理，传统文化上说是惜福，按今天的观念就是环保。主食上来了，是玉米面饼子和紫米面馒头，配着碟大头菜，一人一碗小米粥，夏梦华说人还是要吃五谷杂粮——她想起了什么，问秘书，送甘田老师的书准备了吗？秘书立刻起身去拿了过来。

那是一套线装的传统文化经典，从"三百千"、《弟子规》到"四书五经"、《黄帝内经》，整整两大箱。甘田抽出一本翻看，哑然失笑，印刷字体硕大，每个字上面都标注着拼音，他为了掩饰自己稍显刻薄的失笑，只能呵呵地继续笑着说："这个想得好，从幼儿园的小朋友到八九十岁的老人，都能读。"

夏梦华脸上出现了那种近乎天真的诚恳，高兴地说："我想到的！古书里很多字，大家都不认识，出版社的书，老人得拿放大镜看——这套书我们印了就是做公益，免费赠送，幼儿园、小学还有养老院、社区图书馆，对了，那个打工者文学沙龙，我们也有送……"

秘书的眼睛里闪过一丝尴尬，但他迅速管理好了表情，配合夏梦华的说话节奏点着头，提醒补充着这套书广泛的影响和受到的普遍好评，以及接下去印刷《史记》和四大名著的打算。

甘田道了谢，笑着说："我收下也不看，还是留着送别人吧，免得浪费。"

夏梦华的遗憾都变成失落了，她看着甘田，推心置腹地说："甘田老师，你是一九八〇年的人，比夏生也就大十岁，年轻人，应该更包容，更开放，不只是外国的东西好，我们传统的好东西，也很多。对于传统文化的认识，我也有过一个过程。你不知道，我们年轻那时候，'孔老二'是被批臭了的，封建社会长出来的那都是毒草，就知道这个。后来传统文化复兴，也接触了一些，觉得很有意思，真正的改变，是几年前去中央党校学习，有一门课程专门讲传统文化，彻底颠覆了我的认识。我这个人啊，别的优点不敢说，就一点，自我纠错的能力，接受批评的能力，特别强，这让我受益匪浅啊。"

甘田迎着夏梦华的目光，笑笑，不反驳，也不应和。秘书在她感慨的时候，埋头吃光了那份鱼，此时忙不迭地说："主席给我们上党课，效果特别好，年轻人都很喜欢。"

夏梦华看了秘书一眼，又看了看吃一小口鱼喝一小口粥的夏生，微微皱起了眉头。

甘田很喜欢夏生，寡言却不沉闷，真丝一样让人舒服。

他们后来见面，多半都是和黑泉、杰森一起聚会吃饭。甘田和黑泉十几年的朋友，在别的场合黑泉都闹腾得跟随身带着马戏团似的，甘田则管不住自己刻薄的舌头，夏生的那个杰森哥哥，原本给甘田的印象，沉郁得近乎阴鸷，但因为有了夏生，不知道为什么，黑泉安静了许多，杰森明朗起来，甘田也没了刻薄别人的心思，这样的聚会，没有那种让人疲惫不堪的欢乐，反而有一种轻盈的愉快，仿佛喝下去的酒里被掺了什么神秘的东西，甘田总有种腋下生风飘飘欲仙的感觉。

夏生的魔力，一旦到了母亲身边，就消失得无影无踪了。

甘田每次见夏梦华时，夏生都像个黯淡的影子似的，若有若无地坐在一边。但与甘田的置身事外不同，夏梦华认为儿子最该培养的是判断力和意志力，她经常要儿子发表观点和看法，母亲与儿子就会陷入鸡同鸭讲的局面，但甘田却觉得这时候反而有趣起来，甚至从中能听出"机锋"来。

那次也不知怎么谈起了命——夏梦华自然是不信天不信命，在她的理解上，《周易》说的道理，与辩证唯物主义与历史唯物主义讲的道理是一样的，天行健君子自强不息，偶然必然，内因外因，历史规律与生产力发展……甘田的脑子里浮起初中前排女生辫梢上缀的饰物，是两颗红草莓……夏梦华问夏生，夏生轻声回答："我没想过这些道理。"

夏梦华皱起眉头，"这不是普通的道理，这是关于人生和社会的真理。"

夏生的声音依旧很轻，"我记住了。"

夏梦华眉头皱得更紧，"那你说说——"

夏生看着母亲，轻声问："妈，您是让我重复一遍刚才您说过的话，是吗？"

甘田精神为之一振，开始听母子对话。

夏梦华叹了口气，说："夏生，你不能永远像个小孩子呀，你要学习，要思考，你要进步——"

夏生弱弱地问："进步到哪里去呢？"

夏梦华显然是克制了一下情绪，看着甘田笑了，说："甘田老师，您觉得夏生心理这么不成熟，问题出在什么地方？"

甘田笑着说："我不觉得夏生不成熟，他问得很深刻——他的人生起点是多少人梦寐以求的人生巅峰，他困惑'到哪里去'，也正常。"

甘田当时还不知道自己犯了夏梦华的大忌。

她登时沉下脸，客气却严肃地说："甘田老师，您当然是开玩笑。但我从来不让夏生受这种错误价值观的影响。每个人的人生价值都是自己创造的，是由他对人类和社会做出的贡献决定的，而不是由他能拥有的财富决定的。"

夏梦华的"财富传奇"就是从儿子降生开始的。如今身家百亿计的夏梦华，曾经穷到几乎没饭吃。她和丈夫所在的钢铁厂发不出工资，夫妻俩推车卖过煎饼——那辆煎饼车，作为天华集团发展史上的重要文物，如今被摆在展室中。很快他们开始收废旧钢铁，办加工厂。夏生的父亲廖承天酒后失足坠河，夏梦华挺着即将临盆的大肚子，成了寡妇。

夏生一年年长大，唐山丰登屯镇上那个小小的冶金原料厂，在夏梦华手里变成了全国制造业百强天华集团。这么多年，夏梦华没有再婚，据说也没跟任何人有过交往，甘田看到她在天华书院中庭厢房里为廖承天塑的蜡像，惊吓之下，立刻丢开了对她是否拥有隐秘情爱生活的猜度。

夏梦华有着很多名目繁多的忌讳，譬如给廖承天的塑像烧香就是传统文化，说夏生是命中带财的福星就是封建迷信；说夏生"含着银汤匙出生"就是市侩庸俗，说起点越高责任越大就是正面励志……这些忌讳的标准、界限难以捉摸，跟在夏梦华身边的人经过艰苦的摸索凭借经验积累下了说话的"安全地图"——后来承蒙前任秘书好心，给接任者一份的时候，顺带也给了甘田一份，甘田看的时候如同看段子一般，自己笑了很久。

夏生和母亲有着为外人称道的"亲密和谐"——至少面对

崔警官的时候，甘田还是这么认为的。与甘田多年咨询实践中了解到的血肉横飞的亲子冲突案例相比，夏梦华与夏生母子之间，连摩擦都算不上。甘田此刻想想，想必双方都有很大的隐忍和体谅。夏梦华对儿子不放任，但也从不施以高压——那份徒劳的苦心孤诣，甘田都会忍不住同情。但夏生似乎拥有比母亲更为巨大的耐心，就那样默默地坚持着，不知道在坚持什么。亲子之间，通常都是一场战略不清的"消耗战"。最终多半会在时间的帮助下，父母老了，孩子长大，各自妥协，认同一半放弃一半——穷家富家都是这么解决代际观念冲突的。没想到夏生竟会决绝至此。甘田仔细观察过夏梦华失控时的情绪层次，在所有的难过悲哀之下，还有一层浓重的愤怒。夏生这般消失，无疑是对母亲最为彻底的反抗和否定。

夏生离开之后，甘田见过夏梦华两次。那次夏梦华情绪崩溃，冷静下来，怀着真实的困惑问甘田："他到底想要什么？他要做什么事，我从来都支持，只要他做事情，我就高兴。他有什么事不能告诉我？我都能理解，真的，我什么都能理解，他为什么不说呢？"

甘田没有正面回答，开口说："您家的鱼特别咸，您知道吗？"

夏梦华显然被这个无厘头的问题弄蒙了，愣了一下，用纸巾用力擤了一下鼻涕，笑着叹了口气，"甘田老师，这就是知识分子和劳动人民的区别，我的口味有点儿重，我知道——这个习惯不好，不健康……我已经逐渐在改了，你想跟我讲什么道理吗？"

甘田摇摇头，"您不是问为什么不说吗？因为知道，说了没有用。"

三　傲慢与偏见

知道说了没用，所以不说。

因为有了这份不抱任何希望的清醒，行动才会如此决绝。

甘田是在理解了艾冬的行为之后，才理解了夏生的决绝。

艾冬对他也有这份清醒——她知道他"行动无能"。甘田自己也知道——即便艾冬让他感觉如此眷恋，难以割舍，他也无力朝前移动分毫——艾冬打破了"百日魔咒"，三百多个日子过去了，就这样，就这样多好……这种孩子气的愿望，自己都不愿意对自己承认，但他就这么想着，耗着，不肯"进步"……

即便没有过年的"意外"，这种停留也很难持续——虽然甘田对这一点有些困惑和抗拒，但他不会假装不知道。

让艾冬在家人面前"曝光",就是过年过出来的"意外"。

甘田很早就觉得过年就是家家户户对所有成员的个体生活进行一次"体检",体检报告即时发布,指标正常的很欣慰,指标良好的很骄傲,指标亮红灯的则会收获一堆医生建议,缺什么都劝你补:差不多得了,别挑了,抓紧时间生,再拖想生也生不了了……而真正无药可救的,譬如甘田,则会收到所有人的安慰。

艾冬听了笑说:"倒是没人给我体检,自我鉴定为残障人士。"

甘田心里一酸,把她揽在怀里说:"你还有我嘛!"

除夕两个人一起过,艾冬就有些忐忑,甘田说没关系,他就是回家也是一个人待着,爹妈还是各自在书房——初一回去就行。

初一早上两个人一起去了白云观,艾冬买了个骑大象的兔儿爷,排队拿了道士写的福字,笑着说回去补觉,丢下他走了。甘田知道她是催他回家。他直接去了爷爷奶奶那里,从二叔到六叔,一家一家全来了,老大家只有甘田。小叔叔就说,菜不上桌,咱家的"爱因斯坦"和他那位语言学家夫人是不会出现的。新年的家庭活动,甘田父母也就出现这么一次。姥姥姥爷不在了,所有的亲戚都是甘田作为代表去拜年。爷爷奶奶都说甘田懂事，比自己的爹妈还懂事——除了有点儿不定性，哪儿都好。

爷爷奶奶所谓的"不定性"，就是指他始终没找个女朋友结婚。过了年甘田就三十八了，爷爷奶奶早就不问了，只剩下那些堂弟堂妹开他玩笑：咱们老大，英俊多金，才华横溢，基因优良，胸肌迷人……自己挑那得累死，要不我们组织个评委会，给你"海选"吧?

初二去舅舅家，初三是在姑姑家。姑父是殿堂级大厨，每年也就在家做这一次饭，堂弟堂妹表弟表妹七八对儿小的"欺负"他一个大的，甘田从中午醉到晚上。撑着闹了两三天，休养一年攒下的那点儿对家庭生活的热乎劲儿消耗殆尽开始透支——透支出来虚火，让人口干舌燥，送到嘴边的不是酒精就是饮料，越喝越渴，焦灼干裂的只是口唇，五脏六腑里却冰凉得疼痛起来，切切地想抱着什么暖一暖——坐在新婚的堂弟甘宁小夫妻的车后座上，捏着只香喷喷的毛绒斑点狗，他对甘宁说了艾冬的地址。

如果不是醉了，就算甘宁再胡闹，他也会阻止甘宁上楼的。早早睡下的艾冬是被他们搅扰起来的，甘田醉笑着扑进门，抱住了猝不及防的艾冬。甘宁这么多年，只是听闻着大哥女友们的传说，今天终于看见了一个"活的"，实在按捺不住人类的"八卦"本能，抬手拍了张两人的照片。甘田趴在艾冬肩上，"哎"了一声，"浑小子，没礼貌！"艾冬倒是很忍耐，撑着搂着她不撒手的甘田，把强压着惊讶好奇、一直套近乎瞎亲热的甘宁夫妻客客气气送出了门，忍耐也就到了极限——她把甘田朝沙发上一扔，自己回了卧室。

甘田倒在沙发上时还想着起来跟过去，可一翻身的工夫，就睡了过去。等他醒过来，不知道几点了，他拽掉鞋子，怯怯地走到亮着灯的卧室门口，艾冬抱膝坐在床上，抬眼看他，忍不住笑了，"看你的样子——像只闯了祸的小狗。"

甘田进去，扑倒在床上，"我是闯祸了呀！"

艾冬的手指穿过他的头发，轻声说："你能闯什么祸……"

甘田就那样没心没肺地在艾冬的轻抚下，又睡着了。此刻想想，自己次日醒来后没来由的提心吊胆，其实并不真的没有来由。

甘田是被厨房里的香味叫醒的。他蹑手蹑脚走过去，发现艾冬一边在切菜，一边在用耳机打电话，脸上风轻云淡，神态如常。

甘田放了一半儿心，就去洗澡了。

午饭时艾冬对甘田说，过两天她要出差，两三周，或者再久一点儿。

甘田没放到底的心，又提了起来，问去哪儿。

艾冬叹了口气，说他们公司前年立项了一部电影，弄了一年，搁了半年，交到了艾冬手上——要是收拾不起来就"烂尾了"，她陪新找的编剧老师去体验生活，北非和东非几个地方都要去。

甘田哦了一声，仔细看艾冬的神情。

"题材还是不错的。"艾冬起身进了厨房，关火，揭开蒸锅，用托盘端了四个黑黄的粗瓷小蒸碗出来，"我就不扣在海碗里，你们家过年也有这个吧？"

"北方过年都差不多——"甘田夹了一筷子酥肉，看艾冬怔怔地望着蒸碗发呆——她一个人，过年自然多思。他还没来得及说话，艾冬眼睛里蓄满的泪水，滚下来，她伸手抹了，笑着说："这碗是我妈攒的，几十个呢，她在的时候，蒸几十碗，鸡块儿鱼块儿排骨酥肉丸子，天天催着我吃——有时候到二月二还吃不完。妈走，就算十年了，爸也走了六年，我还是第一次用这碗……"

甘田应该立刻起身绕过桌子，去抱着艾冬——此前这样的时候，他总是这样。那天也许宿醉的缘故，浑身的关节肌肉都被酸疼抓着，没有一处是能动的，幸好大脑没有跟着迟钝，他抽了张纸巾隔着桌子递过去，艾冬接了，低头擦泪。

甘田试探着说："这段时间，你好像没按时吃药……"

艾冬把用过的纸巾团成了一团，"大过年的，吃什么药？"

艾冬声音虽然轻，口吻却有些凌厉，捏着那团纸的手指因为用力，有些失血发白——甘田也就咽下了那句"抑郁症反复甚至恶化常因为断药"的专业意见。

艾冬先调整了情绪，继续了关于项目题材的话题。投资人有个朋友，特种兵出身，十几年来在非洲反盗猎，提供了不少震撼人心的真实素材。投资人就是冲着"环保版《战狼》"投的。此前剧本设计的感情线，女主是一个沿着女作家三毛的足迹行走的摄影师，两个"追梦人"相逢撒哈拉——小王子的星空，沙漠玫瑰，铁血柔情，极致的浪漫……怎么看怎么好的一个项目，忙忙叨叨一年，却差不多要折腾黄了——本来是人人要抢的香饽饽，现在成了没人要的剩窝头，扔到了最好说话的艾冬这儿。

艾冬皱眉说："能驾驭这个题材的编剧太难找了。上一个编剧也是大咖，闹得很不愉快。投资人也是吃过见过的，不是土大款，看了剧本初稿，话说得也刻薄——就算你们给不了我《三体》，也不能拿《小灵通漫游未来》糊弄我吧？"

甘田忍不住笑了，艾冬也笑了，随即叹了口气，"我本来也不想接，一点儿把握都没有，接手的这位老师，还没签合同，导演推荐的，说要看一下，真有想法就接，要是感觉把握不好，就算了——说不想暴露自己浅薄愚蠢的傲慢。"

话题从人类到了万物生灵，从地球又蔓延到了宇宙，两人那点儿说不清道不明的小龃龉也就消弭于无形了。至于被甘宁拍去的那张照片会引发什么波澜，艾冬没问，甘田也不会提。两人说话的时候，甘田的手机上就接到了小姑姑家女儿发的微信：哥，甘宁说照片里的女人，是你现在的女朋友——他个坏银在搞事情，是吧？

甘田回了她一个"乖，摸摸头"的动画表情。

小表妹的微信，只是第一支被点燃的炮仗，接下去长长的一串鞭炮噼里啪啦都跟着炸了。甘田在自己的婚恋问题上早就是金刚不坏之身了，知道他们也就是炸个响儿，很快就烟消云散满地纸屑了。

这次稍微有些不同。甘田没想到小姑姑甘易辛竟然和艾冬认识多年，于是关于艾冬的一切前尘往事都成了家族热门话题。好在被读的书、受的教育约束着，倒也没谁敢发表"政治不正确"的人生建议，但吞吞吐吐嘀嘀咕咕，把八十多岁的奶奶推出来，结果甘田哄一哄撒个娇，奶奶就败下阵来，由着他了。

甘田以为事情就这么过去了，没想到周日收到小姑姑的微信：回奶奶家，我今天过生日。

甘田回了条：愚人节快乐！

甘易辛同志的生日按农历算是二月二十九，四年才有一次，公历则是四天之后的清明节。再说他们家除了给爷爷奶奶做寿，其他人也不搞生日聚会这种事情。小姑姑那天要"搞事情"，不用想都知道是为什么，甘田傻了才会把自己送上案板去做鱼肉。

甘田的手机响了，小表妹要求视频通话，甘田拒绝了。很快收到了小表妹的微信：哥，接电话，给你看"你妈大战我妈"！

甘田接起来看。

画面的中心是坐在沙发上的奶奶，只能看到母亲端着茶杯的半个身子，小姑姑全是画外音，也不知道说了什么，奶奶笑成那样——再听，她们在商量外卖火锅点什么锅底——小表妹完全是个标题党。

小姑姑过来坐在奶奶身边，"我是吃辣的，妈吃辣的，小的多一半是要吃辣的，甘田肯定辣的——中间那点儿汤就够你和爸涮的了。汪露，成天就知道玩手机，我看你拿什么去考研——考不上，你就是咱家学历最低的孩子。"

小表妹回嘴，"舅舅家还有个高中的呢！"

奶奶笑着说："你小弟弟高一就拿过奥数全国一等奖，保送清华还犹豫着要不要去——你还跟人家比呢。"

甘田母亲说："别听他们的，考不上也没什么，你自己的想法最重要。"

小姑姑说："听听你这话。这就是我说的，人人都是'双标狗'——我也双标狗，说别人家孩子，都是政治正确——快乐最重要，做你自己……换成自己的，哎——当初甘田想选文科，老大都不让，对了，甘田这个事儿——"

奶奶拍了小姑姑一巴掌，"又绕回来了！你大嫂不是让你不要管吗？"

"都听我大嫂的，就不会有甘田。要不是妈您现身说法，生了七个孩子也没耽误您成为部属专家，要不是甘田姥姥信誓旦旦说大嫂只管生不用管养——她带，甘田就没了——他们俩就没打算要孩子！"小姑姑嚷嚷起来。

"我这点儿'原罪'，都被控诉三四十年了。"甘田母亲笑着说。

"你不觉得甘田的生活方式不正常吗？你不担心吗？"小姑姑扒拉着自己母亲阻止她说话的手，对着大嫂发问。

"我和他爸爸，会一起和他谈这件事。"甘田母亲欠身放下了茶杯，安慰地拉住了奶奶的手，"妈，您别再拍易辛啦，该把她打急了。她是真心疼田田，说两句，没关系的。"

奶奶笑着说："甘田跟小姑姑最亲，小时候非得跟易辛睡，那时候易辛也才上初中，我不放心，怕半夜甘田蹬了被子着凉，去她屋里看，易辛睡得迷迷糊糊的，还伸手在摸田田胸口的被子……"

如果只是奶奶姑姑坐在宽宽的沙发旁边，讲那过去的故事，甘田也就算了，妈妈竟然肯跑这一趟，还说要和父亲一起跟他谈，可见有点儿严重。父母和他谈话的情形，在甘田此前的人生中发生过两次：一次是高考报志愿时，一次是七年前他和一位世交家的女儿分手时。两次的谈话时间都没有超过一个小时，父母对甘田的选择表示不理解，甘田适当解释，表示坚持，父母适当说服，甘田继续坚持，父母互相看看，表示尊重甘田自己的选择。

甘田抓起手机，出门了。

在去奶奶家的路上，继续通过跟小表妹的视频通话刺探军情，发现那边的画风骤变，小姑姑竟然抹起了眼泪。

"——我这个恶人，已经当过了——我给艾冬打了电话，她在国外，我们俩那对话——完全是凯瑟琳夫人和伊丽莎白……"

奶奶和母亲同时扑哧笑了，小姑姑抹着泪也笑了。

小姑姑这个"没趣"自然吃得结结实实消化不良——艾冬看着温和，平时不等冲突起来就退让了，其实却有着凛然不可被触犯的边界。艾冬的凌厉反击，只有甘田明白，她只怕是"杀敌一千自损八百"……甘田看着手机屏幕，想着艾冬，耳机里响起小表妹的喊叫，"文盲求科普——没明白什么梗？"

"你是我闺女吗？《傲慢与偏见》！"小姑姑应声。

"懂了懂了，达西的姨妈，我去！你们还能记住她的名字——逼伊丽莎白不准跟达西订婚那个——妈，你这么生猛啊？快说说，那小姐姐怎么撑你的？"小表妹点了镜头反转，跟甘田眨眼坏笑一下，随即又把画面反转回去。

小姑姑呸了女儿一下，"小姐姐？那小姐姐就比你妈小三岁——晚婚晚育都够生你一回了！"小姑姑扭脸继续说，"更可笑的是，我还给艾冬做过媒，去年圣诞节前，介绍我们刚退休的老主编，他夫人癌症，两年前去世了。她倒是没驳我的面子，来了，结果饭吃到一半，她站起身说，出去抽支烟——我当时都傻了！我哪能想到她正和田田在一起啊！"

甘田母亲笑着说："你倒是把凯瑟琳夫人演了个全套。"

"这本该是你的戏码——你想要这么个儿媳妇？"小姑姑问。

"我连儿子都没打算要，哪还会管儿媳妇?"母亲笑说,"易辛你别急,我还是那句话,这是甘田的事,我们既没权利也没必要去干涉。"

"你是外交部发言人吗?"小姑姑问。

"干涉不仅没用,还会有反作用,你已经证明了。甘田这孩子,很多时候,他都是在做反应,而不是有了自己判断之后的行动。"母亲叹了口气,"你给出没必要的刺激,事与愿违是必然的。"

小表妹倒吸一口气,"大伯母套路深啊!"

甘田母亲笑着说:"人有时候,就是被'话'套路的。不说了,家里人也是关心田田,把不是事儿的事儿弄成了事儿,甘田回来,咱别提这事儿,好吗?"

甘田中断了视频通话,给小表妹发了条微信:别让她们知道你干的好事儿,我一会儿就到家。

甘田捧着一只巨大的粉色花盒进了奶奶家,"甘易辛同志寿与天齐!"

小姑姑愣了一下,才接过去,拆开玫红缎带,捧出一大束香槟玫瑰,小表妹冲过来,抓起盒子里的金色小熊,"野兽派啊——哥,有必要吗?"

小姑姑笑着对女儿说:"滚!"忍不住低头看花。小表妹凑过来幽幽地在甘田耳边说："哥，你这是安慰伤心女友的节奏啊！"

甘田笑着也对小表妹说了句："滚。"

小姑姑把花放下，甘田过去抱了抱她，轻声说了句："小姑姑生日快乐。"没想到一句话又把小姑姑惹哭了。

小表妹在旁边拍着胸口补白："我妈那颗少女心啊……"

四　降灵会

清明一场"倒春寒"，竟然不只大风降温，还补上了去年冬天欠下的一场雪，楼下满树花朵的碧桃猝不及防地被老天拉着客串了一把"白雪红梅"。

昏天黑地睡了两三天之后，甘田带着余韵袅袅的"流感"给予的缠绵，歪在窗前的沙发上，在咨询中心的工作群里处理当日的工作——清明节开始发酵的校园性侵旧案，还在继续，公号团队的小姑娘问是否要跟，甘田回复：找不到好角度，先不跟吧。昨天那篇"如何跟孩子谈论死亡"的稿子，后台数据反馈很棒，这个作者要维护好——能挖吗？小姑娘回答：能，你解开衬衣若干颗扣子，她不问薪酬就来了。附加一个"坏笑"的表情。甘田回：你这是职场性骚扰，知道吗？小姑娘回了个得意的表情。接着有人给他发了一张接下去的讲座安排，甘田看了，问：我病了，能减少工作量吗？排队回复：老板，不行。泉林姐姐的宝宝要上幼儿园了，小女子想买条新裙子，口红的色号有多少，你该知道呀？都指着你这棵'摇钱树'呢，加油！

小姑娘口中的泉林姐姐，就是咨询中心的创始人张泉林——她把甘田变成自己的"合伙人"。虽然比甘田还小两岁，矮墩墩胖乎乎笑眯眯的张泉林，对外是个南征北战东荡西杀的狠角色，对内却是个"活宝"般的老板——不仅给所有的咨询师都起了"花名"，还直接管甘田叫"花魁""摇钱树"。没有张泉林的"小鞭子"，不思进取的甘田只怕还在报社窝着写心理健康专栏呢。好在张泉林对他不只有鞭子，看见他抱怨，就发了个"乖，朕只疼你"的表情。

甘田看看笑了，回了个"投降"的表情。

确定了第二天的选题，甘田就没有着急的活儿要干了，他盯着楼下的花树发呆。雪后初晴，阳光明亮温度却不高，他随手拉过条毯子盖在身上，眯起了眼睛——他才意识到自己身上那种不可思议的松弛感，仿佛在外面流浪多日，终于回到了家，一切都如此熟悉、安全，不再紧张、牵挂……

他盹住了，再醒来时，已近中午，楼下碧桃上的残雪消失得无影无踪，花枝抖擞起来，新绿嫣红，仿佛并未经历那场雪。

阳光的温度也升高了，暖烘烘地晒在身上，进了窗玻璃的阳光，仿佛成了透明的金黄色液体，浸泡在里面的一切都迟缓起来，丢在脚边的手机时不时响一下，那是收到了新的微信、邮件……甘田没动，他还能感觉到睡着之前那种久违的放松，同时在想自己到底去哪儿了……思绪也被阳光泡成了仙草里的冰粉块儿，在黏糊糊甜腻腻的液体里晃晃悠悠、颤颤巍巍，却还是原地不动……液体里渗出了一丝苦味，甘田细细地体会着那点苦——那丝苦和艾冬有关，家里因为艾冬引发的兴奋慌乱，就像花上的雪一样，好像不曾存在过，艾冬上一次给他消息，已经是五六天前……他跟着她不知不觉走出去好远了，她"消失"了，一个人站在陌生之地等她不来，甘田转身回了"旧家门"。

这点自我省察，让甘田有些心惊。他一下子从沙发上站了起来，有些慌乱地在屋里踱了两步——就这样了吗？

很多时候，问题本身就是答案。

甘田没再想下去——想与不想，只怕都是就这样了。

他拿起手机，乱七八糟的信息汹涌而至，他就随波逐流一路看下去了。黑泉的头像跳出来，下面是条让人瞠目结舌的消息——黑泉竟然给夏梦华弄去了一个外国灵媒，要和夏生"通灵"，还叫甘田也去参加"降灵会"。

甘田打电话给黑泉，劈头就问："你是不是傻？"

黑泉在电话那头叫苦不迭，"逼上梁山啊，逼良为娼啊——"

甘田笑起来，"谁逼你啦，你就是钱迷心窍！"

黑泉说："杰森啊！我当然是为了钱——今年艺术节的赞助，按协议，过完春节就该到账了，夏生不在，也没人管了，我弄得跟民工讨薪似的，跑了几次也没人给说法。我又不敢去找夏梦华——其实天华那边的人，都不敢去请示——谁会蠢到拿草棍儿捅老虎鼻子眼儿啊。我只能去央告杰森，他答应去跟文化基金会的主席说这事儿，只管按协议把钱给我。但他的条件是让我找个特别神的人，把夏梦华身边的那些邪魔外道给驱散了——据说夏梦华现在特别迷信，听了一个风水大师的话，准备把天华园的大门拆了重盖——也是邪事儿太多，你还不知道吧？夏梦华以前那个秘书出事了！"

那个秘书，就是五年前吃了甘田不吃的炖鱼，并且换职位时给了甘田"禁忌地图"副本的那位——据说是去天华地产文化集团做了副总。清明前一天，他出了车祸，至今还在ICU里没有苏醒。按照黑泉的说法，车祸出得很诡异，前后都没车，他也没喝酒，一拐弯就是天华园，就那么撞到隔离墩上去了——说什么的都有，自杀的，他杀的，中邪的……黑泉哇啦哇啦说了一堆，世事无常，祸福难料。甘田叹息了一声，告诉黑泉，他感冒了，不想出门——就算没病他也不掺和这种事儿，叫他去也是个拆台的。

黑泉呵呵笑着说："好吧好吧，不过只怕你我说了都未必算。"

果然，夏梦华的秘书下午又给甘田打电话了，三十大几的小伙子，都带了哭腔——甘田心一软，还是答应了。

夏梦华这样的女人，就算崩溃了，那也是钢铁熔化，冷一冷，该怎么硬怎么硬。只是崩溃的瞬间，钢水四溅，不小心沾着那也得皮开肉绽。她不好受，身边的人就是在地狱里了——水深火热，难以超生。

去天华园的路上，秘书告诉甘田，主席完全变了一个人，雍和宫烧香，天龙寺问卦，易学大师领到家里对着世界地图掐算……现在最信的是位周大师，原本是被书院请来讲《道德经》的，夏梦华正好能安排出时间，就过去听，后来聊天时发现他精通什么命理八卦、堪舆风水。他直言不讳地说天华园的格局犯了"妨主"的大忌，但是因为有命宫主星为紫微的贵人镇于其中，正邪相克，尚还平稳，但困厄之象已现，他说了几个状况，都很准，还说现在贵人远遁，今年夏梦华又冲克岁君，内忧外困，骨肉离散，接下来还将会厄运连连，近身之人不日将有血光之灾。秘书压低声音说，接下来他那位前辈就出了车祸——毕竟他跟了主席十几年，看来还是更近一些。

甘田听后简直哭笑不得，也不应声——这种拙劣的鬼话，夏梦华怎么会信？

远远看见了天华园南门那高高的青砖白柱三拱"牌坊"——甘田第一次见，感觉他们把清华的"二校门"给搬来了。秘书低声说："就是要拆这个门。"

天华园是天华集团自己的房地产公司开发的，高管基本都住在南门附近的别墅区，中间是一片容积率很低的高层楼房，北京公司的员工大部分都住在这里，北面则是红墙绿瓦斗拱飞檐的天华书院。

黑色奔驰车沿着花木葱茏的甬道前行不久，甘田就看到黑泉在路边冲着车挥手。作为造型艺术家来说，黑泉来天华园，着装已经极尽含蓄内敛之能事了——白色休闲卫衣、蓝色牛仔裤，只有裤脚上的流苏和流苏下面短靴上晶亮的铆钉，透露出他的不甘心。

甘田落下车窗探出头，黑泉却晃了晃近乎光头的圆寸，让他下车。

黑泉和秘书招呼一声，让他们先走。黑泉看看甘田的脸色，"艾冬回来了吗？不是说加那利群岛是最后一站吗？"

"又折返回肯尼亚了，不知道啥时候准备走出非洲。"甘田佯作淡然。

"还不回来？"黑泉和甘田边走边说，"你小子又犯老毛病了吧？人家远走天涯疗情伤……"明知是玩笑，只是这把盐撒在了伤口上，甘田借故沉了脸，低头走路，不应声。黑泉笑着捅了他一把，"看这脸子摆的！得了，情圣！我嘴欠！哎，不用走这么急，刚才里面闹得跟'鳖翻潭'似的——豪门恩怨，咱俩外人，溜达会儿再进去，免尴尬。"

杰森娶的是夏梦华的侄女夏鑫，刚才屋里那场闹，就因为夏鑫在屋里哼歌，夏梦华听见了，抓起茶盘连壶带杯子砸了过去，问她高兴什么——

甘田心里一动，看了看黑泉，"杰森让你给他找个神人，你就有个灵媒给他备着，你也是个神人……"

黑泉一脸无辜地看着甘田，"我就知道外国有占星的，不知道还有这种，本来已经托了个画国画的，替我去普陀山求高僧大德了。我跟这个克里斯蒂娜不熟，一起参加过大使馆的活动，那天也是凑巧，克里斯蒂娜带朋友来跟我谈展览场地，杰森去找我，不知道他们怎么聊起来，我才知道她还是个灵媒。

我劝过杰森，丑话得说在前头，是不是骗子，咱真不知道。夏梦华找人做过她的背景调查，她在美国还有自己的网站，上面有和很多名人的合影，包括当了州长的施瓦辛格，厉害死了——这才请来认识，先和夏梦华谈过一次，量子纠缠，平行宇宙，谈得那叫一个好!"

甘田没再说什么，他有些后悔来——不该不知深浅地介入这件事。

门开了，杰森出来，招呼他们进去——克瑞萨说，可以开始了。

克里斯蒂娜是个血统复杂的美国人，黑泉刚介绍过，但甘泉进门看到她还是觉得刺眼，那身装扮太过波希米亚，"巫气"太重。她应该有四十多岁的年纪，长而鬈曲的黑发中分披散，戴着只金色扇形的发箍，暗红色长裙，胸前也挂着累累的金饰，伸出胳膊和甘田握手时，从腋下到袖口有长长的金色流苏垂下来，像展开的鸟翅——狭长的脸颊、尖尖的喙一样的鼻子、薄如一痕的嘴，让她整个人看上去就像一只金翎乌头红羽的鸟。

这只"鸟"不懂中文，嗫嚅着她的"鸟语"，杰森凑近听着，不住地点着头。

　　甘田看到夏梦华，愣了一下。他从未见过她如此失态——脸在眼泪的浸泡下臃肿得近乎溃散了，腮边的肉随着情绪在剧烈地抖动，看着甘田，噎了几下，没说出一个字。

　　秘书忙提醒和掩饰地笑着请甘田坐下。身边人的视若无睹是出于敬畏，假装看不见，却连呼吸都小心翼翼的——甘田第一次感觉到了夏梦华的孤单与无助。他没有直接坐下，而是走到夏梦华身边，安慰地拍了拍夏梦华的胳膊，轻声说："深呼吸，慢慢吐气，会好受些。"

　　夏梦华点了点头，开始调整呼吸。甘田才回身落座，抬眼，那位克里斯蒂娜正跟他笑着点头，他也只能礼貌地报之一笑。

　　甘田的英文凑合着能用，夏梦华需要翻译，杰森坐在她旁边。灵媒的要求倒是简单，开始之后，每个人只需要全心投入想着夏生，形成的能量场加上灵媒的"超能力"自然会有奇迹。大家听话地"calm down"①，甘田看着努力抑制眼泪、呼吸依旧粗重急促的夏梦华——这场装神弄鬼的结果，天知道会如何……

　　客厅的落地钟敲响了六下，灵媒庄严地抬起了双手，示意

————————————

① 平静下来。

大家互相牵起手来。

在场的都是经由灵媒审定的、与夏生有着"最强信息联结"的人：母亲、比母亲陪他时间更多的老师黑泉、自小玩到大的兄弟杰森、心理医生甘田。大家和灵媒克里斯蒂娜，手牵手坐在一起。这荒唐可笑的场景中，不自在的不只甘田，就连黑泉都下意识抿着嘴，似乎在阻止那些"破坏信息场"的话脱口而出。

克里斯蒂娜的身体触电般抖动起来，被她拽着的甘田的胳膊也跟着抖动，甘田看了一眼紧张到屏住呼吸的夏梦华，把心底的焦躁不屑给压下了。克里斯蒂娜松开了甘田的手，闭上了眼睛。

"listen——I hear crash of wave...I see the flower in dark sea，It's lily，white lily，and black rock..."[1]她的声音柔和得近乎梦呓。

甘田及时控制了从鼻腔里冲出的一声"嗤"——惊涛拍岸，岩石黝黑，幽深的海水里漂浮着白色的百合花——这个灵媒几乎要写起诗来了！

克里斯蒂娜突然睁开眼睛，扭头盯了一眼甘田，然后

---

[1] 听——我听到波涛声……我看到暗海上的花，那是百合，白色的百合花，岩石黝黑……

对着夏梦华他们说："Sorry, someone must have been thinking something else. The jam signal is so strong——lily in the sea，it's not the information from xiasheng..." [①]

操！甘田几乎想站起来骂人了——戏也太过了！我他妈是雷达吗？还能发射干扰信号？

甘田忍了。他知道灵媒都是察言观色的高手，就牵拉了眼皮，杰森跟夏梦华解释灵媒的话，又问解决办法，一阵忙乱，夏梦华从楼上找出了夏生胎发做的毛笔，放在灵媒的手里，灵媒连着说了几次"It's nice" [②]，把胎发笔放在众人围绕的茶几上，黑泉长出一口气。

暮色涌进客厅，不知道从何处而来的香气弥散起来，明暗不定的光线里，那气味浓烈得像有了具体的形体，在牵手的众人间游走——克里斯蒂娜在急促的一阵呼吸和抖动之后，松开了甘田的手，忽然提高声音，俨然如城头看到幽灵的哈姆雷特一般，略带惊愕地问："Who is there？" [③]

随即她的身体蜷缩抽搐，最后歪倒在地毯上，眼睛紧闭，

---

① 对不起，有人一定在想别的事情。干扰信号太强——海中的百合花不是来自夏生的信息……

② 很好。

③ 谁在那儿？

嘴里含混不清地嘟哝着，突然她挣扎着欠身拽住夏梦华，瞪大眼睛，清晰、明确地从嘴里吐出一句汉语："妈，叽溜姥姥去哪儿了？"

夏梦华呆了，浑身哆嗦着，眼泪哗哗地淌，克里斯蒂娜说完那句，眼睛慢慢闭上，昏迷似的滑倒在地毯上，所有人都在观察她的反应，足有两分钟，她结束了喃喃不绝的呓语，身体跟着慢慢停止抖动，舒展起来，最后她缓缓坐起，如梦初醒般睁开眼睛，展颜一笑。

克里斯蒂娜抽搐时的呓语描述了这样的画面：夏生在一个美丽的海边，天空湛蓝，他的头发在风里自由而快乐地飞扬，赤脚走在白色的沙滩上，他因为感应到了呼唤而回头，歉意地笑笑，挥挥手。克里斯蒂娜说，夏生借助她的身体传递信息，她不知道含义，但当事人应该会知道。

当事人自然是夏梦华——那句话，不是模棱两可的笼统套话，而是意指明晰的信息，这一点的确让人震惊。夏梦华还在哭，杰森似乎也落泪了，他抹了把脸。

"降灵会"的结果，让甘田有些意外，但他念头一转，就又想通了——如果灵媒事先有可靠的信息来源，有什么好惊讶的？

甘田只是感慨，外国灵媒这招儿，比中国大师聪明——结论是你自己得出来的，不是我告诉你的，我就是一台"仪器"——也不知道这台外国肉身仪器与周大师手里的中国罗盘"斗法",结果会如何……

刚才回避了的秘书,这时过来打开了客厅的灯,又退到远处,站着。

夏梦华勉强止住了哭泣,跟大家客气两句,她身子晃了一下,竟没站起来,杰森伸出手,几乎是揽着她起来,慢慢朝楼梯上走。甘田若有所思地仰头看着他们,杰森这时回了一下头,望向下面的客厅,甘田明显感觉到他似乎和谁交换了一下眼神,身边只有黑泉和那个灵媒,来不及扭头,甘田的目光就和杰森的目光碰到了一起,两个人似乎都怔了一下,随即,各自转开了脸。

厨房里,热饼铛的玉米饼子开始释放焦甜的香气,有人在那边说话,有人笑出了声,随即压抑了,那笑咕咕噜噜的像禽鸟的叫声。

夏梦华即便和颜悦色,周围的人也是屏息静气的,全神贯注地观察着她的目光和表情,即便讨好凑趣,都不知加了多少小心。这当口还说笑——黑泉在回微信,听到笑声也抬起了头,看见甘田的神情,用口型近乎无声地说了句:夏鑫。

甘田摇摇头,站了起来。这般肆无忌惮,不会让人理解为自尊、个性，反倒有种让人不甚愉快的愚蠢的恶意。他走到玄关处，伸手去拿自己的风衣。

黑泉跟过来，"吃完饭，一起走吧。"

甘田半开玩笑地低声说："赶紧撤吧。我怕夏梦华一会儿智商恢复正常，大家难堪。你还是搞造型的，这外国姐们儿的造型也太'抓马'了——加副眼镜、给她个水晶球，可以直接去霍格沃兹上课了。"

黑泉用手指着他，"你这嘴——这么恶毒，好吗？"

"Lily is the information from you."[①]克里斯蒂娜柔细的声音在甘田的身后响起，"It's the symbol of death and memory."[②]

甘田回身，克里斯蒂娜脚步无声地走了过来，微笑着看着甘田，轻轻地摇了摇头，"It's a shame. You're suffering from your relationship."[③]

甘田本不该在意这种"江湖口"的，但那个瞬间还是被激怒了，他指着黑泉，"Please tell me something he doesn't know."[④]

他指着黑泉，黑泉慌了起来，"兄弟，你别瞎想——"

---

① 百合花是来自你的信息。

② 那是死亡和怀念的符号。

③ 真遗憾，你在为你的感情受苦。

④ 请对我说点儿他不知道的。

克里斯蒂娜淡然一笑，"You're the dreams of each other. She knows, but you don't know." ①

甘田瞬间没有理解这句话的意思，在脑子里翻成汉语又想了一遍，这一缓，怒气也就散了——自己认真生气也是傻，就笑了笑，对黑泉说："你替我跟夏梦华说一下，我有事先走——"甘田看黑泉一脸惶恐有些可怜巴巴的，就低声加了句，"我不吃她家的'忆苦饭'，她知道，不会怪你的。"

黑泉放松下来，笑了。

甘田冲克里斯蒂娜点点头，拍拍黑泉的肩，推门走了。

五　乡土手段

以为渐近尾声的感冒，竟然又逡巡了十几天，倒未见严重，只是头重得像戴着个巨大的头盔，浑身酸疼，甘田跟整个咨询中心报告病情，天花般的心疼安慰落了一身，但排好的讲座一场也没给他减。

天暖和起来，漫天飞絮，甘田又添了新症状——风一吹就打喷嚏，眼泪鼻涕一把，陪他来的咨询中心的小姑娘在旁边一

---

① 你们是彼此的梦，她知道，而你不知道。

边骂张泉林是"张扒皮",一边毫不留情半催半哄地逼他进了化妆间。甘田最近才意识到，自己似乎总会处在被人"宠"和"哄"的位置上，然后自己就乖乖地听话了。如果说有例外，那就是自己的父母，还有艾冬，他们不宠他，也不哄他，只是静静地看着他……

以前，甘田颇为享受在台上的掌控感，听到有人尖叫他的名字，微笑就会浮出来，今天却有种临渊下看的眩晕感。艾冬看过他讲座现场的录像，曾笑他——脸生得好看，且显得单纯善良，眼神忧郁得让人心疼，仿佛在说，我了解你心底的痛苦，跟随我，你会获得平静喜乐……宛然布道台上的丁斯梅戴尔牧师，让女信众陷入多巴胺迅速分泌带来的迷醉里……

甘田讲的还是亲子关系，以前八成的内容是讲原生家庭带来的伤害性心理后果——如今满大街的人都知道去追责爹妈了，以"父母皆祸害"为slogan的人都团结成社群了，甘田就要调整了。从今年起前因后果只剩了两成，主要讲改变——自种新因，切断心理伤害的代际遗传，建构新的传递逻辑。

竟然在演讲的过程中想起了夏生——至少在夏生身上，他的这些道理，是无效的……虽然只是一闪念，还是导致他停顿了十几秒，用咳嗽遮掩过了，观众响起了一阵安慰的掌声。甘田驱散了杂念，集中精神完成了讲座。

不知道是感冒的缘故，还是心底的那份困惑漫了上来，他的声音略显凝滞。这也丝毫不曾消减座上听众的热情，拿病做借口，让那小姑娘替他去收鲜花礼物，他裹上外套溜出了酒店。

还是有几个女孩子抱着书追出来让他签名，拍照，甘田只得在台阶上拉下风帽，堆起笑容。围上来拍照的人越聚越多，甘田心里焦躁起来，忽然一个穿莲紫色裙式风衣、身形高大的"女子"拨开人群进来，直接把甘田揽在了怀里，对众人说，"对不起啊，对不起啊，甘田老师赶时间啊，让一让好哇……"

嗲嗲的语调沙哑的声线，甘田知道是黑泉。

在黑泉香气浓郁的怀抱里连着打喷嚏，甘田被塞上车，从后座上的纸巾盒里忙抽了几张，重重地擤完鼻涕，看着从另一边上了车的黑泉，"你这是唱的哪出？"

"节目彩排——"黑泉扣着自己的水晶指甲，幽怨地看着甘田，"干吗不接人家电话？"

甘田连着打了几个喷嚏，哑着嗓子说："大姐，我是真不舒服——你放过我行吗？"

黑泉凑过来，巨大的假睫毛和蓬蓬的蘑菇头刘海几乎杵到了甘田脸上，低声说："不是我不放过你，是夏梦华不放过你——她的秘书一直在和你约时间，对吧？"

甘田揉着太阳穴仰靠在后座上，"说通灵的事儿。她是上瘾了。我不会去的。"

黑泉摘下了假发，拉开放在脚边的化妆箱，一边往化妆棉上倒着卸妆水，一边对甘田说："你呀，就是个傻少爷——活得太容易，不知人间疾苦！"

甘田没有回嘴。黑泉妆容狼藉的脸，有种悲喜莫辨的神情，"命好，老天爷给的本钱又足，你横着过了三四十年，还委屈得跟什么似的，真该有人治治你！"

虽说认识黑泉十几年了，熟悉归熟悉，却没深谈过——黑泉也似乎是无法深谈的人。甘田见过黑泉主持艺术中心活动时，不涂唇膏没画眼线，拿着话筒侃侃而谈核心价值观和中国艺术家的文化自信，但私下聚会见得更多，黑泉永远都是那个兴妖作怪装疯卖傻的丑角，用冒犯的方式讨好着所有人——那份讨好背后有股哀哀的嘲讽，指向混沌不明，介乎刺人和自嘲之间，让人拿不定主意要不要介意，多半也就忽略不计了。

甘田不懂也无意去弄懂黑泉，但不想参与他们的"演出"——甘田有些苦恼地看着黑泉，"也是想不通，干吗非拽上我一个外人？"

"因为夏梦华喜欢你，俩月见一面，五年雷打不动，容易吗？"黑泉说。

"喊!"甘田又不真傻,"她是为她儿子。"

黑泉脸上涂满了洁面泡沫,"你以为她不知道你跟夏生在给她演戏?"

甘田怔了一下,没说话。黑泉终于擦出了一张干净的脸,"不过夏梦华自己也未必意识得到,但'大家'都知道,甘田老师很重要。"

甘田没接话,看了看车窗外,"你这是绑架我去哪儿呀?"

黑泉取出一张面膜,敷在脸上,"杰森要见你。"

甘田虽然有些恼火,但也不至于翻脸跳车——见招拆招吧,他闭上了眼睛。

甘田对杰森的了解有限。知道他十二岁那年和夏生一起去美国读七年级;两年后,他放弃了UPPER SCHOOL,去查韦斯魔法学院接受职业魔术师训练;夏生在加州读大学的时候,他则在拉斯维加斯一边工作一边继续学习幻术。甘田第一次听到后,很好奇地想看一下什么是幻术,与普通的戏法有什么区别。杰森略显拘谨地回答,幻术其实就是大型魔术,譬如让自由女神像消失、穿长城之类的。

夏生在旁边满脸崇拜地补充,"我哥和大卫·科波菲尔是校友。"

原来克里斯蒂娜是转移观众注意力的女助手，黑泉也不过是个传递道具的帮衬，在夏梦华身边骒马般沉默着的杰森，那个做过职业魔术师的杰森，才是这场魔幻大戏的总编导。

杰森回国当年就和夏鑫结婚了，同样二十八岁的他，现在已经是两个孩子的父亲。虽然杰森身形挺拔，但甘田没来由觉得他身上压着隐形的山一般，几乎疑心他走过，在地面上留下的脚印都要格外深。甘田因着这感觉，始终略带戒惧地疏远着他。

路程如此之长，甘田睁开眼睛，发现他们从北到南穿过了北京城。黑泉早就取下面膜，擦好面霜，昏沉沉迷糊着。车拐上了只有两车道的乡间公路，暮色渐浓，甘田看看路两边暗沉沉的田野，竟然有了一丝不安。

路边连续出现了几家工厂的大门，似乎进了产业园区的样子。车拐进了一个银灰色大门，几辆大货车正在装货，杰森站在不远处，和一个穿西服的中年男人一起抽烟说话，他扭头看见了轿车，辨认了一下车牌，跟那人说了句什么，两人很用力地握了握手，杰森就过来，拉开车门坐在了副驾驶位子上，扭头对甘田说："甘田老师对不起，本不该让您跑的——没办法，这是我们第一单乘骑设备，我怕出差错，今晚我得带安装调试的工程师跟甲方走，五一人家要开园试营业。"

甘田放松了，觉得刚才自己在心里制造的紧张有点儿可笑。杰森指挥司机绕开大车换了条路。一路朝里开的时候，杰森跟甘田指点着，厂房、车间、设计中心……这家游乐园设备企业，是杰森用自己的积蓄加上银行贷款建起来的——当然，没有天华文化地产做担保，他也贷不下来款。头几年还了银行利息发完工资，基本不剩什么了，"熬过今年，就好了——"最后这句话，杰森像是对自己说的。

黑泉叹了口气，甘田虽然疑惑重重，却什么也没问。他们在一栋四层小楼前下车，楼道拐角处一个女子逆光站着，凸凹有致的身形轮廓宛若雕塑般完美，甘田一时竟看迷了，都没在意杰森跟他客气食堂地方太简陋。有个女人在屋里大声问："蹦蹦，是小磊回来了？我听见他声音了……"那女孩子扭身进屋了。

甘田扭回头，假装看不见黑泉揶揄的笑。食堂大厅还有工人在吃饭，甘田有些意外地发现工人多是头发花白的，年轻人反而较少。杰森和他们打招呼说辛苦，三个人进了包间落座，杰森说了声："我过去一下，两位老师先坐。"

房间空气里还是腥腥的食堂味道，脚下的地板砖也滑腻腻的，塑料椅子在屁股下面嘎嘣响了一下，甘田不放心地看了看，黑泉在旁边嗤了一声，"摔不坏你，少爷！你就接点儿地气吧——看看低端人口怎么过的!"

甘田有些惊讶黑泉的措辞,他刚要开口说话,凉菜车推了进来,甘田一眼就看出,推车的就是刚才的女孩,黑泉"哟"了一声,站起来,"我的大美人,赶快让我抱抱!"

女孩嫣然一笑,和黑泉拥抱。"您就是甘田老师吧?"她从黑泉的怀里探出头来,望着甘田。

这个被叫作蹦蹦的女孩,让甘田真切明白了"尤物"二字的确切含义。

她躯体的线条和皮肤的质感,洋溢着源自造化之力的蓬勃的生机,像一颗在枝头成熟的果实,处在完美的瞬间,坦荡地释放着自己的诱惑力,同时也高傲地睥睨着妄图觊觎的孱弱贪欲。

自诩也算是见过世面的甘田,一瞬间还是有种目眩神迷的感觉。

甘田很清楚自己的血清素在飙升,甚至能感到在多巴胺鼓荡下血流冲击血管的声响,蹦蹦隔着桌子伸过手来,他欠身轻轻握了她的指尖,迅速松开了,低头掩饰了自己吞咽口水的动作。生物性力量没必要对抗,当然,更没必要附会上诗情与价值——甘田理解自己的血脉偾张,也知道它毫无意义。

蹦蹦放好凉菜，杰森也就回来了，手里握着瓶纯麦威士忌，"委屈甘田老师吃食堂，好在还有瓶甘田老师能喝的酒——我平时不喝酒，这是夏生拿给我的。"

甘田借口感冒，坚持不喝酒。

黑泉嗤的一声，"你可是吃了头孢还喝白酒的主儿——"

甘田没接话，也没让步，场面冷下来。

杰森没再劝，自己端起酒，皱眉干了，"甘田老师，我就直接说了，请您不要在夏梦华面前说，我和那个灵媒认识。"

甘田掩饰地笑了一下，"我本来不知道这件事——何必对我说呢？"

杰森脸色有些阴沉，"您说不知道就不知道吧。'降灵会'那天，您看我那一眼，我就知道，您什么都明白。"

甘田无奈笑笑，"你叫我们进去时，说的是'克瑞萨'——那是克里斯蒂娜的昵称吧？"

杰森说："也只有夏生和我这样叫她——请您别说好吗？"

甘田浅笑说："我应该不会再见梦华主席了，你们的事情我不知道，也不想知道——你不用担心别的。简单吃两口，我们就回去了。"

话说到这儿，算是到底了。热菜上来，杰森要了米饭，匆忙扒完，说让黑泉替他送甘田老师，他得出发了。黑泉啊啊地应着，蹦蹦端了汤进来，黑泉招呼她坐下，"宝贝儿，你劝甘田老师喝杯酒吧。"

蹦蹦听话地起身端起了甘田的酒杯，似乎不知道该说什么，不好意思地笑着，牙齿咬住了丰满的下唇，伸直双臂把酒杯递了过来。甘田接过杯子，被催眠了一般喝了下去。蹦蹦收回双臂，有些不知所措地背到了身后，站着，扭头看黑泉，似乎在寻求帮助。

黑泉倒没有嘲笑甘田，叹了口气，招呼蹦蹦坐回去了。不知道是酒的缘故还是人的缘故，甘田觉得身上暖烘烘微微有了汗意，鼻腔呼吸也通畅起来——他的呼吸里有芬芳的酒气，也有蹦蹦身上暮春夜晚般的气味，花草氤氲，温暖潮湿……

关于"通灵"的话题是蹦蹦提出来的，她好奇得很，甘田跟她说所谓的"通灵"，不管当事人的感受如何真切，基本都属于心理现象。灵媒通常都掌握了一些方法，譬如"冷读法"，就是根据人的行为特征进行推断；"热读法"，则是事先掌握了某些信息进行的表演，有时条件合适，还会使用一定程度的催眠……

蹦蹦问他会不会"冷读法"，甘田也是酒后卖弄，盯着蹦蹦，慢慢地开始说："你和杰森应该是青梅竹马，分开了，多年后相见，你们之间已经隔着财富和社会地位的鸿沟，你的青春过得很艰难，有过不幸——是啊，真是不幸，你失去过非常亲近的人……"

蹦蹦惊愕地看着甘田，右手似拢非拢地僵在胸前，微微颤抖，她飞快地扭脸看了一眼黑泉，黑泉也有些惊，"我都不知道杰森和蹦蹦——你们是吗？"

蹦蹦轻轻吸了一下鼻子，睫毛上还有溢出的一点泪，但转了两转眼珠，泪水就洇回去了，"你怎么知道的？"

甘田赶快解释，"'冷读'，看，还有猜——你和杰森刚才没有任何交流，只有关系极深刻且特殊的人才会如此。很明显你们不是情人——身体语言。你和黑泉如此熟悉，你知道我是谁，当然，你也知道今天这顿饭的用意——我大概知道杰森的经历，交叉一下，就出来了——关于你的部分，美丽女孩子的青春总是艰难的，我说的都是很含混的词，然后看你的表情和反应，我再修正或者强调，不幸是个含混的词，失去也是含混的词，生离死别都算失去……"

黑泉笑着起身，"原来少爷不傻呀！"

他去洗手间了，蹦蹦看着甘田，很认真地问："你说，我和他，会不会成为——情人？"

甘田笑起来，"我不会算命——不过，很难。"甘田在蹦蹦的眼里看到了真实而复杂的痛苦，"你很爱他，是吗？"

蹦蹦重重地吸了一下鼻子，随即展开了一个大而灿烂的笑，"也不是啦！他有钱呀，也长得帅——不过没你帅！"

蹦蹦最后一句话说得很轻，说完咬住了自己的嘴唇，她的身体倾斜过来，歪头看着甘田的脸。她的风情里有种笨拙和莽撞的成分，美丽的容颜与用力的欢笑混在一起，让甘田有几分心疼——蹦蹦的胳膊环上了他的脖子，花香草气吞没了甘田，蹦蹦丰满的唇掠过他的脸颊，在他耳边低语："去我房间吧……"

甘田一半是担心那塑料椅子，一半是不忍心生硬地推开她，他拥着蹦蹦站了起来，然后把她的胳膊拉开，摸了摸她的脸，说了声："对不起。"

甘田揽着她的肩，让她坐下。蹦蹦坐下后开始哭，甘田没有说话，拉开包房的门，走过空荡荡的食堂——果然，楼前黑泉的车已经不见了。他给黑泉打电话。黑泉没有接，甘田就发了条语音，"赶快回来接我，不然翻脸啊！"

夜色中，身穿风衣的黑泉像只黑色的大鸟，扑扑棱棱连颠儿带跑地过来了。甘田和蹦蹦坐在院子里的花坛边上说话，看见他，站了起来。

黑泉假装惊讶，"怎么在外面呢？俩人这是看星星还是看月亮呢？"

甘田没有理他，对蹦蹦说："走了，放心，睡个好觉。"

蹦蹦嗯了声，扭身回去了。

两人走出去一段，黑泉不停解释，自己就是去前面走走——甘田哼了声，打断他，"使这么乡土的手段，有意思吗？"

黑泉几乎是万分委屈地嘟囔了一句，"人家也是没办法……"

甘田心头火拱了一下，呼一下又灭了，说不出的怆痛，"算了——不提了！"

上车后，甘田让黑泉送他去艾冬家，近一些，不用穿城去北面，再说也该去替艾冬浇花了。黑泉叹了句，"艾冬给你下蛊了吧？"

六　影子

甘田到艾冬家的时候，已经快九点了。上电梯时，楼上那位喜欢攀岩的大哥抱着女儿、拎着婴儿车和大包水果零食进了电梯。

去年夏天艾冬抑郁最严重的时候，几天滴水未进，空调停了，原本迷迷糊糊的她因为中暑真就昏迷了。那时候他们还不像后来那么亲密，但联系不上，甘田还是有些不放心，跑来敲不开门，就是从这大哥家借了专业绳索从楼上坠下来砸了窗户进的屋。

大哥显然对他印象深刻，笑着打招呼，甘田伸手想帮他拎东西，没想到小姑娘却扭着身子要甘田抱，甘田只得接了过来。大哥笑着说："看见帅哥，连爹都不要了！"

甘田把父女俩送到了楼上，开门的孩子妈妈跟甘田好一阵客气，小姑娘的哥哥应该是个初中生了，原本正在练琴，也跑到了门口凑热闹，妈妈训他不专心，被弄得很不自在的甘田借机脱了身。

下楼开门，开灯，换鞋，起身看到鞋柜上粘着的浇花时间表。那是艾冬特意留给他的，每种花如何浇，附加各种备注，兰花的备注最多，两周或者三周，宁肯干着也不能多浇，要看盆土，表面干透，盆底微潮最适合浇，浇要浇透，但叶片、兰芽尽量不要沾水，叶间更不能积水，花凳下面的那块软布就是擦叶片用的……艾冬真是肯为这几根长条绿叶子费劲。

甘田摸摸兰花的盆土，能浇了——小心翼翼地沿着盆边儿浇到盆底的托盘上渗出水来，他吁出口气。楼上传来叮叮咚咚的钢琴声，楼下屋里越发显得静得让人心惊。一个人踱到书房的阳台上去，三角梅落的玫红花朵已经成了干花，却鲜艳依旧，甘田一直没舍得扫。平素艾冬写文案看剧本的那个高几上，笔记本电脑她带走了，烟灰缸还在原来的位置，咖啡渣里插着半支烟——艾冬出门前抽的……甘田盯着那半支烟，发了一会儿呆，转身看到书案上那只镇纸，是白芙蓉雕的猫——细眉细眼，甘田曾笑艾冬很像这只猫——顺手拿了起来，摩挲着出了书房。

晚上那顿饭，他几乎什么都没吃，这会儿饿了。进厨房拉开冰箱——忽然想起自己第一次来艾冬这里，惊讶艾冬从床上下来，在他洗澡的工夫，变魔术似的弄出了一桌子精致菜肴，艾冬回头一笑，说："我有家养小精灵。"

甘田还记得那个瞬间，仿佛某种神奇的光照亮了艾冬，没有一样可堪称道的五官放在一起，是那样生动迷人……冰箱里的冷气扑在脸上，让甘田觉得舒服，他才意识到自己的脸在发烫。

关上冰箱门，甘田拿出手机点了两个标注"变态辣"的川菜。然后去翻艾冬的酒柜，灰雁都被他喝光了，只剩下威士忌——拉开壁橱，拿出只大号洛杯，他怔怔地想，每次她递到他手里的洛杯里总是有冰的——冰呢？

坐在沙发上等外卖，甘田看着放在茶几上的那只猫，喝光了一大杯酒。屋里的那份静，让他呼吸不畅。甘田又倒了一大杯酒，抓起遥控器，开了电视，从网上搜出《猫狗大战》来看。他跟艾冬在沙发上猫狗递爪般闹着看过这部电影——艾冬常说他神情像小狗，甘田就拿这只猫让艾冬看看她自己——门铃响起的时候，甘田回过神来，才意识到自己流泪了。他匆匆抹了把脸，开了门，接了外卖回来，撕开包装就吃，口腔火烧火燎，就拿冰镇威士忌灌下去——他知道自己还在流泪，他也很清楚自己为什么流泪。就算你知道，就算你的"知道"是对的，又有什么用？那些哀乐，来自来，去自去，谁又能奈何分毫……

甘田仰倒在沙发上，他想起艾冬离开的前一天下午，他和她腻在沙发上。她在看《迷雾》——艾冬刷剧是工作需要，甘田对那个板着脸的尖刻女人没兴趣，枕着艾冬的腿躺了半天，翻身开始往她怀里拱，进了她宽松的毛衫里，开始呵气，艾冬又痒又笑被他带倒了，甘田拽下了那件毛衫，艾冬尖叫了一声，说窗帘没拉——甘田说欢迎围观——

被他裹在身下的艾冬，肢体开始变得柔软，仿佛骨骼在肌肤之下消失了，他再用力一些，她就会四散流淌开来——每次这样的时候，甘田都感觉自己像只贪婪笨拙的熊在吸吮蜂蜜……在他的记忆里，她也有着蜜的香气和甜味，有黏稠的质感，却无声无息，包裹缠陷得他动弹不得——那天她也许换了香水，一丝青涩的苦味在他的舌尖上缠绕，她就变成了透明的芦荟黏液，她从他身下滑走了，甘田伸手没抓到，她掩着凌乱的衣服，跑进卧室去了。

甘田追过去，忍不住笑了，她不仅躲在了被子下面，还用一堆抱枕埋住了自己。甘田把她刨出来，艾冬没有再挣脱，由着他，却紧闭着双眼，脸发烧似的红着，呼吸急促，咬着嘴唇不出一声——她这种不可理喻的羞，即便两人熟悉如此，也从来不曾减少分毫，甘田忍不住会过分用力，弄疼她，直到逼出她一点不堪忍受的低低的呻吟。只是那天，镂花纱帘外的阳光，在她赤裸的身体上绘出了疏淡的花影，甘田静静地看着，右手的食指一点点描着柔软小腹上的花蔓纹路，左手捧着她一侧的脸，食指拇指揉捏着她滚烫的耳垂儿……艾冬张口咬住了他左手的无名指，甘田带笑看着睁开眼睛的她，艾冬松口，欠身搂住了甘田的脖子，开始咬他的嘴唇……

不知道从什么时候开始，甘田和艾冬在一起时，感觉两个人在很多瞬间仿佛都会褪掉人形，成为两只小兽，奔跑嬉戏，撕咬打闹，静下来互相依偎，蹭蹭脑袋，舔舔皮毛……没有任何言语的负担，不需要判断，不需要理解，安心得靠着嗅觉和触感，酣畅淋漓地告诉对方，原来，不孤单的感觉，是这样的……

甘田握着手机，给艾冬发语音——语言是如此粗陋笨拙的东西，滑来滑去抓不住心里的那点儿意思——不知道发了多少条，那感觉像朝着深潭扔石子，一个一个的几十秒，"嗖"的一声落进幽暗的水里去了，水花不溅……甘田睡着了。

满窗的阳光，亮得他眼皮哆嗦，意识恢复的瞬间，感觉整个头在疼，像锋利的金属丝勒进皮肉还在不断收紧，喉咙也疼得不敢咽唾沫，挣扎了半天，坐起来——需要想一想，才明白自己在什么地方。捡起掉在地上的手机，有一则艾冬的未读微信：菩提萨埵，依般若波罗蜜故，心无挂碍，无有恐怖，远离颠倒梦想。念几遍，好好睡。

甘田不知道自己说了什么，会让艾冬给他发一段《心经》。

朝前看记录，一连几屏，都是自己发的语音——甘田脑袋里"嗡"了一声，接下去，是持续的耳鸣——脑袋里被酒精损害的海马体让他毫无记忆，手里的这个鬼玩意儿却逼着他要面对自己的醉话。甘田胡乱点开听了几条，愧悔羞惭得听不下去了。

哭诉衷肠也就罢了，还啰里吧唆从那个装神弄鬼的"降灵会"说到蹦蹦身上的"花香草气"——艾冬只怕实在无话可说，才请出菩萨来了。

甘田从艾冬那里回来，彻底病倒了。先是烧了两天，淋巴结全肿了，喉咙彻底哑掉，躺在医院的病床上，近乎无声地对张泉林说，就是真扒了他的皮，讲座也讲不了了。

张泉林笑了，"看把你委屈的！我们轮流伺候你。"

咨询中心的小姑娘们倒是争着来看他，围着病床拿他打趣——说他这病完全是心因性疾病，通俗点儿说就是"相思病"，抗生素治不好的。知道艾冬去哪儿的，干脆用手机放《橄榄树》给他听，以慰相思之苦。他喉咙疼无法回嘴，只能艰难地吐出个"坏人"，让她们笑得更开心。

病房外的走廊有人在小跑，房门开着，夏梦华的秘书先探进头来，接着招手，四五个人捧着巨大的花篮，抱着水果箱，进来放下，迅速离开，接着，夏梦华一身套裙，款步进来，后面还跟着杰森和两三个甘田不认识的人。

咨询中心的小姑娘们被这架势唬住了，都安静下来。夏梦华化了淡妆，精神气色似乎回到了夏生出事之前，跟甘田和那些小姑娘说话，也是领导探病自以为亲切随和、其实满屋尴尬的状态。甘田无法说话，倒是省事儿，只用含混地笑。夏梦华本来是带文化地产的班子成员来看出车祸的那个副总裁——人清醒过来，出了ICU，无意间知道甘田也在这里住院，就来看看他。

夏梦华也就停了几分钟，就又前呼后拥地离开了。她一走，那帮小姑娘就炸锅了——这得多"有意"才能"无意间"知道啊！那么有钱怎么不稍微升级换代一下自己的脸呢？一个私企大老板，怎么那么像政府官员呢？看看她，我立刻原谅泉林姐姐的"体形管理无能"了！你说，那个有点儿像古天乐的，是她的"男宠"吗？她出去时扶了他的胳膊——哪儿像啊？除了黑！轮廓有点儿像——我也看见了，最年轻的那个……

她们"毒舌"一番，瓜分了夏梦华带来的水果鲜花，就散了。

护士过来给甘田挂上了当天的第三瓶水，甘田回想刚才杰森的神情——依然严肃，但那份沉重和阴鸷似乎浅淡了许多，迎着甘田的目光，有些一言难尽，却柔和了许多……甘田不知道发生了什么，也不想知道……他盯着输液管滴下的药液，眼皮越来越沉，睡着了。

甘田一周后出院，赖在家里又养了一周，张泉林的"小鞭子"举起来他就干咳，"五一"期间上海南京的巡讲让他给推到六月份去了。艾冬终于要回来了，这半个月，只收到这一条信息：五月二日北京落地，公司有人接机。

甘田回：好。

他什么也没说，却跑到艾冬家里，开始打扫卫生。扔垃圾的时候遇到楼上那位妈妈，她笑着打招呼，说才知道甘田是名人，她有个闺蜜是他的"铁粉"——你们结婚后会住这里吧？那我就可以告诉她您是我的邻居……甘田只剩下笑了，笑得自己心慌气短，扔下垃圾，狼狈逃走了。

惊魂未定的他，在路上接到了夏梦华秘书的电话——请他去看一个地方。

那是藏在奥体附近一片酒店商厦的后面、闹中取静的一个院子，几株高大的国槐环绕着，外面是低矮的青砖院墙，推门进去，影壁的位置是一道水泥墙，过人头的高度，足有百米长，慢慢地弯出弧形，看不出接缝在何处，隔一段有些规则的圆孔，绕过去，是一栋透明玻璃墙体的建筑，水泥浇筑的几何体框架错落叠加在一起，最上面那个仅用一角支撑的立方体虽然纹丝不动，却让人揪心。如果不是有楼梯指示，你几乎无法判断这是建筑还是雕塑。甘田虽然不懂，但感觉这个院子有股特殊的气息——他想到了夏生。

果然，站在檐下的夏梦华看着那道墙，对甘田说："夏生对我说，这道墙，是影子，筑造它的木刻模具的影子……"

甘田忽然明白，自己看到了传说中的清水混凝土。他走过去，用手指触摸着平滑细腻近乎均质的墙体，慌张烦乱的心一下子安定了。

混凝土这样坚实的存在，原也不过是某个心念转换的模具塑出来的一抹"影子"——甘田在心里对自己笑了……

七　星空与蝉

甘田之所以去了那个"影子院落"，是因为夏梦华的秘书在电话里婉转地说：如果甘田老师没有时间，主席就找人和心理咨询中心的法人张泉林谈了。

甘田生怕张泉林见钱眼开，跟夏梦华"合作"起来——像甘泉心理咨询中心这样的"小家碧玉"，根本经不起天华集团这种兼具"资本帝国"和"封建王朝"双重禽兽属性的彪形大汉蹂躏，红消香断的时节，没人来葬你。

甘田当即答应过去见夏梦华。秘书接到他的时候，笑着说："主席真是英明，这么说果然甘田老师就答应了。"

甘田苦笑。即便夏梦华前些日子显得有些"智商不在线"，甘田也很清楚，只是"不在线"而已，信号恢复，那个"英明的主席"就回来了。没想到，接下去秘书讲的事情，让甘田知道，原来那些"不在线"，都是"英明"的一部分。

那位周大师在夏梦华"智商不在线"期间，前后从她这里拿走了近百万，作为提供各种"消灾解厄"方案的费用，随后夏梦华就让人报案了。这样的诈骗案毫无侦破难度——转账记录完整，还有周大师口沫横飞"吓唬"夏梦华的录像，警察从天华园里刨出了周大师让人埋下的各种破铜烂铁——铁证如山。因为涉案金额特别巨大，受害人身份特殊，算是刑警队的大案。事情还不止如此，夏梦华亲自去见了分局领导，仔细说明自己之所以丧失"科学精神"上当受骗，是因为骗子"算"出来的事情，有很多精准细节——甚至包括她第一次和骗子的"偶遇"，都值得怀疑，至少是获悉她行程安排的人，才能做到。包括文化地产副总的车祸，都不能不考虑在内——于是案件再次升级。

秘书心有余悸地摇头，"那几天大家都吓死了，我也吓死了——主席的行程，我最清楚，被叫进刑警队，我都吓哭了。好在那个周大师很快就交代了，还真是有人指使——顺着往上一直追，"他用手比出了一个"三"的手势，"追到集团本部的头儿，都到这个份儿上了，你说他还不满足，人啊……"

甘田看着他故作老成地感慨，笑了，装作淡然地问了一句："杰森，那天我看他也和你们的老总们一起去看病人……"

秘书反应了一下，"您说杜磊总啊——他现在是我们文旅集团的总裁了，董事局刚宣布的。以前我们是地产下面包着文化，现在改了，文化旅游，地产不提了，包在文旅的下面。杜磊总刚回国那年进过天华地产，我们的'梦之路'博物馆一期就是他负责建的，后来他去弄自己的公司了，这才回来。别说人家是专业干这个的，就算——"小秘书及时刹住了话头，嘿嘿笑起来，"人家就是专业，不服不行——主席的话，就得专业的人干专业的事儿嘛。"

甘田也笑起来。

甘田和夏梦华在檐下站着，看那清水混凝土墙。

不知道是什么原因，周遭嘈杂的市声像经过了一层过滤，变得远而缥缈。甘田跨出檐下，市声的音量就被调大了，他越走近那堵墙，市声越小，贴到墙壁阴影处，清冷的孤单慢慢浮起来，他退后，温度和声音同时在上升，进进退退，感受着那从温到凉从闹到静的细微变化，他几乎忘记了檐下的夏梦华，像个发现神奇秘密的孩子，玩得兴味盎然。

"你和夏生，真像……"夏梦华叹息了一声。

甘田被惊醒了，陡然不好意思起来，踱回檐下，站在夏梦华身边。

夏梦华给他讲了这院子的由来。

夏生和杰森回国后，都去了天华地产的文化板块。夏梦华让他们各自挑个项目试一试——项目成败不是关键，是否找到对的人和做出对的判断，才是夏梦华真正要看的。杰森选了滨海区停产的老厂房，改造出了"梦之路"博物馆一期；夏生选了奥体附近这块地——其实不是夏生选的，是设计师的要求，他的作品需要这样的整体背景。就算是"太子爷"，要剜了地产老总看得如眼珠子般的这块地，他也不干，夏梦华也不会这么糊涂，但她还是支持了夏生，最后商量的结果，让出了这个角——已经退了的那位老总至今想起来还是抱怨，综合体步行街为此短的这点儿距离，损失算到今天，十几亿都不止。

夏梦华说："杰森花了一百五十万，五十八天就开馆了。我也很意外，他怎么会选择做'红色主题'……博物馆是公益性质，不收门票，但会场食宿是要付钱的，第二年就盈利了，现在基本都得提前一个月预订场地了。夏生呢，给了我这个——"夏梦华指了指，"只眼前这道水泥墙，造价将近五百万。"

夏生这个不知让人体验什么的体验馆成了笑话，后来也没投入营运，不知道拿它做什么——夏梦华也不想把自己儿子的笑话拿出来翻腾，就这么搁着了。杰森也没等到收获肯定，很快和那些老总有了摩擦，夏梦华就让他离职，自己去创业了。夏梦华叹了口气，"这几年的苦没白吃，杰森老成多了，夏生还是那个长不大的孩子——"

她停顿了，显然在克制涌上来的难过，甘田静静地等她情绪过去，风拂过遮蔽院落的槐枝，瑟瑟的叶声如雨一样，甘田忍不住遐想夏日槐荫——夏梦华缓了过来，扭头看他，甘田就岔开话题，说："这几棵老槐树，真好。"

夏梦华摇头笑笑，"设计师选中这里，原因之一是有两棵槐树，剩余的三棵都是移过来的，十几万还是几十万一棵，我也记不清了。反正这个院子盖的时候，地产的老总逮着机会就来给我诉苦，除非绩效考核这个项目不计入，我当然不答应，抱怨只管他们抱怨。前两天杰森履新，第一次工作会上就有人提出这个院子，寸土寸金的地方，空着太浪费，不如重建、改建、利用起来。我后来看的是会议记录，杰森的意见，决不能动，它是大师作品，是艺术品，这是天华文旅最具升值空间的资产，我们要感谢夏生。"

甘田说："这话说得对。这个院子的设计，精细到了温度、光线、声音，还有色彩——"甘田才发现院子角有堆积落灰的白沙，"那沙子应该是平铺在这黑色台阶下面的吧，这里有水渍，水会漫上来，再落下去——"

夏梦华笑了，"据说水位是根据月亮盈亏变化的，我没看过——谁有闲工夫花半个月看院子里这汪水到哪儿了。你说杰森那话对，也对也不对。我不是艺术家，但艺术作品是给人欣赏的，总要体现一种精神。我也喜欢雅致的东西，但什么都要有个度，这里，我觉得过分了，弄到这种程度，太矫揉造作了，艺术家的精神太狭隘，只有自我，孤芳自赏的感觉，成天看这种东西，对自己，对社会，都没有什么好处。"

甘田不自觉又启动了"哦——点头"模式，直到夏梦华说出下面这句话："我想，把这个院子给你们咨询中心用，要是需要内部重新装修，费用也由天华来承担，我跟杰森去说。"

甘田立刻把点头变成了摇头，几乎把头摇成了拨浪鼓，"不行，真的不行，您这是给我个宋钧葵花盆，让我养多肉啊。"

夏梦华笑了，"条件都不听，就拒绝了？不收你们的租金，每年给我们的员工提供一次亲子关系辅导就行，工会做过调查，这个需求还是很强烈的。"

甘田笑了，"天华集团近万名员工，我们咨询师不同价位不同，按平均单次咨询五百算，一年是四五百万，对天华不算什么，但对我们咨询中心的体量来说，还是有点儿奢侈了。要是组织专题讲座，工作量会小一些。如果真需要，我让合伙人去找工会的人谈。但这个院子，我们不能用——暴殄天物是罪过。"

夏梦华看着他，"思路太保守了吧？"

甘田脑子里出现了张泉林气鼓鼓的小胖脸，指着他的鼻子骂：你个尿货！拿下这么个地儿，我一张高端会员卡能卖十六万八！我雇几个实习生，一年到头专门接待天华员工……

他迅速摇了摇头，把张泉林的脸给摇跑了。

甘田决定用一个扭矩足够的话题来转移谈话重心，他问夏梦华："我有个疑惑，我知道您不信那些怪力乱神的东西，可您为什么会信那个灵媒呢？"

夏梦华笑了，"前几次约你，就是想解释这个，一是做戏做全套，特殊时期嘛。天华二十五周年庆的时候，我有些感觉，但还是觉得天华整体风气是正的。这几年看下来，凡是引进的高管，都待不长，杰森当初待不下去，也未必都是他的原因。夏生的事情处理得尽量低调了，资本市场的反应还是很大，我就知道有人在做手脚——索性我就让他们表演个够。不过这不是主要的——"夏梦华顿了一下，"因为我知道，那个灵媒，是我唯一能获得夏生消息的途径。"

甘田离开那个院子的时候，很忧伤。他给母亲打了个电话："妈，我回家吃晚饭。您不用叫外卖，我这附近都是饭店，想吃什么我打包给你们带回去。"

母亲有些喜出望外，"太好了，田田！有徽菜馆吗？你点那个土鸡汤，还有臭鳜鱼，你爸爱吃的——"

甘田听见父亲嚷了句："吃什么臭鳜鱼？老子已经够臭了！"

甘田问母亲："我爸怎么了？"

母亲低声说："撒娇呢！你回来给你爸做心理辅导吧。对了，我要糯米烧卖，还有糟虾——哦，算了，你得跑两家饭店……"

甘田说："您别管了，我知道了。"

在餐馆等菜的时候，甘田又想起夏梦华落寞的神情，只有一瞬，她就抵抗住了那点儿软弱，用一种淡然的口吻告诉了甘田，她什么都知道。

夏生失联的那晚，她在夏生的房间里坐了一夜。夏生仔细整理过房间，身份证、全部的银行卡、行车证、车钥匙、家里的钥匙，都放在抽屉里，一张银行交易记录单上写着账户密码。他唯一带走的东西，是那个汉玉蝉。

夏梦华不知道夏生是从哪儿得的那个玉蝉，但后来在书院听一位老师讲中国玉文化，她知道汉玉蝉是死人嘴里含过的东西，觉得不好，就不让夏生再戴在身上，虽然夏生解释过他那个不是，但还是很听话地没再戴。但夏梦华知道他喜欢，常常一个人在灯下摩挲，看见她进来，会不好意思地笑笑，收进一个小盒子里。

那个小盒空了。

"降灵会"上，那个灵媒说出的那句"叽溜姥姥去哪儿了"，是夏生三四岁的时候，跟母亲的对话，"叽溜姥姥"是他们那儿的土话，北京这边叫知了猴，夏生看见了一只蝉蜕，就问妈妈，夏梦华随口说它长出翅膀飞了，夏生就对母亲说，他想做"叽溜姥姥"。本来是谁都不会在意，甚至都不大会记得的小儿语，童年的夏生竟然认真存了念头，总去找蝉蜕，随口跟小朋友们说，说成了他的外号。上学后，夏生被学校的一群坏孩子欺负。夏生被人欺负时就忍着，不会还手，夏梦华那时忙得成天不着家，回家也只有保姆阿姨叹着气替夏生换衣服擦伤口，知道了就吼夏生你还手啊，然后去学校找老师，夏生就会被欺负得更惨——他们把他绑成"叽溜姥姥"，在地上踢……那时候还叫杜磊的杰森，拎着块砖头冲过去拍倒了一个坏孩子，把夏生救了出来。夏梦华接到电话之后赶回来，夏生一直在哭，问他们为什么要打我，嘴角淌血的杰森给夏生擦泪，说他们就是坏，我天天都会在书包里放砖头，你别怕……从那天开始，夏生从来没有离开过杰森的庇护。夏梦华把两个孩子先送进了一家私立学校，后来就把两个孩子一起送出去读书了。

夏梦华断定，没有杰森的帮助，夏生根本走不了这么彻底。所谓的"通灵"，是他们盖了块布来代夏生跟夏梦华道别——夏梦华后来想想，也就不揭这块布了。给夏生留条路，给自己留个念想，也许，夏生还能沿着这条路回来，也许……

这是甘田知道的最忧伤的亲子故事——不惨烈，不沉重，不值得向任何人讲述，不仅不是悲剧，甚至各种力量使得故事的结局走向，开始变得宛若童话般空灵，但却让甘田忧伤，无法用言语阐释、无法用头脑辨析的忧伤。

甘田揣着满怀的忧伤进了家门。母亲惊讶地看着他，"可真是父子同心，你怎么跟你爸一个表情？"

甘田去书房叫父亲吃饭，"我听我妈说了。他是你学生，不是你儿子，我才是你儿子。"

父亲扭头看着他，"你跟我的科研有什么关系？"

甘田歪头做思考状，"说得也是。我跟你的科研没关系，你得意弟子的非主流性生活跟你的科研有关系——"

父亲被他气得站了起来，指着他，甘田嬉皮笑脸地过去把父亲拽到餐厅。

"他是最有天分的，学数学出身，这个没天赋学不了，四十多岁，正是好年纪——就因为跟一个女孩子……弄得身败名裂，彻底开除，留下做科研都不行，说风口浪尖上——"

母亲摆好了桌子，嚷了句："祥林嫂啊——颠来倒去就这几句！"

饭后，甘田陪父亲在阳台上说话，甘田问："爸，除了我妈，你有过别人吗?"

父亲思忖着说:"没有吧——"

甘田笑起来。母亲这时拿水果过来，接话说:"他有过，你还没上小学，人家追到家里来做饭了——"

甘田问:"妈，你呢?"

母亲说:"等着吃啊——我这辈子进厨房就两件事，洗水果烧开水，你爸也等着吃。她一个人在厨房忙活，很好吃，她烧的那个茄子，我印象特别深——"

甘田大笑起来，笑把胸腔里沉郁的那股冰凉凉的空气鼓荡了出去，父母也笑了。父亲说:"人家走了，我和你妈才反应过来，是不是有点儿别的意思，你妈让我到学校问问人家，我又不傻，我不问。是她出国后，给我写了封信，说看见你妈那么美，自惭形秽——你妈算美吗?"

甘田说:"还行，毕竟是我妈。"

几天之后，在艾冬家的阳台上，甘田给艾冬讲了父母的这段"韵事"。

艾冬听后也笑。两个人的浑若无事之下，有份心照不宣的紧张。还是艾冬先挑起了话头儿，"你爸妈还和你谈什么了?"

这话问得既婉转又直接——留了空间让他逃，他要躲，艾冬自然就知道了答案，彼此体面地下台；甘田若不想躲，这话就给了他正面谈的契机。甘田看着艾冬，不得不在心里叹了一句——那颗心是什么做的？

甘田没有躲，但也没有迎着问题上，"我向父母道谢，父母向我道歉。"

那晚在父母家的阳台上，夜空混沌，星星是看不到的，父亲到底还是被儿子安慰了。甘田跟父母抒情，说很感谢他们一直尊重自己的选择。父亲脱口说道："那是因为我觉得，你怎么选都没什么本质区别，也不重要。"

母亲笑着拍了父亲一下，"你这也太老实了吧！田田会伤心的。"

父亲说："他连这点都认识不到，那个亲子关系专家只怕是假的。"

母亲拉起甘田的手说："我和你爸爸交流，不得不承认，我们是不称职的父母，只是我们也不知道什么是称职。借口就不找了，我们很抱歉，给了你'自定义'的人生。这是另一种艰难——越自由，越艰难。我和你爸爸很幸运，几乎是包办婚姻，漫不经心过了三四十年，扭头发现竟然如此契合，很自我地活着，忽视你到都不知道忽视了的地步，可你自己，还能这么好——"

甘田不知道自己的眼睛里有了泪，母亲微笑着，"小时候就爱哭，长大了还这样，我和你爸爸省下的多愁善感，也不知道够不够你用……"

艾冬颇有意趣地歪头看他，甘田拉起她的双手，把脸埋进去，"我们也'自定义'我们之间的关系，好吗？"

艾冬扑哧笑了，扳他起来，看着他的脸，"你呀，是个瘦金体的'渣'！"

甘田一时没有全部理解，艾冬说："狂草写的'渣'，还不容易辨认，你很容易辨认，清清楚楚，但是好看，线条优美……"甘田想辩解，艾冬阻止了他，"你想说，你为了捍卫'自定义'的完整，才把自己碎成了世人眼中的'渣'，是吗？"

甘田愣了一下，他没想到这层意思，却觉得这句话像是从自己心里掏出来的，就傻乎乎地点了点头。艾冬看着他笑，甘田忽然有些慌乱——这话，太像厚颜无耻不负责任的借口，忙摇头，说："我的意思不是……"

艾冬用手指按在他的嘴唇上，带着恶作剧的笑，开始说："你什么也不要说，话语是误解的根源。你们这里的人啊，在一个花园里种了五千朵玫瑰，但是他们却找不到自己想要的东西……"

这段《小王子》里的话，甘田曾经用来在艾冬试图抓紧他时"遁逃",此刻艾冬略带嘲讽地念出来,可见她的心境早已不复当初——星空下的苦难那么巨大,宛若草芥细虫的两个人,能有执手的此刻,已是罕见的幸运——除了欢喜,再若生任何念头,都是贪婪。

"你的那些醉话,我只听了一两条,就没再听了。"艾冬放下梳子,扭头说,"要不要一起听?"

"不要!"甘田擦着头发从浴室里出来,丢了浴巾,过来抢到艾冬放在梳妆台上的手机,"太好了! 菩萨有灵! 大慈大悲!"

"我凑巧听到了蹦蹦什么的,后来呢?"艾冬绷着笑,故作淡然地问。

甘田知道自己又冒傻气了,恨恨地把手机放在床头柜上。他一眼看到台灯下面挂着一只青玉带沁的蝉,心里一动,伸手摘了下来,扭头看着艾冬。

艾冬起身走过来,"这是我的一个奇遇,那天在拉帕尔玛岛的海边,有个散着头发的小女孩,递给我们两枝百合,然后一直看着我,我不知道是什么意思,这时候有个非常英俊的亚洲男孩走过来,给了那女孩子两欧元,我才明白过来。因为他说英文,我也不敢断定是哪国人,他告诉我,很多中国人来这里就是为了荷西三毛的故事,也不知道从谁开始的,往海里扔鲜花就成了一种方式，当地的孩子也就有了这个营生。编剧老师笑着说，再也没有了流浪，只有消费。我们就把花扔进了海里，后来告别的时候，那男孩子突然把这个放在我手里，说送给我。"

甘田听着艾冬的话，看着掌心的那只蝉——有些心惊。

艾冬拿过了玉蝉，翻过来给甘田看蝉腹，"那男孩子很细心，告诉我，这只玉蝉的腹部有两个穿孔，是帽子上的，不是坟墓里出来的。我都没来得及拒绝，他就跑走了。我大概知道一些，珍蝉是没有孔的，其实就算是冠蝉，也未必不是坟墓里出来的。我不介意这些，蝉本身就象征重生——你怎么啦？"

甘田笑笑，"听见有英俊男孩送你东西，不高兴了。"

艾冬说："真该拍张合影——不只是英俊，干净得带有几分仙气，我们两个老女人都有点儿犯花痴，足足说了一天。"

甘田拿起自己的手机，开始翻照片，挑出一张有夏生的照片，放大给艾冬看，"这就是你的英俊男孩吧？"

艾冬摇摇头，"这个也很好看，不过肯定不是。我没法给你描述，但我看见了，绝对能认出来。哦——这个就是你说的那个出走的贾宝玉，是吧？"

甘田扔了手机，歪在枕上，"看来你还是都听了——我还说什么了？"

艾冬没说话，放下手里的玉蝉，拿起甘田的手机仔细看夏生的照片。

甘田说："三维的你不搭理，看着二维的流口水？"

艾冬放下手机，笑着说："我要始终保持不搭理你的能力。"

艾冬靠着甘田躺下，手里举着那只汉玉蝉。

甘田说："收好吧，别随便让人看见。"

"为什么？"艾冬还在看。

甘田说："我想，也许它是夏生的汉玉蝉……"

《人民文学》，2018年第7期

作家创作谈

千足虫之舞

计文君

我刚刚开始学习写作的时候，一位文坛前辈语重心长地给我讲了一条蜈蚣和它的腿的故事。

蜈蚣在轻巧地爬行，树上的鸟儿看着蜈蚣那么多条腿完美地协调配合，非常感兴趣。鸟儿们把蜈蚣的腿分别予以编号，前后左右，甲乙丙丁，一二三四，然后开始叽叽喳喳地分析那些腿的运动方式。鸟儿们分析了半天，各执一词，争执不下，就去问蜈蚣。蜈蚣从来没有想过自己的腿是如何运动的，自然回答不出来。鸟儿们失望而去，蜈蚣却被鸟儿们的问题害惨了——它再也无法摆脱鸟儿们的问题，结果它在研究左前43号腿的时候，右后16号腿绊住了右后17号腿……这条倒霉的蜈蚣在地上可笑地扭来扭去，一步也爬不了了。

故事的寓意简单清楚，那位前辈讲给我，也是用心良苦。他看过当时我写的一些作品，有一类相对显得流畅、完整，而另外一些则很不成"体统"。他认为我应该顺应作为女性的天赋性情,"扬长避短",而不该"一篇一个样子"。之所以会"一篇一个样子",是因为我在"学步"——我想弄清楚各种步态之下,那些腿是如何运动的。前辈担心我这种"学步"的结果,会使我的创作变成那条可笑的蜈蚣。

我始终有些执迷不悟。我不信任所谓的"女性天性",我渴望着自觉!我甚至偏执地认为,任何未经审视的"自发""本能"的创作,其价值终究是有限的。我不大相信"独特的女性视角""女性天生的细腻敏感"等诸如此类遮蔽大于揭示的标签,至于所谓的"身体"或"欲望"的女性写作,也常常让我觉得似是而非。任何人的创作都必然纳入自己的生命经验,身体经验是生命经验重要的组成部分,这原本是很自然的事情。某些创作冒犯或者谄媚着阅读者的目光——未必都是男人的目光,因此集中凸显女性身体经验,特别是极端的个体经验,至少在21世纪的此刻,这样的创作,既谈不上有勇气,也谈不上有难度。这里仅指作者诚实的自我表达,不包括那些以"女"和"性"为符号的"策略"写作。

追求自觉的写作,是一个漫长而艰苦的修炼过程。而且通常在起步的阶段,会因为顾此失彼而显得笨拙可笑,就像多年前,那位前辈故事里试图了解自己的腿如何运动的蜈蚣。后来，在罗伯特·麦基那本著名的《故事》里，我读到了一个和蜈蚣故事情节相似的千足虫的故事。不过麦基的故事，还有第二幕。

千足虫在第一幕中，和那条蜈蚣一样，被自己的腿纠缠着不能爬行。千足虫又慌乱，又困惑，而且被其他鸟虫嘲笑，自尊心伤痕累累。接下来，那只千足虫"慢慢地、小心翼翼地、一只脚一只脚地把自己解脱出来。通过耐心和努力，它研究、舒展并测试自己的附肢，直到自己能够站立并行走。曾经只是本能的东西现在变成了知识。它意识到，它不一定要按照自己过去那种迟缓而机械的步态来行走。它现在能够轻松自如地控制自己的步态，可以从容漫步，可以大摇大摆，可以昂首阔步，甚至还能连跑带跳。于是，它找到了一种从未有过的感觉，听到鸣鸟们的交响曲，让音乐触及自己的心灵。现在，那一千对天赐的腿可以任其指挥，它鼓足勇气，以自己独特的方式起舞、起舞，跳起了令人眩目的舞蹈，令它世界中的所有造物都惊叹不已"。

麦基的故事，把寓言变成了神话。也许，不是每一条千足虫最终都能自如地指挥着那一千条天赐的腿，舞倾天下，但至少，我听到了关于千足虫起舞的传说。我迷信这样的传说。

我以为写作的真正难度在于写作者对自我的审视和判断。

自觉不只是了解自己，同时还要了解世界，寻找如何在这个世界中安放自己。在这一点上，我并不认为对于女性创作者要加上"尤其"两个字。从"自觉"的层面上，写作的难度对于所有的写作者都是一样的，无论是男作家还是女作家，只是各有各的难处罢了。

我丝毫无意抹杀男女有别——那些区别一定是在的。只是作为写作者，我们应该有意识地去努力甄别，那些形形色色的"区别"到底是什么——哪些是幻象，哪些是真实；哪些是迷障，哪些是道路……

自觉的另一个维度，是要清楚参照系的存在。我想对于今天的中国作家，至少有两个庞大的参照系不能假装它不存在，那就是中国文学史和世界文学史。作为一个小说作者，我很清楚，无论我的创作多么微不足道，但每当我开始书写一个新的文本时，我都得面对小说此前的全部历史。昆德拉和曹雪芹都表达过类似的意思，我想他们都是足够自觉的小说作者。

我渴望一种清明智慧、有价值的写作，不会身陷窠臼而不自知，更不会长久地被某种狭隘、偏执、扭曲的心态掌控而不自省。弗吉尼亚·伍尔夫在一篇文章中赞美简·奥斯汀："竟然有这样一个女人，她在1800年前后就能心平气和地写作，不怨恨，不哀诉，不恐惧，也不说教。"（弗吉尼亚·伍尔夫《伍尔夫读书随笔》）即使放在今天，这样的写作也是值得钦佩的，更不要说奥斯汀写出了那样杰出的小说。在伍尔夫的文章中，奥斯汀和莎士比亚是比肩而立的。我想，《傲慢与偏见》与《哈姆雷特》，应该都是传说中的千足虫之舞。

《文艺报》，2012年8月10日

大象的故事

——《化城喻》创作谈

计文君

我一直犹豫是不是该把这本书的名字取作《化城喻》，后来阴差阳错，还是用了这个书名。如果换个名字，也许该叫"大象的故事"，虽然这本书里的故事，和大象一点儿关系都没有。

2017年的早春，开始写前篇《化城》，最初用的名字叫"后真相时代"，而"化城"是我留给构想中的后篇的。我盯着自己房间里那只看不见却真实存在的"大象"。大概对生命中存在的巨大问题视而不见，并不罕见，不然"房间里的大象"也不会成为俗语。一旦看见了，大象也就在房间里踩踏出一片狼藉后，夺门而去了。艾薇故事的雏形，就产生于这一片狼藉之中。艾薇这样的人物，基本面是我熟悉的，只是在我此前的小说中，她们没有这么光鲜，也没有这么狼狈。如此戏剧化，不是我加给艾薇的，是这个全民成为媒体从业者的时代给她打的高光。

第二只大象，是那只被盲人摸的象。"后真相"是牛津词典2016年选出来的年度热词，又一次证实了古老譬喻的强大力量。我们认知世界的方式，依旧是"盲人摸象"。与艾薇双峰对峙的另一个人物，司望舒，是探究人类认知模式的精神科专家。为了她我在知网下了十余部精神卫生学专业的博士论文，读得眼冒金星，而且明知这些东西根本不会出现在小说里，不过是我了解人物的路径。司望舒成了"最贵"的一个人物，毕竟知网是要真金白银的。

小说到此刻，依旧没有真正开始，直到酱紫的出现。这个生于1985年的天蝎座女孩，让我怦然心动。她身上那股野蛮的盲目"向上"的力量，既是她的生命欲求，也是时代的加持——"逆袭"，已是她出生后这三十多年的中国人的人生模板。

于是，小说在酱紫身上开始了。

从《化城》在《人民文学》上发表到书出版，这一年多来我在跟读者交流中听到最多的问题都是关于酱紫的。这个拖着长长"黑历史"的女子，为什么得到了作者如此的厚爱？不仅让她名利双收，甚至在作为"彩蛋"在书中出现的"煞尾"部分，还给了她拥有幸福爱情与婚姻的可能。我不愿意也不应该对自己的人物说太多，以免对读者构成干扰，我只就最后那抹"绯色的霞光"做一点暗示，酱紫的故事并没有结束。

酱紫的生命力如此强大，是我也没预料到的。我想不到她会穿破这本书的封底，跨过一年的时间，不辨路径，生闯到我新的创作中来了。看来即便是作者，依旧是盲人，摸索着现实这头大象。

第三只大象，是一只渡河的大象。在大象之前，聪明如兔子，灵巧地浮水而过；矫健如骏马，踏浪穿流而过。大象则是踏着河底走过去的，迟缓从容，庞大的身躯截断了河流……"香象渡河"于是在我的脑子里，成为绝美的意象。这种"到底"的力量，从《化城喻》的写作开始，成为我执着的向往……

《文艺报》，2019年3月25日

这里胜似花开

——《满庭芳》创作谈

计文君

最近在看一款网络综艺——《乐队的夏天》。

我是一个音痴，天生五音不全，对任何音乐都谈不上爱好，只是想知道一下。十几岁时买了《音乐圣经》，对照着找古典乐的曲目来听——觉得这是人类文化的重要部分，作为"知识"知道一下。我也从来不听流行歌曲——除非那种大街小巷都在"流"的，被迫听了。但我会认真去看诸如"华语流行乐三十年"之类的文章，把火过的歌找来知道一下，因为它们构成了时代的背景音。我看《乐队的夏天》，也是为了知道一下。

霍金说，遥远的相似性，让他感动。

这款网络综艺里有支名叫"刺猬"的乐队，唱了首名为《白日梦蓝》的歌，让我想起了自己月前完成的《满庭芳》，感觉这歌像陈改霞的主题曲。

我当时为这种感觉怔了一下。

陈改霞名字中的那个"改"字，暗示这个豫中平原下洼生产大队大队书记的女儿，生于20世纪50年代初。《白日梦蓝》，是一支摇滚乐队创作于2009年的歌，歌词是这样的："青春是青涩的年代，我明白，明天不会有色彩，社会是伤害的比赛，当我醒来时才明白；请你不要离开，这里胜似花开……"

这是年轻人初入社会的愤怒、悲伤与执拗的梦想。那一怔之后，随即明白了我那感觉的来路。陈改霞到最后，哪怕年纪进入生命的黄昏，始终都是个心思单纯的年轻的人。

她的成长，不是通常意义上的成长，也就是变得复杂。她并没有变得复杂，但她依旧在长大，执拗地勇敢地面对冲突，不躲不闪，从十八岁追到六十八岁。我们甚至都没有能力清楚地说出她在追问、在捍卫的是什么，可是，她依旧一步一步走到了这个问题的深处。

陈改霞与韦亦是的婚姻，是复杂的场域，各种力量在这里交织，交战双方都无法竖起正义之师的旗帜。这场战争的起点，不是80年代初韦亦是提出离婚，而是陈改霞看上了下乡知青韦亦是。但陈改霞向茫茫虚空无声发问，"韦亦是怎么就来了下洼村呢？"

如此沿着因果逻辑链条上溯，往往会沦为凭借直觉进行的虚构，这种直觉还常常会伪装成思考。因此，韦亦是不无真诚，他思考的虚伪性，不是道德层面的。

冲突双方依凭的道理——无论是道德的，还是文化的，通常只是动员、组织利己力量的宣传。真正的和解，要有神性力量的介入。人与人之间的和解，不过是乔装打扮过的失败与妥协，作为战争的后果或者避免战争的前因。

这是人类最古老的故事，讲到了"后人类社会"的门槛上，除了战争，我们依然没有找到别的冲突解决方式。

陈改霞将战争进行到底。最后一场战役是在离婚法庭上，可是对面"战壕"里，韦亦是的肉身并不在，陈改霞用"战役"而非"和谈"来结束这场战争，这是战士的体面。

《满庭芳》，是对这种生命态度的考察，虽然我身陷两难——这种战士的态度，让我因其必然存在的破坏性而心生畏惧；只是面对排山倒海倾倒下来的垃圾"道理"，我也愿意听见有人还能唱："请你不要离开，这里胜似花开……"

自我理解之后一个月，我无意间看到网上有人为该乐队歌曲配的土味视频混剪，那些弹幕告诉我，成千上万人跟我同感。2019年的夏天，以吉他、贝斯、架子鼓构成的摇滚乐背景音里，陈改霞活成了一则寓言。

对

谈

小说之路

——计文君访谈录

计文君　张天宇

写作上的"零时刻"

张天宇：计老师您好，我很高兴拥有这次与您交流的机会。在谈您的作品之前，您可不可以先讲一讲您是如何走上文学之路的？叶圣陶先生曾经说过："阅读是吸收，写作是倾吐，倾吐能否合乎法度，显然与吸收有密切的关系。"对此您怎么看？您曾提到，您年少时酷爱阅读，古今中外的文学经典都有涉猎，您认为早期的阅读经历如何影响了您文学观念的形成以及之后的文学创作？

计文君：我不知道叶圣陶先生这话，是在什么样的上下文里说出来的。单看引文，当然是有道理的话，但我的理解，似乎并不是在讲创作，而是在鼓励好的阅读。我感觉事实上阅读和创作之间的关系要隐晦而复杂得多。创作者不是处理器。阅读会构成你的另外一类经验。写作的过程不像烹饪，经验是食材，煎炒烹炸，变成菜肴。它像生孩子，是一种孕育，你写的作品和你的阅读之间的关系，就像婴儿和孕妇此前吃过的食物之间的关系，不能说全无关系，我们有很多关于吃了什么孩子就会怎样的说法，但似乎也没有那么具有决定性，远远弱于基因的力量。我有记忆之后，似乎都在阅读，这肯定对我有影响，但很难说到底是什么，我也不知道到底是哪一口饭让我长高了。

张天宇：在我看来，叶圣陶先生的这句话不是指一个人读的书多了就掌握了写作的本领，而是说写作者的创作是一定会跟他的阅读经历发生关系的。所以现在我们来回首您早期的阅读经历，我很好奇，您是从什么时候开始萌生了写作的想法的？

计文君：《零时刻》是阿加莎·克里斯蒂的一部小说，这部小说里提出了一个概念，就是零时刻，指的是决定一场谋杀不可避免、终将到来的那个时刻，这个时刻可能要比谋杀真实发生的时刻早很多天，甚至很多年。一旦越过"零时刻"，即使谋杀者尚未起心动念，谋杀也必将发生了。也许人生里的很多事儿都有这样的零时刻。我一直记得这样一个瞬间，那是某个春日午后，我站在周口市西潘公街的家门口，夕阳斜斜地挂着，看着一条黄狗越过街道，80年代初小城市的街道，车很少，街边上有个出租小人书的摊儿……我突然特别想把眼前的场景描述出来，但是太难了，当时我脑子里能动用的句子太有限了，我做不到。我是在开始写作之后，才意识到这个瞬间是我写作的"零时刻"。但从那个时刻到我起心动念开始创作，还要二十多年。

整个小学阶段对我来说最愉快的就是星期四下午和星期天，不用上课，作业写完了，西街老宅子里，我的书桌在窗户下面，对面红砖院墙上有绿色的藤蔓植物，阳光照进来，桌子的玻璃板上有稿纸或是一个新的笔记本，写东西是我最愉快的游戏方式——描写桐树的叶影，还有五月清晨月季花的味道、七月合欢花的味道……这些都是很典型的生长在中原的植物，也是我童年里印象最深的气味。这是我的秘密游戏，父母看见，会批评我不好好学习，看闲书，瞎写。文学带给我的这种"越轨"式的羞愧感，直到现在都没有彻底消失——这当然不是健康的心态，用解构的自嘲来掩盖真正的热爱，是一种防御性的心理修辞。现在我当然明白，那是时代、社会权力结构和文化结构在小小的我身上的投射。小学四年级写作文，《我的理想》，我写我的理想是当一个作家，但我很快把那一页撕了——感觉那是一个浪漫却不太体面的理想，如同想当一个侠客、大盗、流浪汉……我后来写了长大要当一个老师，至少体面些。

至于你感兴趣的阅读经历——其实我童年和少年的记忆，都是关于书的，除了"阅读"之外，好像不记得太多别的什么事儿。譬如想起小学四年级，能想起来的就是屠格涅夫的《初恋》，想起五年级则是《红楼梦》。一本书引来另一本书，当然都是闲书。家里的书架上从《东周列国志》到《三言二拍》都有，四大名著自然在列，《红楼梦》还不止一套，虽然家长不让看，但我偷偷摸摸也都看了。上了高中，我的语文老师张慧琳送我了一套《世界文学史》，我就按照目录，半通不通地从头把里面提到的作品都找来看了，从埃斯库罗斯、萨福开始，一直到20世纪的现代主义作家，真正懂这些东西的好处要到很久之后，当时也不是都喜欢，但就是在看。高一那年买了朱生豪翻译的《莎士比亚全集》，我当时并不很喜欢莎士比亚，是啃完的，还写了不少很好笑的读书笔记。我跟莎士比亚和解要到2015年了，戏剧节上看了英国TNT剧院的《罗密欧与朱丽叶》，才真正感受到了莎士比亚剧作的魅力。那种魅力只能由舞台来呈现，那种极端浓烈的情感需要演员的表达，而阅读文本时它们总给我一种如贝多芬音乐一般的略微的不适感。那种不适不是讨厌，是感受到了哪怕不契合你的审美习惯依然能震撼到你的力量。至于中国古典文学，很自然地就接受了，屠格涅夫、简·奥斯汀也是这样，一下子就很喜欢。

我在学生时代的文学阅读有两条线，一条是自己的口味爱好，另外一条就是两套文学史教材提供的线索，中国的和世界的。我强迫自己去阅读了不合自己口味的作家，比如莎士比亚、高尔基。但是我的阅读有一个非常大的空缺，就是当时我基本没有中国现当代文学这部分的阅读经历，对这部分的了解都来自语文课，除了鲁迅，家里见过他的很多书。我真正开始去读老舍、赵树理、巴金、茅盾、郭沫若这些人的作品要到2000年以后了。当然此前我都知道他们，不知道哪来的偏见造就了我在阅读上的"崇洋崇古"。我在小学四年级时用压岁钱买了卡尔维诺编的《意大利童话》，后来陆续买他所有的东西看。对中国现当代文学，我以为文联、作协这样的名字是只跟茅盾、巴金联系在一起的，自己开始写作之后才发现生活的现实世界里也有。我生活在一个跟文学界完全无关的环境。我的父母都是很普通的劳动者，妈妈是会计，爸爸是司机，有初中学历的妈妈常常嘲笑只有小学学历的爸爸，爸爸也不介意。很小的时候，爸爸让我们姐弟三个背《古文观止》，他给我们讲《郑伯克段于鄢》，说这是个偏心眼儿妈的故事——就像你们的奶奶。在我的记忆里，爸爸是个风趣且什么都懂的人。家里订的有杂志，爸爸订的是《译林》，妈妈订的是《今古传奇》，都很好看，我偷来看，因此经常被骂。2000年开始写作之后，我才集中补了中国现当代文学的课，同时集中阅读各种文学期刊。我有过几次这样的"集中补课"，譬如对金庸、刘慈欣作品的阅读。不是因为我要写武侠或者科幻，而是因为它们已经是值得关注的现实，作为一个写作者应该了解。我不允许自己因为个人的偏好而不了解这个世界。对抗自己口味的偏狭，通常都会收获意外的美好。譬如我竟然很多年后了解了现当代文学史上那么多优秀的小说家，很为自己当初的狭隘羞愧。补科幻的课，让我遇上了阿西莫夫、克拉克、特德·姜，都是非常美好的意外。

我在高中毕业时，并没有生出自己的人生会和文学有关的"妄念"。对于普通人家的孩子来说，文学是个太遥远的东西。我喜欢阅读优秀作品，那就做个有判断力的读者吧，我甚至在日记中写下了这句话。文学阅读在我整个阅读中所占的比例大概有一半，还有一半是哲学史和思想史上的"名著"，懂不懂只管看，还有一些讨论东西方文化的书，上世纪八九十年代好像很容易看到这样的书，还有就是现在流行的各种"简史"的"前辈出版物"，我记得买过房龙的书，《人类的故事》《宽容》

啊，还有欧文·斯通写的传记，凡·高的，弗洛伊德的。就是好奇，想了解这个世界、了解自己，我并没想过写作。我当时认为以我的天分和生活环境，不大可能成为我自己心目中理想的作家，托尔斯泰、曹雪芹之类的，我就看他们写的东西就好了。我高中毕业去读了银行学校，十九岁开始工作，接下去十年，不要说写作，连阅读也很少了。等到自己开始写小说了，冲到书店去买了一堆当代中国作家的书和各种年选，开始了解我们这个时代重要的写作者，去了解我在什么序列里、跟什么人一起写作。我写作时已经将近三十岁了，没做过文学青年，没有投稿、被退稿的"抽屉时间"，很遗憾没有这个宝贵的过程。

张天宇：您刚才提到《红楼梦》是您很喜欢的一部文学作品，您在读博期间也一直致力于研究《红楼梦》小说艺术的现当代继承问题。您怎么理解《红楼梦》在中国现当代文学史上的经典化建构过程？毫无疑问，《红楼梦》对于现当代文学具有启示性的价值，但现当代文学对于《红楼梦》的继承多是停留在将其作为一般性的文学资源的层面，而非对于其叙事范式的继承。您怎么看待《红楼梦》作为小说的叙事范式在现当代文学中的失落？

计文君：《红楼梦》的经典化建构，是在现当代时期完成的，但这是一个复杂的多种力量耦合的结果，叙事本身的力量只是其中一种。《红楼梦》在今天已然成为一个"形容词"，一个"喻体"。我不觉得"失落"了"《红楼梦》范式"有什么问题，谁规定非得继承《红楼梦》？

每个民族都有属于自己的叙事传统。昆德拉认为塞万提斯缔造了欧洲小说的传统，但我使用现代汉语书写的这种被称为"小说"的叙事文体，与《红楼梦》严格意义上说，不是一个"物种"。《红楼梦》作为中国的叙事经典，对于中国今天乃至未来的叙事来说，都有着巨大的价值，但对其"继承"是一项颇具挑战性的任务，更确切地说，那是一种基于理解的创造。

我觉得人在文化上的认知和判断很难摆脱当下的影响。我们对《红楼梦》也好，对过往的历史的理解也好，常常会有意忽略掉不符合自己推想的事实。我特别不愿意跟人谈论《红楼梦》，因为每一句话都会引起争议和反驳，三句话之后就得打起来。比如我论文里那句"《红楼梦》是在中国现代文学时期成为经典的"，老师当时就不同意了，说《红楼梦》早就是经典了，怎么到"现代"才成为经典？中国的经史子集是有规制的，怎么可能轮到《红楼梦》成为"经"呢？又怎么可能成为"典"？但在"红学"的那个谱系里，这么说是不行的。《红楼梦》生下来就是"神物"，自带麒麟角，霞光万道。我没有轻贱《红楼梦》的意思，它今天是经典，是一部谈论它都得特别小心的经典。今天你但凡敢轻慢《红楼梦》，无数人会去骂你。我不跟人讨论《红楼梦》，因为人家要么是红学家，要么是红迷。既然成了"家"，利害攸关，关系到人家长时间的投入和自身价值的实现；既然是"迷"，那就意味着巨大的情感投入。这都是不能触碰、不能招惹的。《红楼梦》在今天已经是一个巨大的特殊的"文化场"，而非简单的小说。对于我来说，它是我可以信靠的一种特殊力量，但我不会把自我认知当成"普世价值"强加给别人。

张天宇：接下来我们来谈谈您的小说创作。您的处女作《烟城危澜》发表于2001年，您当时是怎么想到要写这样一部作品的？

计文君：我这个"处女作"的诞生有点儿特别。20世纪90年代张爱玲火遍了中国，许昌这样的小城市也不例外。我有一个好朋友，那时候还没有闺蜜这个词，那女孩儿原本是复旦学文博的，当时跟我是银行的同事，她算是个"女文青"，我不算是，当时我在忙各种学历考试和职业资格考试，拼命学外语，文学阅读基本都停止了。我在银行十年，那是中国金融体制改革的十年，我上班第一年中国双轨制汇率合并，此前我们是有外汇券的。工作非常忙，除了上班每个人还有揽储任务——就是拉存款。到了20世纪末，我"兴致勃勃"地在做国际结算，每天看的是提单、汇票、跟单信用证。我那个女朋友喜欢张爱玲，我从她手里拿到了张爱玲的小说。我前面说过对中国现当代作品狭隘的"傲慢"——翻看林语堂的《京华烟云》，还说："唉，这怎比《红楼梦》!"那是一种读者的傲慢，当了写作者就再傲慢不起来了。知道谁喜欢读我的书，我感激得想跪下来给他擦鞋（笑）。我看了《传奇》，就跟她说这样的我也能写，我写一个给你看。这个场景被我用在了《剔红》里，我答应写一个香艳还带点儿阴谋的故事，给她看。

写起来才发现并不很容易，但也并不艰难，怎么好玩儿怎么写。晚上写，第二天见面两个人还讨论情节进展，断断续续写了半年。写完啦，俩人还专门出去吃饭庆祝了一下。我这个闺蜜的父亲是市委领导，她家隔壁住着当时的文联主席，她就把我这篇小说拿给文联主席看了。后来带我去见了那位老主席，我非常紧张。那位老主席问我："在哪儿工作？家是哪儿的?"他跟我说："闺女，你是吃这碗饭的。"他给了我一个地址，让我把稿子寄给一个人，那个人是谁我不知道。过了几天，《莽原》的一个编辑联系我，说有点长，要压缩，我就去压缩了。后来编辑把名字改成了《烟城危澜》，原本的名字是《青玉案》，具体的情节我记不大清楚了，当时还用软盘存过稿子，现在也找不到了。

发表的鼓励是巨大的，心底的东西好像一下子被点燃了。我对文学应该有着强烈的热爱。自己读过那么多好的作品，知道自己能力有限的时候，就用拒绝表达热爱，自己压抑自己，不过是不自觉的压抑，所以连痛苦都不知道。后来好多人说孩子有爱好，该不该鼓励？我说一般的情况下我建议不鼓励，因为压抑不了的天分才是真天分（笑）。这篇小说的发表不只鼓励了我，还让我知道了原来有一个空间，有这样的文学杂志可以让我写的东西存在。我们后来的作协主席谢玉好是我写作道路上的恩师，他邀请我去参加了作协的活动，我开始认真考虑写作这件事。

张天宇：也就是说《飞在空中的红鲫鱼》才是您真正开始自觉写作的小说。

计文君：对。《烟城危澜》其实是一个游戏。我认真学习写作，写出来的第一篇是《飞在空中的红鲫鱼》。那是我另外一个女朋友的故事。这篇作品使用第二人称叙事，看起来是个"先锋"的选择，但事实上是因为我真的有一个谈话的对象，我把这篇小说送给了她，她当时正处在情天恨海里，很痛苦，我很想安慰她。

但这是《红鲫鱼》（即《飞在空中的红鲫鱼》，下同）的缘起，并不是动机。我真正的写作动机，是理念上的。《红鲫鱼》

不是在写爱情，而是理想，所有你为追求理想付出的努力，最后都会变成阻碍你实现理想的力量，这是我在写作这篇小说时产生的一个悖论性的认知。那个女朋友给我讲的情伤故事，构成了感性的、情绪性想象的出发点，意象也来自她的生活。她养了一缸红鲫鱼，一次我们俩正在她家吃饭，有条鱼跳出来，啪地摔在地板上，把我俩吓得！我说这鱼真的要自杀呀？其实就是因为鱼缸缺氧。这是我真正开始写作的一篇小说，后来发表在《人民文学》上。那是2003年，此后几年，我都写得很少，很慢，大概就是一年一篇或者两篇。

"我的每一篇作品都在解决问题"

张天宇：您为什么要保持这样的写作速度？

计文君：不是故意保持，我有太多的东西要学习，只能是这个速度。写作需要各个层面的训练，我虽然因为训练不够做得不够好，但我知道合格的"动作"是什么样的。我希望我给出的东西，至少要合格吧。当时一位前辈作家的话让我印象深刻，他说你们还处在投稿阶段而不是约稿阶段的时候，必须写得比我们好很多。你们写得跟我们一样好都不能发，你们必须写得比已经成名的人好很多，才能让别人看你一眼。

小说是艺术，没有任何类型的艺术是不需要训练的，舞蹈、音乐、绘画如此，小说自然也如此。我就去认真完成各个层面的训练，观念的，技术的。我不信任"感性"写作。

我为了获得自己训练所需的时间，就去参加了公务员考试，进了许昌文联。我去文联不是因为创作，而是为了创作。后来我去读硕士、博士，都是为了解决创作问题。我觉得我一路都是带着自己写作上的问题，一个一个去解决的。当然，写作的问题，解决一个，跟着就会出现一个，甚至多个，只会越解决越多，越解决越大。但这正是小说叙事的迷人之处。我一路走来，都是跟着自己的问题走。这是一个相当"自我"的状态——只是这个"自我"并不朝向"我"，我从未高估过私人经验的价值，我也没什么特别值得跟人分享的经验。我自己那点儿情绪，可以放在日记里去写。我的全部注意力都集中在自己的"问题"和"未知的世界"上。我的写作始终有一点异样。因为我没有被杂志"修理"过，杂志的编辑老师没有对我说过你不应该这样写，应该那样写，或者说你应该选这样的题材。从写作到现在，文学杂志对我都非常宽容，让我保留了这点儿别人口中说的"异质性"。

张天宇：我在读您的作品的过程中也感受到了您说的这种"异质性"，它们个性鲜明，而且很难被归类。我们可以具体来谈谈这些作品。您在写作过程中是怎样去解决问题的？

计文君：对我来说很重要的一个短篇是《水流向下》。我在《水流向下》里讨论了传统伦理理想的破灭。血缘伦理是我们这个文明的结构基础，政治和各种权力关系都会以一种"拟血缘"的方式进行建构，所谓君臣父子，老爷太太，义结金兰，情同手足，即便进入现代社会之后，也并没根本改变。"水流向下"来自我从妈妈那里听来的一句话，妈妈说"水都是朝下流的"。她指的是人一代代都是为了孩子去做各种牺牲，获得价值感的同时获得名为"天伦之乐"的利益和情感回馈。商品经济、市场伦理对我们这种伦理理想造成了根本性的冲击，力量甚至大于集体主义曾经对家庭伦理的冲击，因为那次只是用集体这个"大家"替代了"小家"，个体并没有溃散出去，牺牲、价值感、荣誉感和利益回馈的逻辑都还在。《水流向下》写的是因为雇佣关系而被迫在一起"安度晚年"的两个人，一个是患了老年痴呆症的伦理学教授，一个是从农村到城里来的极具生命力和创造力的老母亲改，作为照顾他的保姆。市场交换原则取代了原有作为"天伦"的伦理理想，但我没有把这种"取代"表现成简单的冲突与倾轧——原来那种伦理理想真的是"天经地义"吗？小说中，每个人都好像因为遵循了交换原则而各得其所，破坏竟然以"成全"的形式出现了。改生于20世纪50

年代，在我写作的时间段，她应该是五十多岁。"改"是20世纪50年代的符号。作品中的改生于一个"改"的年代，从那个时候开始，她的一生都在迎接变化。你会发现我笔下的这些来自农村的月嫂、保姆，包括《满庭芳》里的那个大队支书的女儿，她们都有一种蓬勃的生命力来应对这个世界的变化。她们自己完全能够应对世界，哪怕世界对她们很不公平。这里面有性别关系，有城乡关系，有文化上的不对称，有强势文化也就是所谓的中心文化对边缘文化的挤压，有年龄歧视，但是她们在对抗这些重重叠叠的力量，彰显出自己的生命力。《水流向下》让我第一次感觉到了"准确"的快乐，我终于清清楚楚地说出了自己想说的东西，我清晰地听见了自己的声音，当然不是某句话，那是一种微妙的准确，渗透在小说的每一个字里。

张天宇：《水流向下》表达出了这个时代普遍存在的一系列问题，非常真实，也非常现实。

计文君：到今天再看，它会显得更清晰，也更有意味。原有的构成天伦之乐的那个伦理的价值是值得维护的绝对价值吗？这是一个值得问的问题。你会发现我永远在要求对话，人物和人物对话，小说和世界对话，我没有去捍卫任何一边。我曾得到过阅读者对《水流向下》的反馈：一位是我在文联的同事，他说这位母亲被孩子"温情脉脉"地残酷"出卖"了；另外一位是个企业家，他看了《水流向下》之后非常感动，他甚至在董事局会议上把这个小说重新讲了一遍，他说你看，最后大家都因为这个方式获得了幸福。市场经济构建了新的美好。他觉得这是历史的进步，"水流向下"嘛。我觉得这是我想达到的效果，小说在不同人那里如同生活一般，生成了它可能生成的意义，而不是我给出的"某个"意义。改可以在教授的这个院子里养鸡了——我认为这美好吗？我想这也不无凄凉，她每个晚上还在怅然地想着含饴弄孙的理想晚年。我的态度不重要，小说不能表达小说家的立场。小说家不可能没立场，肯定是有的，但是小说不能有。我觉得真理在握的小说家是可怕的，或者说根本就不该去写小说。

我自己对《想给你的那座花园》不满意。很久之后我才发现，《想给你的那座花园》里的那个心理医生其实就是《问津变》里的甘田。那个人的形象是典型的loser，而甘田则是一个"成功者"，但他俩有内在精神上的一致性，就是不管你是在特别热闹的红尘都市之中，还是真的退出了竞争完全回到边缘，他们都带有一种"零余者"的状态。

张天宇：对，他们不是有着明确的目标并且为之努力的那种一直朝前方奔跑的人，而是有些逡巡，有点可有可无，起码从心境上看是这样的。

计文君：他们不知道该去哪儿、该做什么——事实上他们是这个时代的"思想者"，因为多想了一点儿，反而失去了行动能力。原来十几年前"问津"的问题已经开启了。《花园》（即《想给你的那座花园》，下同）的故事其实是《问津变》里的《桃花源》的故事。我要等到十四年后才能够对"人在变化的世界中变化"的复杂力量完成"装置"，通过谋求实现的进取过程中损失掉了一切的女性和完全退让的男性形象，在《桃花源》里顺利地完成了表达。《花园》和《天河》都是我在河大的时候写的。写完《花园》之后，我就顺着写《天河》了。我对《花园》不是很满意，心里别扭着一股劲儿，《水流向下》里那种"微妙的准确"，到了写《花园》就时在时不在似的，这让我很沮丧。

张天宇：《天河》曾获2008年"茅台杯"人民文学奖和第五届河南省优秀文艺成果奖，也是我格外喜欢的一部作品。您能不能详细讲讲《天河》的创作过程？您在《天河》中着力描绘了女主人公秋小兰的形象，书写了她心性成熟与自我成长的过程，具有成长小说的意味，相比之下男主人公窦河的形象则显得影影绰绰，您对于人物形象的这种处理方式有着怎样的考量？

计文君：《天河》是关于一个叙事者自己的故事，它表达的是我和小说之间的关系。如果说我真的动用了自己的经验的话，《天河》背后的经验其实是一种写作经验。《天河》所传达的痛苦，是关于表达困难的痛苦。这种表达的困难，是因为语言具有暧昧和不确定性。语言本身就是这样一种无力、粗糙和苍白的东西。我说什么、怎么说，你都没办法明白，我想说的东西永远在说的过程中丧失掉了。但这种困难逼出来的艺术形式，譬如小说，如果足够出色，反而会成为一种微妙而准确的表达。我对《天河》主人公的原本设定是大学中文系女老师，写着写着觉得"隔"，我就停下来，想了想，改成了戏曲演员。本来想写京剧或是昆曲演员，但我觉得京剧和昆曲那种红尘的俗劲儿不够。因为既然要构成戕害，就一定要有一个红尘滚滚的、世俗的世界横亘在表达者和对象之间。这个世界是干扰的，因为有这个庞大的、有杂音的尘世存在，才使得你的表达被各种声波所干扰，没有办法抵达你希望获得聆听的那个人，重重叠叠的误解，剖心剖肺地跟你说，只是徒劳……

《天河》最先写出来的是小说结尾的部分，秋小兰挥舞水袖"破茧成蝶"，我也实现了一次写作上的解放，感觉对叙事力量的控制可以"随心所欲"了，这种控制感让我自由。

描写《天河》的男主人公时我有意进行了"留白"。我当时在河大读书，有天听课，老师讲到刘恒的《白涡》。刘恒用一种"物化"的手法写了作品里的那个女性，她在和人发生关系的时候在大腿上涂驱蚊液，但是作家丝毫没有给这个女性内心表达的空间。下课回家之后，我决定像"男作家"一样霸道一次，把《天河》里关于男主人公承担视点的部分彻底改写了。我永远让他作为一个外在的"他者"，我只写语言和外在行动，不展示他的心理空间。从接受上，读者对于这个人物有了两种截然相反的认知，一种认为他对秋小兰就是"欺骗"，或者说是"操控"，另一种则认为他的感情是真的，只是不得已。这两种接受结果跟读者的年龄和经验有关。这个结果让我觉得很有趣。做这样的修改，性别立场是原因，但更主要的动机还是叙事上的选择。如果我在叙事中给他开拓出心理空间，会对人物形象构成干扰，增加确定性，其实就削减了复杂性。我完全把小说限制在秋小兰的视点之内。我忘记这是谁的话了，说《包法利夫人》如果不是从艾玛的角度来写，而是从包法利先生的视角来写，它就是另外一部小说了。《安娜·卡列尼娜》如果从卡列宁的角度写，也是另外一篇小说了。所以视点的选择体现的是最为强烈的价值立场。

张天宇：从《此岸芦苇》中我看到了您对知识分子群体的关注。从《在酒楼上》中的吕纬甫到《围城》中的方鸿渐，再到21世纪以来的《沧浪之水》中的池大为，知识分子在以往的文学作品中多是以弱者形象示人，用来描述他们的往往是迁腐、虚伪这些贬义词。对此您怎么看？

计文君：其实我的小说中，大部分人物都是知识分子，《剔红》《开片》《化城喻》《问津变》《白头吟》《无家别》，等等，里面的人物多是教授、博导，各个领域的学者，成群的硕士、博士。《此岸芦苇》故事发生的空间是大学，最为直接，它写了大学怎么从人类"精神殿堂"变成了"江湖客栈"。我后来在网上看到一位大学老师把小说中描写大学"生态"的一段文字贴在自己的博客里，表示心有戚戚。这让我很高兴，我是一个没有多少校园经历的人，硕士读的在职，在河大听课的时间很有限，能得到"业内"人士的认同，是个很大的鼓励。我的确做过功课，把中国现当代文学史上所有关于知识分子写作的作品做了一个梳理。我发现知识分子基本是被当作失败者来写的，作为他们的反面的"成功"的知识分子基本上都是被当作了讽刺的对象，比如《围城》《洗澡》。《生命中不能承受之轻》《日瓦戈医生》等作品也都在我的参考谱系里。此外做的功课，就是建构主人公的学术道路，如何面对史料和问题，向左转还是向右转的技术性立场转向，何为"学术策略"……还有就是补全"个体前史"，这是一个新媒体盛行之前的那种电视学术明星——他是经历了20世纪90年代"脑体倒挂"、自尊与生存都被击溃了的知识分子中的一个……我综合地去写了这样一个困境中的成功者盛易龄。

软弱和虚伪，的确，但他不是"故意的"。后来我在《满庭芳》中通过一个成功作家的形象又一次讨论了这个问题。你能要求他勇敢、真诚吗？你凭什么要求他做你的道德担当、良心担当？你凭什么要求别人做十字架上的耶稣？因为他多读了两本书而有了知识分子这个"文化游戏"中的"角色"？商人去酒吧唱歌叫小姐那是正常的"人欲横流"，大学教授去做这件事，那就叫知识分子的堕落和精神沦丧？这个逻辑是怎么生成的？

之所以取名《此岸芦苇》，有两重考虑：第一是他们这些应该提供愿景的人自己都不知道愿景是什么了，自己都不知道该怎么办，因而只能在"此岸"。那彼岸呢？有吗？或许可以有。他们的痛苦在于他们还在想着，而且还隐隐约约地觉得自己有责任去描摹一下彼岸；第二是芦苇其实是个体的象征，帕斯卡说的人是会思想的芦苇——若不再思想了呢？除了欲望之外，人靠着什么来界定自身？《此岸芦苇》其实在问一个大问题，问那些在人群中最有责任回答这些问题的人，他们某些时刻，也会问自己。后来我看了颁奖词，评委觉得我写出了一点"新"的东西。我给了这些被认为堕落、虚伪、虚荣或者说浮躁的没有充当我们的道德担当、没有给出愿景的知识分子一个说话的机会。我给了盛易龄一个说话的机会。我觉得要公平。此前很多书写者本身也是知识分子，他们比我显得更冷酷，更有批判精神。我发现我在《此岸芦苇》里有一种对他们的同情。这不是因为他们有什么值得同情的理由，而是我把他们当成了普通的软弱的人。在我眼里，大学教授和农民工如果在精神上遭受同样的折磨，那么都值得同情。所以小说显得"暧昧"，盛易龄应该被批判或者遭遇嘲讽、挫折和失败，但他什么都没遭遇到，我就那么轻轻松松地放过了他，让他志得意满、功成名就，没有受到任何伤害。假如他自己在良心上又没有自我谴责的话，他就会过得很舒服。这显得小说家特别没有立场。但事实上我遵循了一个更为现实的逻辑，就是生活本身的逻辑，更为重要的是，我悬置判断，是因为我担心那个"惩罚"会带来更为可怕的结果。《此岸芦苇》有六个不同的结尾，我已经记不清最后发表时用的是哪个了，可见我是多么地纠结和犹豫。

事实证明，我在十年前特别犹豫和谨慎的那个"判断"，在今天已经完全沦为各种网络暴力所依赖的逻辑。我们好不容易建立了一个空间，一个可以松动一下、宽容地去看一个事物，允许暧昧不清，不是非黑即白、非对即错的空间。我们曾经允许这样的一个空间存在，而它在今天已经消失掉了。在今天，任何一件事情出来之后一定是有坏人，反过来发现他有委屈之后，那说他是坏人的是坏人。有没有可能是两个好人互相伤害呢？现在我们最容易得出来的结论是两个坏人在狗咬狗。

还有一个原因，就是我那时清晰地感觉到自己一直信靠的价值生成体系在动摇，愿景消失带来的困境，不只是文本内我所描述的人物的，也是我的。

我依然对通过写作重建愿景有执念，但我不认为这个愿景是一个简单批判或者斗争的逻辑所能给出的。我尊重认真寻找压迫力量的斗争精神，唯一需要警惕的，是单纯、极端地去斗争，极有可能是讨伐恶却激出了更大的恶。

"我的写作正是为了满足认知的渴望"

张天宇：您在2013年《无家别》的创作谈中提到，小说之所以存在且继续存在，不在于小说可以反映现实，而在于它能赋予现实以意义。而意义生成的困难，或者说价值生成的困难，是近几年您一直与之纠缠的问题。现在您是否对这一问题产生了新的看法？

计文君：2010年，在鲁院我们小组讨论的时候，我提出的问题就是感觉到了价值生成的困难。我接下去几篇作品都在描写这种价值生成的困难，《无家别》就是其中之一。对于这个问题我一直在思考，有很多不断深入的看法，与十年前相比，我不是有了"新的看法"，而是真正理解了这个"困难"。

我们要在彻底"解构""祛魅"之后，给出新的愿景，给出新的价值生成根源，我们需要能携手过去、洞悉当下，同时面向未来的充满想象力和创造性的思想生产，它可能是哲学、社会学著作，可能是任何形式的艺术，当然也可能是叙事作品。

在《此岸芦苇》之后我写过一个短篇，名为《你我》。我写了几个场景，都是两个人在讨论一个类似高加林和刘巧珍的故事。我勾勒着信息在不同的人际交往中流动所留下的痕迹，它和每个人的生命经验进行交换，在完全"误解"的情况下完成了"沟通"。这就是人的意识和认知方式的独特性："你"和"我"都是独立的个体，然后我们靠沟通、协作建构了人类的全部文明，再微小的事物都关联着人最为根本的问题。

比如你今天来，我们俩在谈我的写作这件事。我们知道有这么个主题，但是事实上你心里对我的写作的认知和我自己对我写作的认知的图景可能差别很大。你想的是一只恐龙，而我想的可能是哥斯拉，你想的可能是科学意义上得到描述的白垩纪地球生物，而我想的就是在叙事中诞生出来的一个怪物。你我的耦合最后会生成一个文本，完成表达，即便这样依然是有意义的表达。

意义生成的困难，也许耗尽自己的生命时间我也没有能力解决，甚至都不会出现我渴望的新的思想资源，但这并不导致我认为写作"失去意义"，恰恰相反，这正是意义之所在。对人类未来命运的大建构，是悬在我们这个时代所有人头上的"剑"，不必抬头也能感觉得到。小说叙事对于人类的意义之一，就是对于可能性愿景的探索和乌托邦想象。只是不同的叙事者选择用来赋形的具体人类经验不同而已。选择哪块儿"人类经验"进行建构是手艺问题，是技术层面的问题，那要考虑时代、受众，也会受制于写作者个人的口味、兴趣、审美等。

张天宇：但是这种技术层面的处理会不会让您觉得困难？比如《天河》中有对剧团生活的描写和对戏剧技法的提及，但您提到过您没有剧团生活的经历，这会不会给您的写作带来一定程度上的阻碍？

计文君：阻碍倒没有，虚构是小说叙事所要求的基本艺术能力。我选择任何领域作为描写对象，都会做充分的功课，如果写精神科医生我就去下专业论文；写剧团，我也读了大量的豫剧资料，我本身也是戏曲爱好者。但我写的不是现实中的豫剧，小说中的"传统"剧目、唱段、唱词都是我自己写的，而且有意跟豫剧史上的经典做了区别，确保是"彻底的"虚构。

小说不提供"知识",虚构是为了让人了解自身和世界的可能性。

张天宇：谈到小说中的虚构与真实，我想起了在您的作品中屡次出现的钧州和钧镇。出现在您的作品中的钧州是您虚构的文学之乡，而我查阅资料发现钧州这个地名真实存在于历史中，今属河南省禹州市，正是位于您的家乡许昌境内，可以说是虚构和现实的巧妙吻合。

计文君：钧州对我来说就是个方便的措辞。我虚构过好多器物的名称。譬如汝窑高足莲瓣碗，我后来无意间在博物馆真的看见了，赶快拍了一张照片，这就是你说的那个虚构和现实的巧妙吻合。之所以如此，因为我遵循了一个更为基础的"造物原理"，其实这是《红楼梦》的方法，曹雪芹写的每一件器物都不是"真的"，但会让你觉得它是真的。

小说叙事是人类独特认知方式的产物，我们是一个非常主观的物种，受限于自己的生物基础。这个世界就是我们用眼、脑"虚构"的，纯客观的东西存在与否，我们无法证实，那是无法认知的物自体。从某种意义上，我的写作正是为了满足认知的渴望。我对很多问题感兴趣，小说是一个实验性的场域，我可以在写作中建构一个"物自体的世界"，看它会发展出什么样的可能性结果。

张天宇：我发现，您作品中出现的地名从整体来看不外乎两类：北京和河南。除了少部分颇具现代气息的故事发生在北京外，小说中出现的地名多是郑州、开封、钧州等位于河南省的城市。您对河南有着怎样的认知和情感？出现在您的作品中的河南是一种怎样的角色？

计文君：我对河南感情很深，我热爱河南，但这是非常私人化的感情。我经常被人说不像河南人——什么才叫像河南人呢？你看，给出一个概念，就要承受这个概念带来的理解差异。

我对故乡这个概念是存疑的。写作时，河南在我的认知中是一种文化和审美性质的存在。它跟我的生命经验有关系，我能由衷地感觉到河南的美——这很好理解，我的审美口味本来也就是由河南"塑造"的。河南优秀的作家很多，每个人的河南都不一样，就像北京对不同的人而言也是不同的城市。

我不认为存在一个客观的实在的"河南"或者"北京"，任何地域都是通过人显现的。人在世界之中，世界通过人来显现，河南、北京，都是我观察世界的一种具体方式。

张天宇：这是您认知世界的方式。

计文君：小说是我和世界产生联系的方式，支撑我持续进行创作的力量，是认知的渴望。我有太多的困惑和问题，后来我发现这是人类从来没有真正解决的老问题，而且还在不断变形出现，庄子《寓言》中所谓"卮言日出，和以天倪"。我喜欢小说，小说就是这种可能触摸到"天机"的"卮言"。

"我们最大的困难、最大的悲剧和我们最大的幸福、最大的骄傲是同一件事"

张天宇：在《你我》里，周志伟和支瑾的婚姻名存实亡，他们也没有形成有效的交流，我认为这是因为他们并不想和对方交流。当然这与他们生存经验的不同有很大关系，支瑾从小到大一直生活在城市，而周志伟在农村长大，不同的生活背景影响了他们的思维和相处模式。就像很多人都提到过的"隔"，没有交流的渴望其实也是现代社会的人际交往中普遍存在的现象。

计文君：的确如此，现在的人基本上已经不对跟人交流产生期待和渴望了，也不会因此产生痛苦，因为可以随时随地在网上进行某种"伪交流"，这种弱连接因此产生了强吸附，比如"饭圈"。而"社恐"正在不停增加，跟人交流已经成为很多人的问题。人们在面对面进行交流的时候也很容易进入一种"伪交流"的状态。《你我》中的那对夫妻是伪交流。你认为他们没有"渴望"，我觉得比渴望更大的制约是能力。伪交流不是虚伪和欺骗，其中能渗透出真实的信息，这是普遍存在的一种人际现实。你跟别人能够进入真正的交流状态，这需要很强大的代入感和非常特殊的机缘。大部分时候你我也会陷入这种伪交流的状态。人与人之间真实的交流是一件极其困难的事情，即便双方都以极大的真诚付出了非常大的努力，又有特殊的机缘使他们达到了会心的那个瞬间，也依然会在信息接收之后有很多损耗，然而这已经是罕见的幸运了。

这是因为人类拥有封闭的大脑——至少此刻还是。这造成了我们的困难，但也是我们所有美好的前提。我恐惧大脑被打开的那一刻，当我们的意识真的可以被读解，我们真的可以没有沟通的障碍、彻底百分百交流的时候，人类就消失了。那个世界也许有它的规则和它的美好，但是我所眷恋的这个世界里的所有神奇美好的事物，就没了容身之地，有关自我的一切也就都消失了，这是肯定的。我们最大的困难、最大的悲剧和我们最大的幸福、最大的骄傲是同一件事，也就是人拥有这黑箱一般的意识。

虽然此刻我们对人的意识究竟有无、是什么还一无所知——人有自由意志吗？你我是不是一堆生化算法呢？我可以想象那个我们能创造出完美人类而且人类还能无障碍交流的世界怎么运行，但是我知道我们所有的困难和痛苦消失的时候，幸福和价值生成的根源也消失了。人文主义在这三四百年一路高歌猛进，人是所有意义的根源，但是这个根源在今天被技术动摇了，我们的文学至少此刻，还在维系这个意义的根源。

在《化城喻》的下篇《琢光》里，司望舒进行的治疗是场隐藏的"实验"，她把人设定为一种场域性的存在，可以调整那个"场"的域值，这其实是在触碰自由意志。大家对《化城喻》的解读，基本是我写了新媒体造就的"网红"。但上下两篇的核心概念是操控。网红，作为"魅力人格体"，通过自己的人设故事操控粉丝的关注欲和购买力，艾薇如此，酱紫依然如此，她们在用自己真实的血肉去填充一个个虚构的故事。

我们的网络是用人的真实血肉去填充的。我们以前习惯认为人是大于社交网络的东西。事实上人只是网络中的一个小小的芯片，或者叫内容生成体。我们提供信息和关注，共同供养着一个庞然大物。"新媒体"的命名带着迷惑性，这次交流介质的改变，在信息技术的加持下，已经彻底改变了我们的情感模式、认知模式乃至整个伦理基础。

张天宇：回到伪交流的问题上。在您的作品中，很多男人都有婚外情，跟他们的妻子都没有真实的、很坚固的感情，其实它背后体现的就是人与人之间普遍存在的伪交流。

计文君：我觉得你似乎没有理解我所说的"伪交流"，伪交流不是欺骗。你的统计也不准确，我从来没把"婚外情"写成男人的专利，女人也一样。此外，你为什么想当然地认为夫妻之间要有"真实的、很坚固"的感情？这有没有可能是一种文化规训，甚至也许是资本的规训？婚姻是个文化、历史概念，属于权利关系和经济关系范畴。婚姻的忠诚是什么性质的问题？我是把婚姻当成一种重要的人际关系来观察的，你的问题说明我们的文化，尤其是大众文化和消费主义对于婚姻和爱情的价值建构，具有强大的遮蔽性。我为了避免这种遮蔽和干扰，在不必要的情况下，会有意识规避婚外情设定。例如《化城喻》里酱紫和陆离之间如果是婚外情，会严重伤害人物的复杂性。我为了避免造成干扰必须让陆离单身。

20世纪的80年代、90年代，婚外情曾经是自由主义和个人主义的话语的表征，用来反抗体制对个体的压迫，代表着自由进步。但在今天不是这样的，今天大众对于婚外情的严苛态度，源自那是一种后果严重的"侵权"行为，人们的反应是对自我利益的捍卫。我们今天的婚姻伦理到底发生了什么改变？夫妻关系到底是一种什么性质的关系？都是需要问一问的。

我从来不一笔"写死"任何人，作者没有资格"审判"人物，我把审判权留给读者。我其实有点儿喜欢《婴之未孩》里的老赵——他显然是个"坏男人"，但他能说"（孩子）是不是我的都没关系的，我大爱无疆"，我当时写到这儿自己都笑了。我的编辑告诉我看到这儿他也笑了，喝的一口茶都喷出来了。这个无耻到荒诞、全无道德感的老赵，却是小说中最具"善意"和"温度"的一个，揣着粗糙的炖肘子一般的欲望，但比身边那些"精致的利益主义者"，更有"人味儿"。他倒是对妻子有着"真实的、很坚固"的感情，他可以随便跟人发生关系，但却没有婚外情，无条件供奉着他那位"青春期"长达将近半个世纪的美丽妻子，满足她的一切要求，哪怕明知她要一个孩子跟要一个新款铂金包的心理动机，并无不同。

《婴之未孩》是在讲我们今天已经"复杂"到自己都不知道自己是谁，不知道自己想要的是什么。拍了《安阳婴儿》的第六代导演王超对我说，这里面最可笑也最可悲的一件事是没有人关心那个孩子，我很高兴有人注意到这一点了。没有一个人关心这个孩子。只有艾冬在抽那支烟的时候遥遥地想了想那个婴儿，随即她就把烟给掐掉了——那是她无力关心的事。这是我们今天承担不了的东西。我在写作过程中曾经犹豫过，要不要在大家争夺、抛弃这样一个孩子的过程中对这个生命本身表达一下关心，后来我决定不要。有位年轻的批评家说她对此有些不能接受，我说你被冒犯了。因为《婴之未孩》基本上突破了所有的底线，它像子弹穿过奶油一样穿破了一切伦理，让人呼吸不畅。

这不是我的设定，我是先被这种雾霾般的精神现实"冒犯"了，才会去写这篇小说。《婴之未孩》是"问津"系列的第一篇，也是最"接地气"的一篇，我的男女主人公就是从这样的"雾霾"中开始寻找道路。

这些精神雾霾的来源，是我们破碎的价值标准。我们又回到了反复说过的"意义"问题。你会发现，各种人的问题，伦理、道德、精神、情感，最后都由这个问题来决定。人文主义和个人主义的标准，曾经是我们认为的"普世价值"，但今天似乎不那么"普世"了——对某些人有效，但对另外一些人就无效了。说什么都会有人觉得不对，人类社会遭遇着前所未有的撕裂。这是一个事实。被撕裂不是因为某些人是坏人，是因为我们不知道谁是好人。在今天，任何一个话题的出现都会引起撕裂。撕裂摧毁了我们经过长期博弈、一度稳定的一些基本价值标准。现在有些价值看上去还"立"在那里，但只剩一个"壳"了。因为撕裂，不同的群体都在指摘对方作伪、造假。"后真相时代"的来临，让一些宝贵的信念严重地"空心化"。这种撕裂对于人类社会的伤害是巨大的、长久的，最终会伤害到每一个人。

张天宇：通过写小说，作家能有那么一段时间从现实社会中抽身，站在外面去看这个世界，而不是在世界内部活成一颗棋子。

计文君：小说家要有入世的热心，更要有旁观的冷眼。但我对"复制"现实中的丑恶和残酷，是节制甚至警惕的，我想留出充足的空间给我的人物寻找超越性的上升力量。曾经有位批评家认为《白头吟》在"最残酷的地方退让了"，我没有争辩。我没有正面写老人如何谋求资源去对抗衰老死亡，因此与儿女斗智斗勇，不是因为缺乏勇气，或者没有看到，而是认为不重要。如果你有一定的人生经验，完全可以通过我设定的那些细节，清晰地勾勒出周家的甲乙丙丁几个儿女与父亲之间的钩心斗角以及老人的狡猾与无助——不管财富抵达何种程度，依然无比贪婪争夺不休，各个自私冷漠。这是现实，但真的不重要。那么重要的是什么？我正面写了一个在现实中被盘剥得干干净净的中年女人保有了一个"火中栽莲"的幻梦；在死亡的大虚无的压力下，一对中年夫妻艰难地想生孩子，但比生孩子更艰难的是寻找生孩子的理由……其实讨论衰老就是在讨论如何面对死亡，如何面对死，决定着我们如何生。除了"活着"，我们的小说，似乎该多朝前试试，人应该还有除了"活着"之外的意义和价值之路。

张天宇：可能很多人都希望看到一个反映生活真实的作品，

但您追求的是生活之上的、已经不再是表面的真实的东西，是要去探求生存价值的本质。

计文君："真实"或者"现实"都是复杂的问题。小说是在人的认知边界上开疆拓土。昆德拉说知识是小说唯一的道德，这个知识指的就是拓展人类认知的知识。小说一定是提供"新的"知识的，小说家一定要在所有的主流知识之外开拓出来一个空间，当这个新鲜的知识再度被主流捕获，小说家就必须再进一步。《红楼梦》为什么成为封建社会的百科全书？其实它写的内容非常有限，就家里那些事儿，远不如《儒林外史》更广阔。《红楼梦》是比《歧路灯》《醒世姻缘传》更具有诗性、更偏离现实的一个作品。《红楼梦》真正厉害的一点是第一次用小说的形式拉着过去，面向未来，一块儿谴责当下。携手过去和未来一起去问一问当下该怎么办，这是小说家应该干的事情。

前面我谈到撕裂，正是因为撕裂的存在，我们才更需要凝聚，需要团结。这个凝聚和团结是愿景带来的。真正能给人类带来团结的愿景，一定不是宗教勾勒的天国花园和资本允诺的童话城堡，更不可能是乡愿的自说自话与幼稚廉价的致幻剂，那必须是对这颗行星上真实的大地图景深刻洞察之后给出的可能道路。我们需要新的、更具想象力和建设性的"故事"。虽然我对此非常悲观，但悲观并不必然导致虚无，我们从未真正实现过人类共同体，我们甚至都从未形成一个真正意义上的"世界"，但"共同体想象"却无比珍贵，尤其是今天，我们已经被技术紧紧地捆在了一起。

在这个让人悲哀的世界上写小说，哪怕怀揣着"必无的"确信，眼睛一定也巴望着那丝"所谓可有"的希望。

"小说家和批评家之间是认知竞争的关系"

张天宇：您是怎么看待那些对于您的作品的评论的？

计文君：首先会很感谢吧。写作是表达，既然愿意表达，一定是谋求沟通，期待理解，所以我很高兴有人愿意阅读，还愿意评论。关于我的评论并不算很多，也许我看到的很有限，我都认真读了。我认为批评也是一种独立的创作，是否对我的表达产生理解，是否与我完成对话，不该成为对批评的要求。

我有一种感觉——也不只是对我一个人的作品，我觉得这种现象普遍——批评几乎很难抛开对作家的"前理解"去直接面对小说文本，譬如代际、性别、地域等等。当然这也可能是学术训练的结果，先框定观察的坐标系，是一种比较容易的处理方式。

张天宇：先入为主的想法。

计文君：是这样吧。有位年轻批评家写过一篇关于我作品的评论，大概写得比较困难，他打电话给我，声音带着焦灼，说他在写文章时想引我小说里的话，但发现我的小说"抗拒引用"，那些话被引出来就失掉了它们在小说中的色彩和感觉。后来也有人跟我说过我的小说"抗拒阐释"，很难对其进行归纳、概括。

我当然没有故意"抗拒"，但我也没有故意给评论留下"抓手"，我只是服膺小说艺术本身的要求。他们这些没有出现在评论文章中的"抱怨"，在我的理解中，是一种赞美。前一段我写了篇文章讨论小说家和批评家之间的关系。我认为小说家和批评家之间是认知竞争的关系，各自完成各自独立的创作，各自领受各自独立的荣誉。我在创作过程中肯定不会考虑批评家会怎么想，就像我在写别人作品的批评时，也并不介意那位小说家的想法。我不能要求批评家理解我，他从我作品中理解到的信息就是这样，如果没有构成有效的对话，很可能不是任何一方的过错，只是很遗憾地"错过"而已。文学史上的这种"错过"屡见不鲜。

张天宇：在我看来，这种有效对话的难以成立，即评论文章和您的作品之间存在的"隔"，可能是因为您一直在探求真实之下的真实，其实是处于一直在往纵深挖掘的这样一个状态，所以文本就呈现出一种复杂性和多义性，有点像海明威的"冰山原则"。海明威的作品大多是这种对深层意义的探求，在这方面您的作品和海明威的作品是有共性的。

计文君：还有一个现实问题，就是不能要求别人像面对经典文本那样带着充足的准备与巨大的耐心来阅读我的文本。机关重重设埋伏是我的写作乐趣，但如果这些"埋伏"没有被发现和解读，也没什么问题，小说提供的不止这一个层面。

张天宇：您设在作品中的埋伏比那些评论文章解读出的都要多是吗？

计文君：我是这样理解这个"多"的：作品好比盖楼，地面以上三层，地下有八层，别人说我盖了个三层楼，我不能说人家少说了八层，这不公平。当然也不是全然没有人理解，我的小说并不难懂，故事性很强——我喜欢密度高信息量大的叙事，有人说我这么写小说会累死的。这倒不必担心，因为对我来说这不是需要费劲儿、额外加进去的东西，这是在我写作的过程中自然而然发生的。我曾经看到有评语说《白头吟》像象牙的透雕，往里头看还有一层，再往里头看还有一层，我很喜欢这个比喻。我有耐心去结构，不能要求别人也要付出对等的耐心。因为人的精力是有限的，人一定要把耐心投注在有价值的东西上面。文学作品的价值，并没有一个计量单位来衡量，我们都处在一个巨大的"游戏"过程中间。也许我的游戏进程实在太慢了，二十年过去了，我感觉自己的创作刚刚结束了"准备"阶段，正在开始。

即便如此，事实上我的作品还是得到了承认，获得了肯定，这让我觉得很幸运。

"没有无法被归类的特殊存在"

张天宇：现在再去回首自己的文学旅程，您认为自己为什么而写作？

计文君：认识你自己是人的根本任务，小说是我认识自己和世界的路径。这么说显得空洞、矫情，有点儿"中二"。但其实对于我来说，满足认知是个非常具体的、日常的动力。我羡慕能说为了吃饺子才创作的人，这是多么文学、性情且动人的一个表达，充满戏剧性和历史感，"吃饺子"三个字带出来的是整个20世纪下半叶的中国。这才是小说家的表达。

可惜我没有这么说的资格。选择写作对于我来说，是承蒙各方力量"允许"而得以实现的"任性"选择——这是一个诚实且有些煞风景的答案。当然，我也为这个"任性"付出了相应的人生代价。但我依然觉得能够做这样的选择，是一种幸运。人生太苦了，如果没有写作，我不知道该如何面对绵延不绝的苦难，不只是自己的，还有他人的。写作不能解决任何现实苦难，但可以让你理解苦难。真正的理解能带来慰藉。

写作不是一件个人的事情，写作是一件人际的事情。小说是在读者那里最后完成的，所以它一定是一件人际的事情。这是独属于"人"的一种联结方式，在文字筑成的场域里，一个人的意识与另外一个人的意识相遇。我关心活人超过关心意义，我们前面聊到写作意义生成的问题，其实这个问题可以置换为"人之为何""人生之为何"的问题，我对任何轻易对这一问题给出的确定答案，都充满了警惕，尤其是这个答案会伤害到某些个体时，更加警惕。

正因为我执拗地琢磨着关于人的基本问题，我才会对这些基本问题的时刻变化如此敏感。我发现很多年来我都在用一种"直播"的方式写作。2007年我写《此岸芦苇》的时候《百家讲坛》正火，我一路跟着下来，不少人都觉得我是一个特别具有"时代感"和"题材"意识的作家，其实并非如此。有位前辈同行曾经跟我说："从《天河》开始，在每一篇上都给出类似题材的几篇，让人对你有个阶段性的判断，你再往下走。你现在一篇一个样子，狗熊掰棒子似的往前走，大家都不知道你在干什么。"

张天宇：但是您是在从不同的角度在"摸象"。

计文君：我在那篇名为《大象的故事》的文章里说过这话。盲人摸象，是出自《大般涅槃经》的典故。我们认知这个世界别无他法，我们依旧是坐在黑暗中盯着穴壁上模糊影子的"洞穴人"。从柏拉图的洞穴故事到盲人摸象的故事，说的都是我们的有限性，感官如此有限，竭尽全力也不知道能摸出来个什么。

张天宇：也就是说，您作品中呈现出的无论是性别视角的不同还是人物身份与生活环境的千差万别，也就是您前面提到那位前辈评价的"一篇一个样子"，其实都只是表象，都是在为深层的认知、为探索生活的终极意义从不同的角度去做的不同的努力。

计文君："终极"这个词，太远太大。对我来说，意义问题不是最后一问，它是挡在所有问题前面的问题，决定了人何时起床如何吃饭怎么睡觉，胖一点儿还是瘦一点儿，要不要结婚生孩子买房……我不信任任何"权威"力量给定的意义，真实的意义是生命个体互相作用出来的，所以我会跟随时间观察不同空间的个体是如何相互运动相互施加力量，我们之间的差异与相似性，都超乎自己的想象。

我自己需要反省的一点是，即便"一篇一个样子"，如果那一篇足够清晰有力，也能让别人明白，如既拍了《银翼杀手》又拍了《末路狂花》的雷德利·斯科特，所以我觉得还是自己的问题。我喜欢在新鲜的领域里实验自己的思考。我有点儿着迷这种双重的认知挑战。要完成对一个新领域的虚构，需要进行大量的学习，这个过程我很喜欢。在我过去几年的写作中，我的主人公所在的领域除了我相对熟悉的媒体、娱乐、影视和人文学科，还涉及心理治疗、精神卫生、信息技术、理论物理等领域，我一般都会先找一两本相关的"史"书，了解基础概念和发展源流、经典著作与著名人物，翻看研究文章，了解最新发展和各种争议假说，学习完真知识，然后再虚构"假知识"，这个过程太迷人了——可以建造一个圆周率是3的宇宙，实在是难以抗拒的诱惑。我是一个没有耐心打游戏，也不喜欢超级英雄电影的人，但为了写作我可以去学习大型网游的"世界观"和设计原则，学习漫威宇宙的人物谱系，因为我的人物要设计一款"私房游戏"，要预测神盾局的"内鬼"……此外这也是对"手艺"的挑战。小说是艺术，艺术都有一个技艺的层面，艺术家首先必须是手艺人，活儿得好。作为手艺人，活儿好是必须的，这个问题我觉得不应该拿出来讨论，你必须自己解决这个问题，不解决就没进门嘛。用文字创造一个让人信以为"真"的世界，会唤起我极大的虚构热情。我是一个几乎没有业余爱好的人，琴棋书画，一概不会，唯一的爱好也变成了"工作"。如果不是这种不断实现自我拓展的小说写作，我的人生该会非常狭窄且无趣。

张天宇：您的作品每篇都从一个独特的角度切入，每个角度都往里走得很深。

计文君：我希望到最后我能让大家弄清楚我想干什么吧。至少此刻大家对我的认知还是70后女作家，这么认识倒也没什么不对，基于日历年龄和生物性别的确如此。但这个所谓的"70后女作家"概念，还是有自己的内涵和外延的。按照批评家的界定，我实在是忝居此列，为人所知的那些70后女作家"创造历史"的时候，我还没开始写作。

最近看到戴锦华老师的一篇文章，大意是说对于代际与断代的痴迷，是20世纪中国的遗赠。一方面是人们主观上对"新""开端"的痴迷，不断地宣告着新开端的降临，哪怕终结尚未抵达；另一方面是客观原因，急剧变化的社会现实确实在不同代际之间制造着难以通约、共情的生命经验、历史体认和知识谱系。

其实这个命名和归类对我并不构成困扰，知道自己有"同类"，对我是一件能提供力量的好事。但对于作家来说，被人以"合并同类项"的方式认知，谁都不会太愉快，更不要说还加上了"性别"标识。这个标签既然是20世纪的"遗赠"——"70后女作家"这个概念的确带着20世纪90年代的强烈气息——那就收下。而且所有的作家,都是在知识谱系和历史序列中被人认知的,没有无法被归类的特殊存在。即便独创了全新"品"甚至"类"的作家、作品,只需放大参照系,还是可以建立联结。写作的本质是对话。但同时每个作家也都是孤单地面对此前的全部创作者,从头开始。我很喜欢昆德拉在《小说的艺术》题记里的那句话,每个小说家的作品都包含着对小说历史的理解,都在回答"小说究竟是什么"这个问题。

张天宇:您一直在探索,不满足于停留在表象,一直走在认知的路上,其实很难被定性,也很难被归类。

计文君:同时也就意味着很难被辨识和命名。但这是我的选择,人必须为自己的选择支付代价。不能对人对己玩"双重标准"。虽然早已是年逾不惑,但我很清楚,自己和后来的代际,所谓的"80后""90后"面对着共同的现实经验。大概从十年前开始,我的主人公已经"迭代"成为他们,那时还会出现我的同龄人,最近我发现我的同龄人在我的叙事中越来越边缘了,我甚至对此有点儿后知后觉。因为我对标的是现实,更年轻的代际自然而然就转到了中心。我关注的问题,这个时代最让我感兴趣的问题发生在他们身上。面对这个每天发生击碎所有人认知"怪事"的世界，我并不比他们拥有更多的有效经验——多出来的这一二十年的生命时间以及所取得的一些经验，面对当下和未来，是不可靠的。我阅读一些前辈同行的作品，还会把生于1985年的人物当作"孩子""年轻人"来写，但在我的小说中，他们早就是"成人"，甚至是负担沉重的"中年人"了。这可能跟作家所处的生命阶段有关系，譬如生于1985年或者1992年，对于我的同代人很可能就是儿女辈的人，对我来说是朋友，甚至是十几年的老朋友，我和他们通约"知识谱系"——他们做了父母，已经弃追的《柯南》顽强地进入第二十五个年头，我还在看，他们通过我得知最新的糟糕剧情，一起吐槽。我和他们共情，知道他们特别难：上有老——两对儿；下有小——两个；自己却只有自己……有的叙事者愿意夸张他们的特殊经验，我更愿意看到所有具体问题的背后，是人类并没有更新的根本性困难。

张天宇：我在读您的作品的时候，印象最深的是您作品中呈现出的时代感，但现在看来时代感其实是您在为了进一步认知所做的努力。

计文君：时代是个相对的概念，我们的时代离鸦片战争的时代，感觉上已然是隔了好几世，但实际上并不遥远。在人类大的政治格局中，处于边缘和危机状态的民族处境，彻底改变了吗？国民彻底改变了吗？传统和未来，技术和文化，也许表现形式不同，但问题都还在。作为写作者，往后半步，就会碰到鲁迅、梁启超，紧贴着白话文的门槛站着的就是曹雪芹……忘记了是谁的评论，说我笔下的人，虽然都处在最新最热的当下场景中，但背后又都拖着漫长的"前史"。这可能跟我的认知方式有关，时代是"叠加"在人身上的，只在观察者眼里，坍缩出一个具体的时代特征。

聊到最后了，一直在谈认知。其实我们没有谈一个非常重要的方面，那就是情感，对于小说家来说，情感能力和认知能力同等重要。我前面所谓的认知的热情，至少有一半力量，是靠情感支撑的。好奇心与爱，是珍贵的人类品质，但是被损耗得已不剩多少了，至少比起古典主义时期来说。这个说起来非常复杂，就不展开说了，小说写作需要巨大的情感付出，但小说写作却也同时让我涵养情感、得到庇护。尤其是最近这两年的写作，我对情感作为力量的体味，更加深了。若无深情，焉得高致？

研究论文

计文君：也许和也许

李敬泽

《天河》是计文君的第一本书。出版第一本书的时候，我认为，计文君已经是一个准备好了的作家——此处所说的"准备"是指艺术家的才能和技艺：她或他，是否具有艺术地理解世界的眼光和感受世界的皮肤，是否具有足够的表达欲望和耐心，是否能够准确敏捷地调用语言，是否具有在纷乱零散中将事物组织起来赋予精密形式的能力……

很多作家没有准备好，有的作家看样子此生准备不好了；但计文君准备好了。

多年前——我想是七年前，《人民文学》在许昌举办青年作家和批评家论坛，许昌之行，我记得酒酣之际，我丢了一支ZIPPO打火机；就在那次会上我第一次见到计文君。

那时她是一家银行的职员，大概是被当地文联请来帮办会务，那么她想必是喜欢文学的，而且在写着。

再见到她是在前年，她的《天河》获得了人民文学奖。这期间，她在《人民文学》发过两三个中篇，据我所知，她写的不多，发的也不太多，似乎是不大着急的，梅花间竹，有一搭没一搭的。

但是，她已经调到许昌文联去了，又过一年，她考上了艺术研究院的博士，研究《红楼梦》。

也就是说，该女子在七年时间里，把自己从可能的银行家变成了小说家和红学家。

我只见过计文君两面，除了她的小说以及她似乎有些酒量之外，我对此人并无了解，但我认为，上述人生轨迹表明，她是一个不断选择、决断和行动的人——我不想说她怀着梦想，那是文艺滥调，谁不怀着梦想呢？但行动起来，把自己扔进可能性的荒野里去，那完全是另一回事。

至今为止，计文君在她的小说中的表现看上去也是如此：有点狗熊掰棒子，拿起一个放下一个，东一榔头西一棒子。我不知道下次见到计文君她会不会告诉我她又改行干了什么，我也不知道她下一篇小说会写什么和写成什么样。

这和我一开始说的"准备好了"并不矛盾，她每一次都准备好了，至少准备得差不多，她的强大就在于她随时准备开始新的准备。但事情的另一面就是，她的小说风格令人捉摸不定。

这个人对世界有活跃的兴趣，兴趣大家都有，都活跃，这个时代把不专注当作一种基本价值，计文君的特点是她准备把每一次新的兴趣当作工作任务认真落实。作为小说家的计文君笔下仍然藏着一个严谨的银行家，她的小说精密、审慎，有时是过于精密审慎，成了迟缓滞重。《天河》被公认为她最好的作品，在《天河》中，她精密审慎而轻逸从容。

似乎是，在这本书里，在计文君的才能和风格里，有一种理性与疯狂的紧张。这份紧张是计文君自己的，也是她的人物的。看着这些小说，我感觉像进了教堂——声明一下，这不是夸赞，而是描述——哥特式的，复杂，阴郁，计算周密，令人不安。

所以，人们喜欢《天河》可能还有另一个理由：它是最不像教堂的，它比较近于园子，中国式的。

那么，是不是说计文君以后就应该多盖园子少盖教堂呢？

也许吧。

但也不尽然，也许，她真的应该让那份紧张绷得更紧，让它在压力和断裂的危险中向上攀升，风雷般澎湃和账本般精确，蛮横地带着我们去我们从未窥探和想象之地，别管这谨小慎微的庸人，别管他的惊叫和不适向新边疆去！

…………

计文君：《天河》，作家出版社2009年版，第1—3页

愿得一心人　白头不相离

何向阳

　　汉乐府民歌《白头吟》是一个女子写给自己心爱的人的，这个女子全部的不满与心事、悲戚与期望，在于她要以这首诗传达给她的爱人，一个人的爱应该有始有终、专一不弃。史传这首《白头吟》为卓文君所作，如此看，它的言说对象则是司马相如，但是，一首诗能够如是悠久地传至今日而不衰，必定有它超出一人一事的道理。

　　古有卓文君作诗，今有计文君同题入文，成就了一部21世纪的《白头吟》。这篇小说写女作家谈芳的生活，小说从她的写作生活入手，最终落脚于她个人的情感生活。简洁地说，小说可分为两大块：一是谈芳对周老先生一家及保姆韩秋月展开的采访与调查，这是她的职业生活；二是谈芳本人不期而遇的家庭情感问题，这是她的个人生活。小说有意识地将这两块结合起来，可谓腾挪有致。职业生活中的谈芳以一副冷静、客观、理性、分析的面目出现，时时用智性去对付她得到的谈话材料，以理性的头脑和感性的介入解开这个大家族的情感谜底，尽管纠缠于此，谈芳仍能出入自如，在剪不断理还乱的家庭生活中，发现生活自身的情感逻辑。但在另一方面，妻子谈芳却不能做到如此理性，在处理她与丈夫的情感问题或曰婚姻危机上，我们看到了谈芳非职业的一面，这时的她，不再是一个擅长分析、提出问题、解决问题的作家，她所面对的不再是她文字的承载者、她故事的人物或是她能够侃侃而谈、行文如风的"他者"，当一切都不再是别人的故事时，当一切都正向她的内心纷至沓来，而来的事物与人正是直指她个人的东西时，她所面对的家庭与情感问题就不再只停留于纸面，而有了血肉质感。

这是一个女人——职业中人、爱情中人——的两个侧面。计文君于小说中的写作雄心可见一斑。她试图跳出对于一个知识女性传统书写的单面化倾向，从两个方面：内部与外部，同时把握一位知识女性的整体生活。不像以往的女性书写，只将女性写成是情感的动物，在谈芳身上，不仅活着一个情感的女性，同时也活跃着一个理性的、思想的女性。但是这样写，于计文君而言确实也是一次冒险。计文君是一个擅长写女性情感的女作家，对于社会生活这一层面，她的能力与阅历均不可能在短时间内把握精准。也就是说，外部世界对于她而言远不如内部世界那样具有吸引力，那么胶着、那么细腻。计文君更兴致于人类心理世界的幽微变化，并能在此变化中参透人类精神深层的奥妙与要义，例证是她的《天河》，尽管有毕飞宇的《青衣》在先，但写出人戏一体的精神层面，计文君仍是向前尽了自己的努力。还有她的《剔红》，其古典素养当然一部分来源于对《红楼梦》的研究，另一方面更来源于其与生俱来的对女性自身心性的感悟与体验。在这部小说中，她写韩秋月便得益于这种体验。韩秋月本是一个保姆，而且还有过外人眼里不甚光彩的经历，但计文君不写她的外在，而写她的心理、写她的心苦，写这个人给谈芳的心理震动，她说，"人总是为难着人，各有各的道理，可还是得彼此为难——他让你苦，你让他苦，没办法"。她说的不仅是自己的处境，更是谈芳遇到的自身难解之题，当然也是我们人生中难免会遇到的一切问题。

小说大幅篇章在写他人，即周老先生一家的生活，给人印象最深的却是这位女作家自己的生活危机：结婚经年，两位知识人在一起，起初的新鲜已变得老旧。其中的男知识者受到了来自他的知识内部的女性的诱惑，这种诱惑几乎是时时发生的，但一个家庭的走向恰恰取决于男女双方面对诱惑的态度，小说称其为"白头吟事件"。最后当然一切平息，女主人如那千年岁月中的另一个女子，表明"愿得一心人，白头不相离"，而男当事者也如李白诗中般感叹"宁同万死碎绮翼，不忍云间两分张"——两人和好如初，避免了"独坐长门愁日暮"的命运。

两个家庭，一个写子女与老人之间的情，一个写夫妻之间的情，于谈芳而言，前者是她的落笔之处，后者就是她的身心本体。较之前者而言，后者的落笔是那样地幽妙，无论是满天星斗还是海雨天风，无论是无助孤单还是缱绻缠绵，其形象在小说中都是那么地真实美好，这个已然走过岁月而不惧岁月的女子，在某种程度上让我们看到了历史上那个爱怨相缠的女子的身影。

身外与心内，这是计文君几年来一直关心的女性主题，岁月见长，她的笔触也日渐平和，阅读中，我渐渐接受着这种平和，正如她在书中哀矜的微笑，正如面对这样一句诗一样的文字："她们身侧，五月的繁花，正在挥霍一年中最为丰沛的朱颜碧色。"

我知道，一页翻过，作者已无"闻君有两意，故来相决绝"的烈性，而多了宽恕与仁慈。

"红"范儿作家计文君

刘　涛

计文君的小说数量虽不太多，但其作品质量颇高，在主题、风格和语言等方面逐渐形成了自己的特点。计文君是"红"作家，这个"红"不是大红大紫的红，也不是"又红又专"的红，而是《红楼梦》的红。计文君的作品在诸多方面与红学有关，她沉迷于《红楼梦》世界中有年，后来干脆做了红学博士，多年来，她研究着《红楼梦》，写着《红楼梦》范儿的小说。

貌合神离的张氏风格

很多评论者注意到计文君与张爱玲的关系，以为她深受张氏影响。计文君的小说，或始学于张爱玲，但就目前的作品而言，已与张爱玲貌合神离。计文君曾写过一篇论文《一树春风有两般——〈传奇〉与〈红楼梦〉继承关系再分析》，此文虽讨论张爱玲和《红楼梦》的关系，但也可谓计文君告别张爱玲的宣言，是她的言志之作。计文君说："张爱玲才情富艳，思力敏锐，一生恋恋踯躅依依盘桓于'红楼'之下，却不无反讽与悲凉地跟真正的'红楼精神'擦肩而过。张爱玲对《红楼梦》的继承，是一种'弃珠取椟'式的继承。"计文君所云"真正的"红楼精神体现在外的是一种"小说精神"，具体而言就是"曹雪芹是在不确定性的原则下通过小说把握世界和存在的，这也正是他所禀赋的小说精神。曹雪芹在小说中实现的全部选择都可以看到这一小说精神的存在：人类事件本质上是相对的，世界是暧昧的，人性是复杂的"。正是本此原则，"《红楼梦》成为一个开放的复杂的动态文本，曹雪芹的选择建构出人性在荒诞和美好之间活色生香地绽放出丰富可能性的'红楼'世界"。而张爱玲笔下的作品则被"单一力量掌控"，"偏执、封闭、狭窄，是一个带着张爱玲独特主观投射的风格化的世界"。

《金锁记》中小叔子季泽来找七巧表白时，张爱玲写道，"七巧低着头，沐浴在光辉里，细细的音乐，细细的喜悦"，但旋即七巧机警地考察出季泽的真实目的，此后情节急转直下，七巧也暴怒起来。计文君就此细节评价道："这里隐藏着一个可以拓展小说人性空间的契机，如果张爱玲肯松开'封锁'，注入一种异质力量，让季泽骗钱的真实目的成为情节破损处，那么七巧的内心就有了一次面对善和美好情爱的机会。至于这善和美好是真是假并不重要，而七巧的内心在这样力量作用下的景观才是我们关心的。"计文君不会让女主人公成为"黄金枷锁的奴隶"，她所关心的乃是七巧沉浸于喜悦中的"内心景观"。

计文君所弃者是张爱玲的路子，所取者乃是她认为的"真正的红楼精神"。近期颇引人关注的青年作家孙频，倒确是张爱玲的传人。计文君小说的主题与张爱玲小说的主题虽然接近，甚至部分情节也颇类似，但二者气质与精神内核决然不同。可以说，计文君以她之所言"真正的红楼精神"改造了张爱玲，她借用张爱玲的故事框架，以男女三角、四角甚至多角，写出了人与人之间的隔膜，这大概就是计文君的文学风貌和立意。

情感纠葛中的人心之"隔"

就小说主题而言，计文君的小说约有两类：一是写男女之间的纠葛，三角、四角，甚至多角，譬如《飞在空中的红鲫鱼》《阳羡鹅笼》《鹿皮靴子》《想给你的那座花园》等；二是写女性的成长与长成，譬如《天河》等。如此划分，只是方便说法，计文君多将女性成长与男女纠葛结合起来写，譬如《白头吟》《开片》等。

男女纠葛的故事是计文君小说之表，她要借男女三角、四角的故事写人与人之间的隔膜。虽然男女或为夫妻，或为男女朋友，亲密无间，但彼此之间总是难以知心，计文君所处理者是一个极为现代的主题。计文君笔下的男女们或为白领，混迹于出版界、影视界、公司，或是研究生、教授，混迹于高校，他们或为剩男剩女，或已为人夫、人妇，但他们多是孤独的，他们的心也是飘忽不定的。由计文君的这些小说，大致可以了解城市中产阶级的心态和状况。

《飞在空中的红鲫鱼》是计文君作为小说家的起步之作，体现了其早期作品的风格。小说卷首引卡夫卡写给父亲的信中之言："我认为，你对我们之间的疏离是完全无罪的，但我也同样是无罪的。"计文君借卡夫卡父子之间的话转用于男女之间。这是一个三角的故事，于情节而言与《红玫瑰白玫瑰》近似，"他"在两个女人之间抉择不下，最终女人跳楼殉情，男人进入精神病院。计文君比较超然，于男于女都未做道德批判，他们之间所造成的疏离，男女似乎皆没有罪，只是认真地写出了男女各自的心态和事件的复杂。这篇小说在叙事风格上似乎有先锋文学的色彩，总体略显晦涩，小说间或以第二人称叙事，如此可以直陈女人的心态。

《阳羡鹅笼》乃写多角男女，此典出于《太平广记》，原故事带有神话色彩，计文君以现代人对故事进行了演绎。《阳羡鹅笼》小说有一楔子，叙述了这个传说中的东晋故事，为小说奠定了基调，之后转入正文，谈了春、高、红、张、雪之间千丝万缕的联系。这些人表面上各在其位，但背后却有不可示人的秘密和秘而不宣的关系，譬如红曾是高的情人，现在她是张的太太，而张则是高的得力下属，张是好男人，却也同雪颇为暧昧。这篇小说以全知全能的视角进行叙事，每个人都登台表演，如此可以展现众人的内心与各自的秘密，读者亦悉知悉见，于人性之复杂或生慨叹。计文君写了一个复杂的多角故事，但其重心却并不在多角故事本身，她写了人与人之间的隔膜。张元柯曾将《阳羡鹅笼》归结为一个字，就是"隔"，这一归纳非常到位，谈出了这篇小说的重心。夫妻似乎亲密无间，但彼此还是各有秘密，秘密若不说破，夫妻相安无事，可是一旦说破，肯定会起风浪。计文君让每个人各就各位，安于相安无事，恰是应了"水至清则无鱼，人至察则无徒"的老话。

计文君的另一类作品是写女性的成长，这些女子往往经历了波浪与劫难，但却能逆增上缘，由蛹化蝶。《天河》是计文君最优秀的作品之一，小说尽管亦写了男女纠葛，但重心却是写秋小兰这个"非遗"传承人如何真正成了传承人，故可当作成长小说来读。秋依兰是一代名伶，因"一出《白蛇传》，红遍豫鲁晋陕甘，一直唱进北京城"。秋小兰是秋依兰的侄女，一直受到姑妈的教养和保护，但也笼罩在秋依兰的气场之下，如同温室中的花朵。秋小兰从秋依兰学戏，尽管做到了无一句无来历，但她的戏中规中矩，刻板乏味。秋小兰只是秋依兰的影子，未能自立。秋小兰经历了演戏换角风波，经历了丧失姑妈之痛，又经历了家庭纠纷，历经波折，终于从火中炼出了金莲，破茧成蝶。秋小兰放弃了戏角，但却悟道，戏艺由此大进。

《红楼梦》式的古典韵味

计文君的近作，譬如《白头吟》《开片》等，较之于此前的作品，在主题和情节等方面虽无大的变化，但语言却更加凝练、华丽，且极富古典韵味，在当前的文学界独树一帜。青年作家往往以读西方现当代小说为主，受中国传统文化熏染较少，故语言显得粗糙；计文君由于浸染《红楼梦》中久之，所以深得其中三昧，故一下笔自然流露出古典的韵味与气质。

《白头吟》与《开片》则是双管齐下，一方面写情感纠葛，另一方面也写了女性的成长与长成。《白头吟》可谓《飞在空中的红鲫鱼》与《天河》之结合，以男女三角纠葛写女性成长与长成，也写了人与人之间的隔膜与难以沟通。《白头吟》情节貌似《飞在空中的红鲫鱼》，但精神气质却与《天河》更为接近。谈芳在与丈夫疑神疑鬼的斗争中，在耳闻目睹周老爷子和保姆事件之后，"龙场悟道"。"白头吟"据传典出卓文君，说司马相如欲纳妾，卓文君吟此以规劝，相如遂止。计文君确实在实践她之所谓"真正的红楼精神"，将事件写得异常丰富，其中存在着多种可能性，"白头吟事件"似有若无，不知是心病抑或实有其事，其中纠纷亦难说清。

《开片》也是既写女性成长历程，也写情感纠葛。这篇小说景象阔大，写三代女子——姥姥、母亲和"我"的经历，但以"我"为主，其架构与老舍《月牙儿》近似。《开片》前半部分有底层文学的味道，写了母亲和"我"在北京所经历的诸多困难，但后半部分则回到了男女三角纠葛，这部小说甚至更为大胆，竞争双方竟是母女。《开片》将部分背景放置于高校之中，写了这部分人的精神状态和生活状况，《此岸芦苇》则全写高校，颇似《围城》与《小世界》。

计文君有其理解的"真正的红楼精神"，这是她写作的主要精神资源。《红楼梦》过于深厚，每个人可能都有不同的理解，但是每个人的理解就是其人程度的证明，甚至可以从中映照出其人的性格和命运。譬如当年曾有过论争的蔡元培和胡适亦如此，蔡元培从《红楼梦》中看到了"排满"，这与其辛亥革命前的志向有关；胡适从《红楼梦》中看到了"自传"，则与其强调个人主义精神有关。

"红楼精神""真正"与否，见仁见智，亦有程度之别。计文君所理解的"真正的红楼精神"强调不确定性的原则，强调本质是相对的，世界是暧昧的，人性是复杂的，计文君的小说确实追求这些。譬如《阳羡鹅笼》《白头吟》等作品确实写出了本质之相对，世界之暧昧，人性之复杂。这些是否就是"真正的红楼精神"尚且不知，但计文君所理解的"真正的红楼精神"或会随着其阅历的再增加、学问的再深厚而产生变化，到时候她小说的风貌或许依然有变。

《文艺报》，2013年5月31日

一个人的战争

吴义勤

计文君是近年来涌现出的一位风格极为奇特的"70后"青年女作家。学术研究的背景、理性思维的偏好、生活阅历与经验的丰富、文学阅读视野的宽阔等作为一种"前理解"进入其小说创作，造就了她独特的小说家气质。她的奇特，一方面表现为女性意识与男性意识的碰撞，她的小说既有强烈的女性小说的性别特征，又有着强烈的"力量感"，有着对于女性意识的超越与怀疑；另一方面又表现为传统与现代的纠缠，她的小说叙事及思想形态有着鲜明的现代感，但她的审美趣味却又明显地钟情于传统。

计文君自幼喜欢、熟读《红楼梦》，又对古典诗词、戏曲、民间典故抱有浓厚兴趣，古代寓言、民间故事、野史笔记等常常成为其从事小说创作的灵感来源和创作素材，潜移默化地影响了其小说创作，形成了其某些稳固而具标识性的艺术风格，比如，叙述典雅，语言华美，讲究意境，具有古典文学的韵味、气质；语言干净、利落，不拖泥带水，善用短句，又杂以长句，尤其四字成语、古典诗句的穿插运用，含蓄蕴藉，显示了极强的艺术冲击力、表现力；善于对景、物、事、人进行描写，细腻精准，其描写的方式及特点颇有《红楼梦》之神韵。总之，她善于借鉴、吸收与转化中国古典文学艺术传统资源，善于探索、实验与整合传统叙述经验，善于融古于今、以古喻今，善于以传统与现代的结合来表达现代人的复杂情思。

这部小说集所收的八篇小说可以说较为典型地反映了她小说创作的整体风貌，并鲜明地体现了其创作风格，代表了其艺术水平。专注于女性情感、女性意识的表达，专注于女性精神困境、情感困境与心理困境的揭示是这些小说的基本主题。小说中的主人公大都是生活于现代大都市之中的现代女性，她们物质无忧，但是精神生活的重负以及潜隐的心灵焦虑或情感创伤则令人触目惊心。病态的人生、失败的情感、创伤性的生命历程的展现，以及复杂、矛盾的情感状态的描摹，是小说悲剧力量的根源。计文君擅长表现男、女两性间的心灵战争和精神战争，但最终的落脚点还是女性自身的"一个人的战争"，自我与自我的撕咬与搏斗，自我的堕落与救赎，无疑是其小说最具震撼力的地方。《花园》中的易红表面上是一个成功的"女强人"，但是她内在的虚弱、渴望、孤独几乎无人可解，只有在心理医生"我"这里才能得到短暂的解脱。她几乎生活在"秘密"中，她的世界是封闭的，她在封闭的空间里"优雅"地生活着，无人能看到她真实的内心以及内心自我的搏斗，她的自闭的生命之门始终没有向外界打开，她的命运悲剧背后隐藏的惊涛骇浪始终是一个让人心生感慨和疑问的"谜"。《天河》中的秋小兰也是一个令人扼腕神伤的典型形象，她的坚强与软弱、她的渴望与梦想、她的爱与恨、她的伤痛与哀怨，小说中都表现得如泣如诉、感人至深。她的性格和命运与秋依兰的命运互为对照，其被塑与抉择，不但诠释了"人生如戏"的主题，也将对"人生岂能如戏"的追问升华到了生命体验的顶峰。结尾处秋小兰的感叹——"你是别人的天河，别人是你的天河，你是自己的天河，自己是你的天河"，几乎就是秋小兰所历人生的高度概括。《剔红》也是一部表达女性心灵战争极有深度的作品。秋染和小娴是两个从小一起长大的亲密朋友，但是她们各自的生活方式、处事风格、命运选择却迥然不同。爱的狂热与创伤、友情的呵护与背叛、人性的堕落与升华，在两个人不同的命运中呈现出了荒诞而真切的面影，真与假、爱与恨、执与悟、现实与梦幻在小说中纠缠而冲突，个中意味值得细加品味。而《白头吟》就文本所展现的内容、主题及表现的深度而言则无疑是计文君继《天河》之后最为优秀的中篇小说，显示了作家对更为宽广的人生问题、现实问题、生命主题进行探索的艺术追求。情感作家谈芳和大学教授丈夫的情感生活充斥着甜蜜、猜疑、包容、信任等各种情绪瞬间的变幻，人在情感深处的孤独被表现得淋漓尽致；周家一家围绕周老爷子所上演的一幕幕悲喜剧是小说的主线，周老爷子费尽心机设计的"连环剧"凸显的是老年人情感世界的孤独和荒芜；保姆韩秋月是小说的又一条线索，这个历尽沧桑的女人被赋予了不同于她现实身份的气质，她的淡定与从容颠覆了保姆在文学作品中的形象，表现了作者对底层人群的悲悯与同情。这个中篇体现了作者驾驭复杂题材和人生问题的艺术才华和叙述信心，小说虽然仍然以女性的心理、情感、意识为叙述视点和依托，但呈现的却是生活及人性更为丰富与复杂的面相。

计文君是一个不太追求创作数量的作家，她平均一年只创作一两个中短篇，但可喜的是她的每一篇小说都保持了很好的艺术品位，都呈现着自己鲜明的个性风格，从立意、结构到语言，从细节描写、谋篇布局、情绪氛围到主题思想，都能经得起反复阅读、揣摩。更为难能可贵的是，她始终对自己的创作有着清醒的反思和警醒，力避自我重复和模式化，总是力求做到每一篇小说题材不重叠、立意有新意、主题有层次、思想有深度，这对于一个年轻的作家来说，实际上已是很高的自我定位和艺术要求了。虽然苛刻地说，计文君的小说也并不完美，仍有诸多可改进和提高之处，比如，她的小说有时用力过猛，对主要人物的挖掘用力太深，其他人物则沦为围绕主人公转的符号化的陪衬，不仅人物形象的深度不平衡，也会造成小说结构的失衡和过于戏剧化的弊端；再比如，小说叙述虽然老到，但灵动不足，对于古典诗词、文句的过度运用，有时不仅与人物身份不符，还会给人堆砌、卖弄之感。但瑕不掩瑜，计文君独特的气质、才情与悟性，都让我对她的未来充满无限的期待。

是为序。

计文君：《器·剔红》，文化艺术出版社2013年版，第1—4页

计文君："脱域"而去与回望内心

郭　艳

计文君的文字有着冷眼与热心之间的纠结，她的小说世界充斥着女性成长与世俗生存之间的张力，她的人物顾盼之际腾挪于乡土与都市之间。文字偶或透出的《红楼梦》式对白以及张爱玲式的爱欲纠缠，而这恰恰是计文君长发飘飘之余露怯的成分，那种不经意中的模仿是无法真正获得自己声音的某种暗示。当计文君找到自己重心的时候，这些露怯的成分才会渐渐退去，从而完成一个作家的真正成熟。

红楼与张氏影子里的现代女性

谈论计文君之前，有必要谈谈《红楼梦》与张爱玲。计文君的文字明明骨子里是现代知识女性眼中的人伦日常、中原女子心性中的人生百态，如何就局限在一"红楼"一张看之中？

《红楼梦》的人物和文字无疑属于一种烂熟的文化，曹氏字里行间透露出的青春气质和凄美绚烂恰恰是与古旧传统异质的部分，由此才有曹氏红楼对于现当代的文学意义。张爱玲《传奇》的封面是一个现代人从栏杆外窥视，偷看在深宅大院里幽幽弄骨牌的晚清少妇。实际上张爱玲的一生就是这个画面的一个绝妙注解，与她旷世才情匹配的是一个天翻地覆的时代，时间与空间都是无从把握的荒凉与颓败。张爱玲登堂入室的结果是更长时间的幽居闺阁，无论是在世界的哪个角落，张氏最终选择了幽居独处，乃至最后逼仄到触目的张看。张爱玲是独异的，不仅因为才情，还因为家族时代赋予了她一种没落贵族华美与凄凉的底蕴，她的俗人俗事也就沾上了前朝旧影的古旧与华丽，即便是曹七巧这种顶俗气的市井妇人，那份浸入骨髓并与隐忍掺杂的残酷，也在大家族的金钱欲望争夺中显示出几分沉稳中的阴鸷之美。

古典与现代的经典之作无疑如细瓷器般散发着属于他们那个时代幽深的光芒，或阔大辽远或温润晶莹或炫目刺心，让我们无言或者过多言说。其实计文君笔下的女子如果说和张氏与红楼有些联系，便是她们有着一个旧家大院和某种大家闺秀的典雅气韵，生计的艰难和生存的痛苦消解在对于人性幽深处的探寻中。在计文君的世界里，不会再有张爱玲的白流苏和范柳原，同样也难觅大观园里群芳的影子，即便是有着几分似曾相识的心性、做派与心机，那也是中国女子几千年根深蒂固集体心理积淀的映射。一代有一代的文学，计文君的女性从传统中出走，她们的出走有别于历代闺阁女子从婚姻家庭中的出走。这是一种没有归途亦没有结局的出走，无论是围城内外，现代性侵入的中国社会和世态人心已不再安稳。

因为时代物质日渐丰裕，精神状态更加多元，尽管生存的逼压和历史情境的压抑依然存在，但计文君一代女性中的一部分终于可以从社会生存逼压、政治历史情境压抑中渐次突围，她笔下的女性大多愿意且能够关注内心，长于对自我心智的审视与观察，且这种审视与观察带着现代性自身的内省和反思，由此红楼与张氏影子里伫立的是一个个回望内心精神状况的现代女性。

孱弱而顽强的女性心智成长

当下中国女性心智的现代成长尽管幼稚孱弱，然而无疑延续了现代文学女性形象系列。当下女性的人生注定不会如《流言》封面中的女子一般在厅堂之外徘徊，她们以现代女性的身份最为直接地进入各个层面的生存，脱去了没落贵族那点古雅、优裕、散漫与不通生计的糊涂，这里的女子是市井生活中的历练者，也是中国传统到现代转型中的亲历者。殷彤就是当下许多女孩子的翻版，地位卑下的母亲，痛苦的都市求学经历……这些都没有阻止她"健康成长"，并在自己的青少年时代一直保持着亢奋的人生之态，因而也成功脱离了自己原有的阶层，在一个几乎和男性相当的智力层面生活着。但是伴随着成长的是精神性的病症和痛苦。大观园中的女子和张爱玲笔下的众多女性，她们的命运无疑是被高门大院深锁的痛苦，众多女性无疑都是被启蒙的对象，她们的心智并未成长就夭折在古旧的家族中。我们在欣赏钗黛古典意蕴的同时，不要忘了冰雪聪明如钗黛者也依然是生存在前现代古旧的黑暗中。现代人所具有的秉性气质在某种程度上是古典时代的承继更是颠覆，无论何种面目，他们都具有现时代的精神气质。尽管当下进行时的写作与经典人物的距离是遥远的，但这不代表现代人物的品貌风度和学识见解就一定输于古代经典中的人物。除却被过分物欲化之外，当下中国女性已经更为执着于自我身心的内省与发现。

计文君笔下的众多女子都试图成长自己的心性，在日常生存的挣扎中时时不忘内省自己的心智。她们之中有的不乏古典余韵，有的在都市追逐欲望却茫然无措，有的深陷金钱与情感纠葛且时时与身边的男人们相互渔猎。由此，计文君笔下无论哪类女子，最重要的战争不在物质生存、历史时代与家族制度之间展开，她们无休止地和自己作战，而战场往往是——婚姻家庭，其所要争夺的不是物欲化的婚姻，而是铺排在婚姻内外的欲望与情感，在百转千回中成就自己平庸的现代人生。计文君的小说貌似寻常故事，又时时出人意表，往往在不经意处见出匠心与深意。她笔下的女性之所以独特，在于日常世俗生存层面的叙事，却义无反顾地要表达女性与自身抗争的纠结。

《天河》中秋小兰在台上台下都不算是真正的角儿，却恰恰代表了一代从艺者茫然的心态和无法确证自我的尴尬。《天河》无疑让我们倾听到秋小兰被强势的社会历史文化所压抑的丝缕心经，其情可堪，其状可怜。秋依兰的强势尖利与破败不堪的婚姻在秋小兰的柔弱无能中被消解于无形。无论是世俗的名利还是内心幽深处的暗疾，在混沌状态的秋小兰这里都化成了模糊不清的意识和无法言说的情绪。秋小兰始终无法找到自我的状态正是现代人最经典的"我是谁"的提问。但是秋小兰的这种疑惑依然是不自觉和模糊的，因此就带有更多的不确定性，比如她逃离、模仿、依赖又厌烦秋依兰和秋依兰所代表的价值观念和人生方式。在这个文本中，天河本身就是一个意蕴多向的隐喻，天河的两边孰优孰劣？单纯良善者无法勘透人世，阅历人情世情者老练世故却又沾染了太多的烟火气。秋依兰有韩月辈承其衣钵，而秋小兰辈只能在无人的舞台上倾听自己心性成熟的成长之音。秋依兰们坚定且强悍的人生已经不再具有某种普适性，秋小兰们茫然的无措和软弱恰恰是这个时代最尖锐的声音。

《天河》时期，计文君笔下的秋小兰在自己狭窄的戏台上，扮着旦角，咿咿呀呀地唱着，人生之域局限在弹丸之地。到了《剔红》《开片》，她笔下是一批从自己乡土和出生地"脱域"而去的女性。秋染和殷彤是典型的从乡镇奔赴城市的现代女性，其身世经历和才情都带着十足的现实感，中国现代化过程中，这种女性比比皆是，向着现代都市进发的过程中，脱离乡土就是生存的目标和人生的理想，路在脚下身体在路上而心却不知在何方。乡土的小镇作为故乡，仅仅和有限的亲人和情感相联系。在计文君笔下，这类脱域的女性依然会在灯红酒绿的都市回味着旧家大院的古雅与清凉。于是另一类有着古典标准的女性自然就成了某种精神救赎的象征，小娴和殷彤母亲的温良恭俭与隐忍淡然就具有某种定海神针般的效力，成了医治都市病与精神亢奋症的良医。逃离乡土生存环境之后，依然需要传统文化来给现代精神病症清凉解毒，这无疑是计文君小说中非常突出的特质。她笔下不乏各类高智商的"人精"，例如苏戈、江天和崔琳之流，也不乏像余萍这样的庸俗脂粉，更有着秋染、殷彤这样锦心绣口的文艺女，但是无论怎样的算计和乖张做派，到了小娴和殷彤母亲这里都化成了一缕俗气的烟云，大家都去静观一个女人一饮一食的淡定自然，那份来自生活历练的从容与坚定，识得一箪食一瓢饮乐在其中的境界，才是红尘中的伟丈夫、俗世中的真君子。当然，这种回乡的精神救赎的有效性值得怀疑，这种隐士般的女性即便真的存在，也无法真正完成对于他者的精神救赎，毕竟现代性就是一个不断质疑自我的过程，在路上的孤独感和被异化感如影随形，回归传统价值的守望依然带着乌托邦的虚幻。由此，在《剔红》和《开片》中，回归与精神救赎之后毅然直面生存是计文君的过人之处，在传统精神价值体系之外去看剔红与开片，又在现代性的病症中回首剔红与开片的深厚意蕴，由此，才有秋染与江天相互间的轻微和解，才有苏戈"只有梅花是故人"的惋惜，殷彤还能在喧嚣的北京城听见冬夜落雪折枝的声音。

自觉写作与叙事实验

计文君是个非常自觉的写作者，每一个小说文本都精心设计故事、结构、人物和意象，更在犄角旮旯里随处藏着自己的机心与才情。在我的阅读感受中，《白头吟》和《阳羡鹅笼》无疑可以互文，《白头吟》中依次出场的人物，就像从鹅笼中各个人物嘴中吐出，在一个个屏风后面上演着属于自己的人生悲喜剧。《白头吟》相对的是《长门怨》，有怨有吟，这篇小说中才情与心性在文字的包裹中依稀还见得到"爱情"两个字。然而在当下一片婚外情、小三登堂入室的世风之中，就连影视作品都打起了婚姻保卫战。而我们的很多小说文本却以审美价值的名义沉溺于欲望化表达，往往认为小说一旦涉及婚姻价值就容易落入道德评判，从而有悖文学性表达。计文君的《白头吟》做了很好的尝试。这个文本无疑是对于当下婚姻价值失范的某种考察，"怨"字意味深长，有爱情有期待才有失望之后的"怨"，这个文本既是女性视角，又不乏理性的智识判断。《白头吟》中谈芳的婚姻危机是暗线，她尽管眼神幽怨，但依然祈望婚姻的圆满，守望着最原初的"执子之手，与子偕老"的婚姻。这条暗线衬托着周家纷乱复杂的人际关系与混乱的情感状态，反而显示出谈芳夫妇对于婚姻家庭更为理性的认知和维护。这无疑是作者精心设计的一个故事，"白头吟"是滥俗的婚外情的暗示，然而正是因为有着谈芳对于丈夫艳遇的隐忍，她才得以见到人生更多的真相。从婚外情的意乱情迷到人情世故的变换，再到家庭亲情的冷漠怪诞，"白头吟"进而被赋予了多层的意指。

《阳羡鹅笼》是一篇有意进行叙事游戏的文本，这篇小说用"阳羡鹅笼"铺排起兴，展开的是人性在古今之际的变与未变，只是古代叙事中依然用"幻术"为题来表明小说乃虚构谐谑之作，而计文君的文字显然是现实摹写，各种人物都带着热乎乎的现实气息，直指当下生存情境。这个短篇是一种全知全能视点下的叙事实验，作者在实验文体的同时，也尝试用温和平静的语调叙述现代人彼此之间的欺骗、隔膜、伤害以及和爱欲相关的彼此偎依的一丝暖意。在计文君的这个文本中，第三人称的主人公大多在非我与自我本心之间徘徊，生活层面日常的琐碎的温暖与善意竟然成为烛照内心的一缕亮色，这对于西方现代主义来说是匪夷所思的，也颇具反讽意味。然而，这些却显示出中国人伦纲常强大的包容和化解能力。一切个人化的私密的乃至于情欲化的方式，最终都会消融于日常强大的事务性的惯性生存之中。中国人往往在丢失自我的状态中，达到某种所谓道德或者情感的安全、安稳乃至和谐的状态，这正是中国文化迥异于西方的所在。

计文君的小说文本实验性很强，独具匠心也时时显出斧凿的痕迹。但是从她执着悍然的文学实验中，依然能够看到计文君对于超越自身写作的真诚尝试和努力。计文君前期小说中，女性视角观照下的人性更多阴冷抑郁的气质，小说在解构婚姻的同时，也往往刻意呈现出女性孤绝的精神境况，比如《七寸》中俗气孱弱且善良无辜的宋小雅，还有宋小雅市井悍妇般的母亲，从某种程度上，这些特质从一开篇就暗示了宋小雅一类人物不幸的婚姻结局，这些人物和故事影影绰绰能见到张氏的阴影在小脚与旗袍间徘徊。然而计文君的《天河》又是一种决然不同的格调气质，那种模糊不清的"我是谁"的呼喊，的确让人怦然心动。然而，《天河》却无法满足计文君对于当下女性葱郁心智的发现和思考，由此才会有着回眸传统剔红与开片的尝试。《剔红》和《开片》在意象选择和文化内蕴的设置方面有独到之处，体现出作者女性智性写作的倾向。《阳羡鹅笼》典型的互文性和对于古今人性的揣度都见出作者的见识与勇气。《白头吟》无疑寄托了计文君更为现实感的写作理念，从女性一己之怨痛中走出，反观芸芸众生的欲念与情感，试图勾勒出当下婚姻家庭多层面多视点的真实状态。从《白头吟》开始，计文君找到了自己叙事的腔调，在很大程度上找到了属于自己内心的声音，从而完成了自身从"红楼"、张氏影子中抽身而出的努力。当然，这个作品还不算浑然天成。但是在物质主义的当下，人们面对的是物欲汹汹的豪车美女，《白头吟》在当下是被嘲弄解构的对象，因而这篇小说中对于人性温厚处的触摸显得稀缺而珍贵。

对于已经完成几次精神蜕变的计文君来说，世界很大，小说很大，自我很小，人性很宽厚。今后，更加期待她在小说之外看世界，在人性的宽厚中见真我。

《文艺报》，2013年9月27日

计文君论

孙先科

内容提要：计文君对视角之于小说叙事的意义有清醒的认识和充分的理论准备，她的小说能以极简约的方式进入世界、进入人的内心，她的短篇小说往往能够以独特的切入角度、简练的笔触，挖掘出很深的意蕴。丰富的修辞手段，尤其是"互文"和象征手法广泛而又精巧的运用，使计文君的小说充满了张力且极富韵味。

关键词：计文君；"成长"叙事；互文

在这个以"读图"和"观影"为时尚的年代里，以小说创作为主业的计文君还不为许多读者所熟知。除了不去赶时尚凑热闹，她对自己的舞文弄墨似乎也相当地谨慎乃至吝啬。2000年开始发表作品，2009年出版第一部小说集《天河》，其中收录两个中篇和五个短篇。其后相继有《此岸芦苇》《开片》

《剔红》等中篇和短篇《你我》《帅旦》问世。尽管不是十年磨一剑，十几年时间里完成十几个中短篇作品，计文君的速度与效率也的确算不上高产。慢工出细活并非对所有人都是定则，但计文君的下笔谨慎或和她对文学的神圣态度有关，也和她对文学所确立的极高的标准及对文学的认知水平和审美趣味有关。一个对《红楼梦》有很深理解，将其奉为圭臬，以《红楼梦》所体现的"小说精神"对张爱玲这样的经典作家也能有理有据地挑三拣四的写作者对自己也不能不是苛刻的。①2012年，在人民文学杂志社与盛大文学举办的"娇子·未来大家top20"评选中，计文君顺利入围。以并不丰盛的作品数量入围"未来大家"，从一个侧面说明了读者对其小说品质与潜质的肯定。

在《天河》小说集面世时，向来以慧眼识珠著称的评论家李敬泽先生说："出版第一本书的时候，我认为，计文君已经是一个准备好了的作家"，并说："很多作家没有准备好，有的作家看样子此生准备不好了；但计文君准备好了。"作为对一个年轻作家的预见性评估，这应当是一个不低的评语。李敬泽先生所说的"准备"指的是艺术家的"才能"与"技艺"："艺术地理解

①　参见计文君硕士学位论文《一树春风有两般：〈传奇〉与〈红楼梦〉继承关系再分析》，《红楼梦学刊》，2009年第2期。

世界的眼光和感受世界的皮肤"，"足够地表达欲望和耐心"，"准确敏捷地调用语言"以及"在纷乱零散中将事物组织起来赋予精密形式的能力"。[1]在我看来，所有这些"才能"当中，最为重要的是"在纷乱零散中将事物组织起来并赋予精密形式的能力"，因为它是作家如何理解、进入、穿透世界，如何组织经验与形象及如何建构与现实世界对应关系的文学本体的综合能力，一言以蔽之，它是通过文本体现一个作家美学能力的最佳方式。

让人欣喜的是，计文君具有这种能力。她展示给我们的是一条精密化又不失开放性的创作路线，力图建构起一个走向人心的策略性的桥梁，但并不一味地"向内转"，并不将故事闭锁在纯粹"私密化""个人性"的领域，而是以绵密的针线将人与其活动的背景有机缝合在一起，建构起一套能够有效地切入当下生活、不失整体感又能凸现个体心灵的"深度模式"，突显出她"在纷乱零散中将事物组织起来并赋予精密形式的能力"。

一 视角：以隐蔽的方式进入世界

所谓叙述视角，即由谁来完成叙事，实际上包含了"谁说"

---

① 李敬泽：《计文君：也许和也许》，《天河·序》，作家出版社 2009 年版。

与"谁看"两个功能有所区别又不可完全分开的层面。"谁说"关涉的是作者在文本中或隐或显的处身方式问题，即他（她）与叙述内容的远／近距离问题。"谁看"关涉的则是叙事人以什么样的"视点"看到故事，也即叙事人对故事信息的"知晓方式"和"知晓程度"。从美学的角度来说，作者藏匿得越隐蔽，知晓的方式越复杂，对读者的"劝说"作用愈加潜移默化、润物无声，读者的主体性就得到更充分的尊重。我不确切知道计文君在现代小说理论方面受到怎样的训练，但从她创作伊始似乎就对视角的美学意义有着非凡的自觉。她早期的几个短篇小说基本都采用第三人称限制叙事，但在聚焦人物的选择、知晓方式与知晓程度的控制方面各不相同，且各具特色。

《飞在空中的红鲫鱼》是一个常见的婚外恋故事。这样的故事在小说和影视剧中由于频繁地"被说"引起的已不是审美愉悦而是审美疲劳与麻木。这篇小说即使现在阅读仍然能引起相当的震撼，其原因就在于视角的选择让我们进入一种身临其境和感同身受的审美境遇。所谓"清官难断家务事"，清官是因为外在于"家务事"才出现知情难与裁判难，而对于爱情婚姻这样的"家务事"，也只有置身其中，方知其中三昧。《飞在空中的红鲫鱼》让读者"置身其中"的主要修辞策略就是选择故事的男女主人公作为叙事的聚焦点，由他和她感知、讲述自己和对方在婚姻纠缠中的欢欣、苦乐。在讲到内聚焦叙事时，格非提出了"视线聚焦"和"心理聚焦"的概念，对"心理聚焦"所具有的特殊功能与美学意义给予充分肯定。[①]这篇小说不仅交替使用男／女视点，而且交替使用"视线聚焦"和"心理聚焦"，不但交互地呈现自己与对方欣悦、痛苦、尴尬等各种各样的情态，而且引导读者进入人物复杂的内心。更为别出心裁的是作者使用第二人称"你"而不是第三人称"她"来指代女主人公。在小说叙事中，第二人称"你"通常是作为读者的代称，即叙事人与设想中的读者进行对话的一种口吻与方式。《飞在空中的红鲫鱼》对第二人称的使用显然是为了拉近读者与人物之间的距离，造成一种读者进入文本、进入情境的亲密假象。"子非鱼，安知鱼之乐？"那么，你若是鱼呢？是否就可以深切体会作为鱼的喜怒哀乐呢？作者的修辞努力就是通过调节聚焦方式与读者的知情方式让读者像鱼一样体会在水（婚姻）中的苦乐悲欢。《男士止步》是通过视角创新对人有独特发现的精彩短篇。柳青是一个结婚多年的银行临柜员，工号卡代表着她的身份，而自己真实的情感和欲望却被程式化的生活遮蔽起来。别人顺手塞给她的一张即将过期的美容卡让她走进了一

---

① 格非：《文学的邀约》，清华大学出版社 2010 年版，第 237 页。

家身体美容机构——闪雪女子生活馆。在美丽而神秘的女人闪雪双手的调理下，柳青的身体从肌肤到五脏六腑都经历了一次洗礼。而身体的清洁、柔韧、美丽、芳香则渐次唤醒了她沉睡的欲望、麻木的精神状态和濒死的灵魂，让她新生为一个有冲动、有愿景并准备付诸行动的女性主体。从类型学的角度来说，这是一篇成长小说，是写女性自我意识觉醒的小说。但小说所走的却不是内省式的第一人称叙事。而是选择"身体写作"的路径，通过女性躯体被触摸、洗涤、净化渐趋唤醒已经钝化了的心灵。小说之所以能够出色地完成由身体到灵魂的书写，很大程度上仰赖于对视角的选择。小说开始时柳青是一个被隐匿作者讲述的第三人称主人公，处在客体状态，而且作者有意突出了她身体感觉、认知水平均处在酣睡与贫弱的水准上。但随着故事的渐次推进，小说的叙述越来越贴近人物，随着柳青身体感觉的复苏、感知能力的提高，对自我欲望的肯定更加确凿，她逐渐由一个无语的被讲述者变成了发现者和讲述者，换句话说，随着沉睡于身体内部、遮蔽在幽暗盲区的自我意识和精神觉悟被照亮，被开掘，那个原本木讷的、失语的柳青身体和心灵都在发声。由被叙述的第三人称人物到能够主动发声的叙述者，这一过程正是她由一个客体变成主体的生成仪式。这篇小说的叙述过程本身似乎就是一个不证自明的语言哲学命题：主体是语言生成的，不是人说语言，而是语言说人。它也直观而简洁地让我们重新认识了一个文艺学命题：形式本身就是内容。

《水流向下》写发生在家庭内部、亲人之间的伦理悲剧。改是一个没有知识的乡下妇女，在丈夫因病去世后到城里与儿子一家住在一起。初来乍到时，儿子、媳妇和孙女的和谐关系及对自己的尊敬、孝顺，让改感到很幸福。媳妇下岗后，家里的生活捉襟见肘，为了帮助儿子减轻生活压力，改到一位退休教授家里做保姆。由于教授的精神病症使他变成了一个完全依赖他人的孩童，改实际上成了教授全部的依靠，她又变成了一位操劳的母亲，而且是为他人操劳、为儿子挣钱养家的母亲。儿子目睹了母亲的辛劳，坚持让母亲辞掉保姆工作并将其接回了家。改是欣慰的，因为体会到了儿子的孝心。重新回到儿子家里的改再也体会不到初来乍到时的其乐融融，不是儿子不孝，也不是媳妇乖张，而是生活的流水让这个家处于紧张、躁动、气喘吁吁的状态，物质欲望挤压了温情的空间，人心变得坚硬、粗粝。媳妇有心无心地"授意"，儿子委曲求全、半推半就地接受，改重新回到教授家里当起了保姆，而且与教授的女儿签署了一份为期十年、价钱不菲的合同。在生活流水的裹挟下，在亲人的合谋中（每个人似乎都是无意的、被迫的），一位母亲被出卖了！看得出，这不是一出刀光剑影、你死我活、矛盾冲突激烈的英雄悲剧，而是鲁迅所说的那种"似乎是无事的悲剧"。唯其如此，这篇小说才有一种震撼人心，但又让人欲哭无泪的悲剧效果，它让人想到鲁迅的《故乡》和《祥林嫂》，想到柔石的《为奴隶的母亲》，我真的认为，它有朝一日会成为一篇经典作品被记取下来。

亨利·詹姆斯在叙事方面的理想是让小说拥有戏剧艺术的直接性与客观性，同时又要最大限度地减少全知叙述者的叙述声音。他解决这一方案的方法就是通过人物意识和人物的观察来展示故事的进程，而且告诫，为了实现"直接""客观"的叙事理想，中心意识人物不要"太聪明，能够洞见命运的作弄"。① 《水流向下》选择改这一没有知识的乡下妇女作为聚焦人物就是极具匠心的。作为一个外来者，一个对城市缺乏知识、对人心也不具有深刻洞察力的人物，改对儿子一家和教授父女具体的了解是通过"看"和一知半解地猜度来完成的。由于知晓程度有限，改由感觉幸福到被出卖的悲剧命运既显示出人为的色彩（儿子、媳妇、教授女儿等人的参与），但由于儿子、媳妇、教授女儿的心理与动机均被遮蔽在聚焦之外的盲

---

① 参见申丹等：《英美小说叙事理论研究》，北京大学出版社2005年版，第119页。

区，改的悲剧又具有一些非个人的、非道德的因素，至少某个个人道德上的"恶"不是产生改命运悲剧的主要原因。改天生的质朴、善良、一心为他人着想的品性使她的"猜度"也是与人为善的，这个"不太聪明"的视点人物出于本真的善良对儿子、媳妇、孙女的体贴、关照和自我牺牲某种程度上是对儿子、媳妇的辩护和道德罪责的开脱，那么谁来为母亲的被出卖负责？小说将思考导向了城市生活、世风与社会道德状况等更宏大、更浑厚的命题。就是说，作者通过对视点人物别具匠心的选择与精确控制，实现了小说在"深度模式"上的蜕变——既避免把它处理成一篇有关老年问题的问题小说，也避免通俗与流行作品中常见的那样将人物道德化，仅以浅薄的伦理激情换取眼泪与同情的审美取向。作者执拗地坚持"往心里拐"，通过个人的心灵震颤，写出"人心不古，世风日下"的社会心理悲剧。

小说叙事是一个古老的文学话题，但对视角的自觉却是一个现代事件。亨利·詹姆斯因为在创作和理论上对视角问题有着非凡的意识和特殊的贡献，其在文学史上的重要性甚至被认为大过了列夫·托尔斯泰。这种比对肯定会引起争议，因为二者之间存在着许多不可比对的文学史因素。但将詹姆斯与托尔斯泰相比较又是有理论意义的，它告诉我们视角不是一个可有可无的小问题，不是一个纯粹的技术问题，它更大的美学价值在于文学如何进入世界及介入世界的深度问题。詹姆斯所追求的文学穿透世界的直接性与简洁性就来自视角变换的灵巧性与多样性。计文君被认为"已经准备好了"，我以为其中一个重要的因素是她对小说作为一个现代的叙事体裁有深刻体会，尤其是她对视角在小说叙事中的美学价值有独到的体悟，这使她绕过了许多障碍，能够得心应手地用小说这种体式简便而迅捷地走入世界的本心。

二 "成长"叙事：在典型化与精神分析之间

典型化被认为是现实主义创作的不二法门，但对典型化理解的偏狭导致了美学上的关门主义。比如，典型化作为一种叙事原则特别强调人物的性格化，强调人物性格构成中的社会历史因素，强调人的理性主义性质。现代人本主义显然拓宽了对人自身的认识路径，丰富了对人的内涵的认识。比如精神分析学就对人的非理性认知有很大的拓展。但精神分析学作为一种美学原则被认为是现代主义的发现，与现实主义和典型化是格格不入的。时至今日，对人的认知已经很难再以理性／非理性做二元论的解释，那么在美学原则上如何实现现实主义与现代主义的融合，如何将典型化与精神分析学实现嫁接，从而实现文学表现人的最大化的目标呢？计文君近几年的中篇小说创作带给我们很多启示。

计文君的中篇小说大都选择与作者对位关系明显的女性角色作为聚焦人物和主人公。作为叙述视角和观察世界的切入点，这一女性角色是敏锐的、易感的，她的"知晓方式"能轻而易举地将读者引领到世界的深层，即人的心灵世界。而作为主人公，作者将其视作一个"成长"型的女性主体，其主体化过程是在与其他主体的对话、询唤、交往中完成的，是一个"间性主体"；这一女性主体与"他者"的关系既在精神分析学层面上被关注，其成长过程是一个精神救赎和心灵成长的故事，同时，这种成长又是被充分语境化的，凝聚着深厚的社会历史内容。① 这种以"间性主体"为认知前提，以女性主体的"成长"作为驱力和主轴的叙述模式使她的优秀中篇小说获得了双重深度：精神分析的深度与社会历史的深度。如果不吝惜赞美

① "成长"是来自"成长小说"的一个分析范畴，而"成长小说"是19世纪西方尤其是德国小说创作中的一种类型，它以个人的传记经验作为故事框架，其内在逻辑则是主人公的"内在性"成长。这种小说强调个人与环境的冲突，人物具有反叛性，它最终体现为主人公的人格成熟，至少应对"自我"有所发现。"间性主体"来自胡塞尔，意指主体不是独立存在的，每一个主体都以另一个主体的存在为前提和条件，都是"间性主体"。

的话，这实际上实现了一种美学原则的跨越，是在典型化与精神分析学之间架通了一座桥梁。

《想给你的那座花园》是作者的第一个中篇小说，它选择一个潦倒的、易感的精神病医生作为聚焦人物和第一人称叙述人，通过他的旁观、推理来探究一个出生于乡村的漂亮女性易红如何在城市打拼、发达，终至被莫名其妙谋杀的悲剧。小说将侦探小说的玄谜气氛与人物聚焦造成的知晓程度的限制结合在一起，让易红的发迹与悲剧性死亡变得扑朔迷离。这篇小说在叙事上倚重第一人称"我"作为视点人物的观察和作为一个认知与分析主体对易红悲剧的或然性的推测来完成城市现代性的批判这一主题，内聚焦叙事的弹性限制以及判断的可然性对主题的达成是有益的、自洽的。但是，由于第一人称内聚焦可知范围有限而且很难做视角的调整，因此无论是对人内心的触探还是对社会生活的描摹都显得局促和逼仄了些，其格局与规制更接近郁达夫《春风沉醉的晚上》等短篇小说，因此，我更愿将它看作计文君创作中的一个过渡性作品，既是文体学上短篇小说向中篇小说的过渡，也是主体学意义上由客体化的观察世界（她的每一个短篇小说都是一个特殊的"小人物"的人生风景，与作者的对位关系十分疏淡）向意向化的理解世界的过渡。

《天河》的出现对计文君的创作来说意义重大。《天河》以某地方剧团排演《天河配》为基本事件，围绕织女 A 角扮演者的争夺，在秋小兰、她的姑妈秋依兰、导演萧舸以及赞助单位支持的选手韩月之间展开矛盾冲突，以社会转型带来人际关系的重组与主人公秋小兰的精神"成长"作为叙述的内驱力与核心线索。

秋小兰是这篇小说的主人公，同时小说也以她作为叙述的聚焦人物。作为一个敏感的女性角色，她的"看"、"听"（包括对姑妈的窥视）、"思虑"等知觉行为像一张铺展开的网一样将故事收拢于她的"聚焦"范围之内，而且通过她"知觉"的过滤，几乎所有事件、人物都被濡染上情感的色彩。因此，故事不仅因为秋小兰的聚焦而被赋予秩序，而且因为无处不在的情感投射，无机的客体世界变成了意向化的世界，变成了文学的世界。更重要的是，秋小兰不仅作为一个知觉主体去组织起一个文学化的世界，而且作为一个知觉主体被组织进一个复杂的、变幻莫测的人际世界中，通过与"他者"的交往与对话促成了自我的成长，从而成为一个"间性主体"。

作为一个"成长型"的主人公，秋小兰的性格起点被设计为软弱的、彷徨的、不自信的，但具有可塑造性的、可选择的"准主体"。她与姑妈秋依兰、恋人萧舸内在的询唤与对话促成了她的主体性成长。秋依兰是秋小兰的姑妈，是她成长与事

业上的监护者与坚定的支持者。作为当地艺术界叱咤风云的人
物，她的庇护与支持是秋小兰担任Ａ角并超越自我的主要动力
与条件。但是秋小兰并不心甘情愿地倚仗姑妈的提携去战胜对
方，而是想通过自己的努力来达到成功。因此姑妈的强势地位
既是将她推向前台的助力，同时又是一个巨大的阴影，遮挡、
阻碍她前行。更何况，她打童年起就"窥视"到的秘密更是让
她顾虑重重。在别人心目中风光无限的秋依兰在家里却是经常
被位高权重的丈夫暴力虐待的女人，身体上的伤痕与血腥气息
成为秋小兰童年记忆中挥之不去的梦魇，导致了她成长过程中
沉重的内心焦虑。秋小兰的"窥视"和想象，使秋依兰作为前
辈、作为一个镜像的意义具有了双重色彩：一方面是作为秋小
兰的模仿对象，召唤着秋小兰的成长；另一方面，镜像反面可
怕的景象显然又是她成长道路上一重难以逾越的障碍。秋小兰
的徘徊与延宕显然是与姑妈"对话"的一个结果。

　　萧舸与秋小兰的关系是小说中最重要的关系之一，有关爱
情的思考和秋小兰的成长都倚重与他的对视和交流，在推动秋
小兰战胜懦弱、不自信等负面情绪的所有力量中，萧舸是最重
要的一种。因为秋小兰爱着萧舸，她希望通过争取到织女Ａ角
的扮演权并胜任这一角色而获得萧舸的青睐，而不是被萧舸看
作秋依兰的附庸而遭轻视。这种"有尊严的自我"的孕育、成

长是在与萧舸作为一个"他者"的询唤与对话过程中逐渐被建构起来的。尽管萧舸在此篇小说的意义结构中举足轻重，但在叙述的角度中却被有意"轻视"了。小说将他置于聚焦的盲区，秋小兰作为一个聚焦人物对他的知晓程度被降到最低，他一直是在秋小兰的猜度与想象中进行"对话"的一个拟主体、一个暧昧不明的虚拟在场者。在叙述过程中对他的有意遮蔽和虚拟化处理可能和作者的一种疑虑有关，即在女性主体的建构过程中，男性作为"另一半"、作为"间性主体"是缺席的，至少是不完满、不自足的，与女性的期待之间存在很大的鸿沟。笔者甚至认为对男性缺席的焦虑构成了计文君近期创作的"核心焦虑"之一，既为她的创作带来了深度与风格，但也制造了障碍与局限。

　　竞争者韩月、师姐谷月芬、丈夫、戏剧团团长周祥甫是通常意义上的"次要人物"，但他们在小说的意义建构中却不能被等闲视之。一方面，他们中的每个人都构成了秋小兰成长过程中的潜在的"对话者"，是秋小兰精神成长的助体、介体或反向推动者。[1]另一方面，这些人物所来自、所代表、所表征

---

① 参见〔法〕勒内·基拉尔《浪漫的谎言与小说的真实》中第一章和第二章中的相关论述，生活·读书·新知三联书店1998年版。

的那些社会力量和历史因素使这个以女性主体成长为主轴的作品获得了丰厚的社会历史土壤，使女性的"成长"主题不纯粹是一个精神分析学的命题，而且是发生在真切的社会历史语境中的命题。韩月这位咄咄逼人的竞争者是由赞助企业推荐的织女人选，她代表着资本这只无形而又强有力的手对文化的强行介入。这种力量之强大，让秋依兰在几十年间形成的偶像地位和人脉关系在一夜之间轰然塌崩。资本与文化的这种复杂难言的胶着关系是发生在改革开放以来中国社会文化领域中真实情景的一个微缩景观。韩月带给秋小兰的压力在精神领域表现为恐慌与焦虑（韩月谐音寒月，与"天河"一起构成了一个有机的意象群落），其渊源所自恐怕还是韩月所代表的资本这一物质力量带给秋小兰一种切身的袭人寒意。

《天河》之后，计文君又相继发表了三个中篇：《此岸芦苇》、《开片》与《剔红》。《此岸芦苇》是近期影响较大的一个中篇，它以一所大学文学院院长的竞聘为核心事件，权力运作既是展开故事的驱动力，其展开方式也构成了小说的主体情节构架，而穿插其中的"玉照门"和"媛媛门"等风化故事是凸现官场险恶的"情场"，是丰富官场生态的情节因素。从类型学上看，它是"官场小说"、类似《围城》的知识分子叙事与爱情罗曼史的混合版。由于内聚焦人物过分分散（盛易龄、曹士弘、尹眉），无法形成共同聚焦的心理场域，尤其是与外向性的官场、与权力运作没有形成有机的支撑关系。因此，读后的感觉是作者的视野和气魄在变大，在往外、往大处努力，作品的当下性与现实性明显加强，但小说的气场有些散，其蕴藉程度不如《天河》，更不如其后推出的《剔红》。我以为这篇小说的潜在动机是尝试理解男性并从男性的视角理解世界。盛易龄这个角色实际上就是《天河》中被遮蔽于叙述聚焦之外的萧舸的展开式，但对于成年、成熟男性的世界，作者显然有些隔膜，这种身份的男性的"成长"也缺乏足够的心理空间，因此，盛易龄作为一个主人公的面目是模糊的，作为一个男性主体显然缺乏像秋小兰被作为"间性主体"从多个主体对话关系中被塑造起来的丰满感。《开片》则与《此岸芦苇》在生活横断面上和生活空间上"大"不相同，它表现为纵向上的"深"与"长"，一个与作者对位关系密切的女主人公既是叙事的内聚焦人物，同时她的成长史——与外祖母、母亲以及与父亲、男友、情人之间的关系史，构成了女主人公艰难地自我寻找与自我认同的主体化过程。家族史因素的出现使女性成长具有了更多、更强的历史感，这可以看作计文君在思考人的生存问题时延展出的新的、纵深的维度。

《剔红》以一位年轻的女性小说家作为内聚焦人物，以她的"成长"作为叙事的主轴。在人物关系的设计上，有一个和《天河》类似的"三角关系"，即以女性主人公为主体，围绕她的"成长"设计了两个对话者，一个是同性小娴，另一个是异性江天。小娴是喧嚣的现实生活中的另类存在者，尽管经历了爱情和婚姻的不幸，尽管没有事业上的飞黄腾达、物质生活上的富足优渥，但通过和"自己的内心达成了和解"，却能活得清平自在、淡泊宁静。滚滚红尘中人人都浮躁、狂暴、上蹿下跳的时候，唯独她能做到娴雅自适。像她的名字一样，她活出了一种"人闲桂花落"的意境，活出了妙玉（《红楼梦》）那样的"槛外人"的格调。江天是一个在市场经济世界中呼风唤雨的"当代英雄"，他的世俗化的成功、文化商人的身份，赢得了众多女性的青睐。由于处于叙述聚焦之外（内聚焦人物秋染对他的知晓程度非常有限），江天的内心世界被呈现出来的很少，因此，他作为一个形象主体是不丰满的。但是，作为一个"当代英雄"，一个与社会关联甚深的人物，他的功能是被语境化了的，或者说他本身就是世俗生活、万丈红尘的一个表征化的符号。如果说小娴代表了"空"，江天代表的就是"色"。

熟悉女性主义批评的人很可能会将小娴与秋染的关系看作"姊妹情谊"的关系模式，是一个与男权主义相对抗的女性联盟。但我更愿意将二者的关系看作钗／黛一体美学关系式的模板。秋染之"染"是"文变染乎世情"的"染"，是"入世"，是"热"与"执"的化身，她的情绪是随事随人千变万化的。而小娴这样一个古典的可人儿对一切都是冷静的、淡然的，她是"出世"的。她是秋染的一个镜像，在对照中进行自我纠偏的一个参照系。或者说，她就是一个完满的女性人格的"另一半"，是秋染主体性成长过程中另一个想象性的自我，是一个"间性主体"。秋染与江天在故事层面上是恋爱关系，而在语义层面上则是一个女性主体如何面对当下世界中物欲和情欲诱惑的人生命题。秋染的成长就是在与小娴和江天的对视与对话中促成的：从小娴这里，秋染学到了退让、不争，学到了平心静气；从江天那里她则看到了执着、抗争、永不言败。那么，所谓秋染的"成长"是否意味着选择其中的一方"择善而从"呢？不是，或者在作者看来，小娴与江天任何一方都不代表着"善"，或者对人生而言，根本就不存在真正的"善"，所谓成长就是去经历、认识，去体验，去看懂人生的沟沟壑壑，甚至不惜被碰撞得头破血流、遍体鳞伤。"剔红"——不停地镂刻、不停地糅染的漆盒工艺本身隐喻着的正是人生铭心刻骨的心路历程。

《天河》与《剔红》的写作，让我们看到一个颇有意味的"形式"——与作者对位关系明显的女性为主体和中心，与作为镜像的同性和作为爱情对象的男性构成的两女一男的"三角结构"。计文君的写作实践表明这是一个在美学上有相当分量的"深度模式"。从形态学上来讲，异性恋与"同性联盟"赋予小说一种新颖的故事形态，而潜隐的女性视角与细密的心理触角造成了张弛有致、疏密相间的叙述形态，小说的可读性与耐读性得到保障。从价值功能的角度而言，首先它是一个组织架构，将人物和事件组织成一个有序的微观世界。更重要的是，这一"三角结构"还是一个有机的阐释体系，一方面它是一个有关女性成长的精神分析学结构，女性的创伤、焦虑、挣扎与成长是在与男性"他者"和同性助体的交流与对话中被体现的，女性主体性建构是这种内在性对话的结果；另一方面，这一"三角结构"又是一个社会历史分析的结构框架，女性成长的精神事件反映的是社会历史的深刻律动。如果说这一美学成果稍有不足的话，男性角色的相对弱化多少损伤了这一"三角结构"的美学分量。但很显然这主要不是一个美学问题，而是一个性别导致的视域局限问题。

三 互文与象征：古典化的修辞努力

计文君小说由于在叙述视角上的沉潜与内敛，加之她具有

"在纷乱零散中将事物组织起来并赋予精密形式的能力"，她笔下的小说世界与当下世界已经构成了相当密切的对应或同构关系，作为一种叙事话语对现实世界形成了相当强的穿透力与阐释力。但作者显然还不满足于此，她还想提高自己的修辞努力——用一种作者话语来"加深"对世界的理解，引领读者"深化"对世界的领悟。具体地说互文与象征是作者经常使用并与她的叙事浑然天成、一同构成意义共同体的最主要的美学方式。

计文君写于2004年的一篇短篇小说《阳羡鹅笼》将取自《太平广记·叙齐谐记》中的一篇寓言作为"楔子"置于篇首，后文则叙述了三对男女当下的爱情婚姻关系。从时间与情节关系上看，《太平广记》中的这则寓言与后面的任何一个故事都不存在关联，但是，作者通过楔子／正文的修辞安排，让《太平广记》中的这则寓言顺理成章地成为后面故事的"前文本"，它的寓意就成为阐释和理解当代婚姻爱情的一条线索。"阳羡鹅笼"这则寓言中的"笼"是爱情自由与牢笼的双重象征，而这种象征意义也正是作者在后面的写实故事中想要赋予当代婚姻的一种内涵。

在一个文本中引述另一个文本从而构成互文是"互文"策略最常见、最浅显的一种，但不是唯一的一种，事实上，"互文"策略可以涉及故事、人物、结构、意象、细节等几乎所有小说的构成因素。无论"互文"在哪种层面上发生，它的功能都是通过不同文本的相互指涉以扩大文本的意义空间。计文君显然深谙"互文"的修辞意义，并在写作中大量使用了这种修辞手段。《你我》是对当下都市爱情婚姻的审视与思考，作者有意选择路遥的《人生》和20世纪90年代的"情感实录小说"作为"互文"，八九十年代爱情的真挚、坦诚与当下都市爱情的混乱、暧昧构成了鲜明的比对关系，其意义空间得到延展，作者的批判意识也通过"互文"修辞得以体现。琼瑶的言情小说曾风靡大陆多年，成为影响一代人成长的文化事件。《男士止步》中写到柳青梦境时，作者有意戏仿"琼瑶体"的风格；《剔红》中小娴在调侃秋染小说时说："人物单薄故事陈旧——琼瑶的底子，张爱玲的调子。"这里，琼瑶作为"互文"显然具有重要的文化意义，表明作者不仅在文学叙事而且在文化上对"琼瑶体"进行着严肃的审视与清算。《帅旦》写一个生活于社会底层的中年妇女与命运抗争的故事。被称作"刺货"的赵菊书的半生命运故事在小说中是通过她喜欢听的戏剧《穆桂英挂帅》片断式地被展开的。《穆桂英挂帅》既是一条情节开展的结构线，在意义结构中，它又是一个"前文本"，是一个重要的意符、一个"互文"，通过穆桂英这一真正的帅旦、女英雄，反衬出了赵菊书为其住房权利做出一系列抗争的既悲壮又悲凉的命运，她是另外一层意义上的"帅旦"。中篇小说《天河》以重新排演《天河配》为故事线索，尽管小说中并没有引述《天河配》的故事与场景，但人们耳熟能详的《天河配》故事成为理解《天河》所叙述的现实事件及女性成长的无处不在的一个"前文本"与"潜文本"。《剔红》中，秋染与江天的爱情关系被作者与张爱玲《倾城之恋》中男女主人公的爱情关系相比附，《倾城之恋》成为《剔红》的互文，这无疑使《剔红》对当代生活的书写增加了一种历史的沧桑感与人生的悲凉感。①

象征是计文君小说创作中使用的另一种重要的修辞方式，对其使用的普遍性以及在文本中的重要程度使她的小说具有了明显的诗性品质。象征通常被区分为整体性象征和局部性象征两种。在计文君的小说中，像"天河""开片""剔红"等意象都出现在成长型主人公"醒悟"的最关键时期，它们作为自然与物理现象和主人公的人生际遇与人生感悟具有高度的同质同构的性质，因此成为主人公生命方式和命运模式的深刻隐喻，

---

① 在当代女性作家中受张爱玲影响的人不在少数，但我认为在精神气质上最接近张爱玲的恐怕计文君是其中之一，对世界（包括男性）不可靠、要破碎的不可名状的恐惧、惶悚流布于她大部分作品中，沧桑感与悲凉感是其主要的美感特征。

这些象征不仅具有高度的美感，而且因为其携带的充盈、饱满的文化与人生内涵而具有深刻的认知意义。它们作为小说的题目本身也说明了它们在文本意义结构中的统摄地位，它们是整体性的象征符码。计文君在小说中使用局部象征的例证几乎俯拾即是。如她在《天河》中通过对秋小兰三次服装的变化来隐喻她成长心态的不同层次。白色T恤、牛仔裤象征混沌未开，猩红的缠枝玫瑰的裙子象征着欲望的纠结，茶叶末色的裙子则象征着历练后的沉静。这是一种典型的通过白描而达成象征的表意化途径。通过为人物命名来达到象征的目的是中国古典小说尤其是《红楼梦》的一大特色。计文君受此影响颇深，她的小说人物命名多有深意。比如她多次以"红"为女性人物命名（《想给你的那座花园》中的易红、《阳羡鹅笼》中的红等，《剔红》中的秋染、《开片》中的殷彤其实也是"红"），而这些人物命运都是悲剧性的。这与"红"的象征有关，即"红"暗示了繁花落尽的悲哀，与盛极而衰、与"花辞树"、与"落红"有想象性的关联。

如果我们进一步观察还会发现，计文君在使用"互文"和象征手段来提升她小说的表意功能时，她所选择的"前文本"和象征性的喻体多是来自中国古代文学与文化系统，其中《红楼梦》、中国古典戏曲以及婉约词是她小说创作最重要的"潜文本"资源。而现代文学传统中最受她青睐并施加了影响的则是张爱玲,尤其是她的《倾城之恋》。

小 结

如果用目前流行的"代际"观察角度来定位的话,计文君无疑属于"70后"作家群。但"欲望化写作""身体写作""后现代拼贴"等这些经常用来概括"70后"作家的概念显然并不适合计文君。在我看来,计文君很难被归类。从美学的角度来说,她的小说有很现代的品质,能够以简洁的方式穿透世界,体现出很强的表现力。同时,她的创作又具有明显的古典主义的色彩,尤其是在细节写实和象征隐喻等作者话语方面,能看出古典家族世情小说、古典戏曲及婉约风格诗词的遗风流韵,赋予小说优美的形式感。可以说,古典主义与现代主义在计文君的小说创作中大面积、深层次地媾和所取得的成果已经为计文君奠定了相当深厚的美学基础。基于此,说"计文君已经准备好了"显然不是一句虚言,我们有理由对她抱更高的期待。

《中国现代文学研究丛刊》,2013年第12期

现代人乡愁的三重奏

——论计文君的小说创作

杜　昆

摘要：乡愁是现代人的重要精神体验和心理症候，根源于人的家园皈依意识和漂泊而孤独的生存状态。在计文君的文学世界中，乡愁体现为主人公对爱情和家庭的渴求，对故乡的依恋和回归，也体现在富有古典韵味的小说文体上，即创作主体具有浓郁的文化乡愁。持久而诗意地书写现代人的乡愁正是计文君小说创作的魅力和意义所在。

关键词：计文君；乡愁；家园；文体；身份

在文学梦显得不合时宜的消费主义时代里，计文君却离开待遇优厚的银行，选择了以文为生的务虚之路。如今，"弃金从文"的计文君已经蜕变成一个颇有影响的小说家，作品近半数发表在《人民文学》上，屡获奖项。虽然作品数量不多，却大都呈现出典雅蕴藉、细腻精巧的文体特征，尤其是《天河》《开片》《剔红》等佳作，在卷帙浩繁、泥沙俱下的小说丛林中脱颖而出，充分体现了计文君杰出的文化底蕴和写作能力。计文君擅长刻画情感纠葛中的现代女性，偏爱征引古典诗词来写人状物，使得小说犹如氤氲在婉约意境中的仕女图，更像是现代女性的心灵回旋曲，反复地诉说着她们存在的追求和困惑。然而，计文君并没有拘囿于女性世界的诗性言说中，她对乡村底层人物、男性知识分子的处境和心理的关注，显示出其宽阔的视野以及在艺术上不断突围的开创精神。

现代意义上的乡愁概念具有两种含义，一种是基于地缘、血缘关系对故乡的思念，包含对故乡的人情、风俗、事物（如住宅）等的追忆和怀念；另一种是文化乡愁，即对民族的历史文化的深情眷恋，表现为"对精致文化传统的留恋"[1]，而就哲学心理学而言，文化乡愁即是无所适从的现代人由于内心的孤独、漂泊、焦虑、迷茫等情绪而产生的对精神家园的永恒依恋，渴求"存在"的稳定、安全、温馨、纯真和皈依。乡愁共有的精神特征是"怀旧"以及总是觉得生活在别处的一种"异

---

① 董桥：《乡愁的理念·自序》，生活·读书·新知三联书店1991年版。

乡感"。在时空的对比中，往昔和故乡被浪漫化、审美化，散发出温馨而诗意的光芒，而当下现实则越发显示出其陌生、丑陋而不温情、不美丽的一面。乡愁情结体现了现代人对"家园感""归属感"的执着寻求，根源于人的家园皈依意识和漂泊而孤独的生存状态。钱中文说："今天的乡愁，在很大程度上已经改变了其性质与面貌，原有的形态仍然存在，但同时新的形态已经出现。这已是一种涉及人的生存的乡愁，是人的精神飘零无依、栖居艰辛的乡愁了。"[1] 由于全球性、现代性的扩张和加剧，故园在变迁中逐渐消失，文化传统在冲击中发生断裂，现代人的具体和抽象意义上的"家园"都在失落，自我认同和文化认同成为日益突出的社会问题，这就造成了越来越多的人都在寻求能够"诗意地栖居"的家园，于是，乡愁抽象为现代人的一种普泛性的精神体验和心理症候。因此，对爱与家的渴求，对故乡的依恋和回归，对古典文化的怀旧正是乡愁的三重表达方式，计文君小说创作的文化意义也蕴含于此。

---

[1] 钱中文：《文学的乡愁：谈文学与人的精神生态》，《社会科学报》，2006年1月12日。

一、渴求爱情与家庭：对女性人生归宿的反思

纵观计文君的作品，对女性形象着墨最多、用情最深的，也表现得最为出色。如《天河》中的秋小兰、《开片》中的殷彤、《剔红》中的林小娴等，被描绘得蕙质兰心、梨花带雨。不幸的是，她们往往遇人不淑，她们所遭遇的男人要么不够般配，要么自私贪婪，因而她们容易在婚恋生活中感到失望和挫败，体验到生命存在的悲剧感。与之相对应的是，计文君的许多婚恋小说都笼罩着悲情氛围，如爱而不能得的忧伤，难以实现心灵契合的凄楚，对理想爱情的渴望和失望，两性情感纠葛中的挣扎和怨恨，等等。女性丰富而孤独的内心世界一直是计文君所关注的。

男婚女嫁，人之大伦，对于现代人来说，家庭的精神价值具有不可或缺的重要性，因而依然是人们追求成功和幸福的出发点和终点站，也依然是作家们叙事和想象的源泉。在计文君的小说中，女主人公对爱和家的渴望及追寻让人印象深刻，不过，小说结尾往往揭示出完美的婚姻生活如同空幻的镜花水月。比如，早期作品《烟城危澜》中的玉鹂与张子青的不伦情爱为世人所不齿，不满于做暗室的她最后只好离家出走。

《飞在空中的红鲫鱼》讲述了男女之间的疏离和隔膜，小说中的"小三"苦苦等来的不是自己期待的浪漫爱情，失望而幽怨的她最终使男人离家出走、发疯。在《想给你的那座花园》中，聪颖能干的易红在商场上奋力打拼，却由于精神上的疲惫和孤独而自杀，红颜易逝的结局无声地诉说着她家庭生活的不幸。《你我》讲述了支瑾和周志伟之间貌合神离、各自偷情的夫妻关系。《七寸》中宋小雅在长期的无爱婚姻中出轨怀孕生女，最后得知是中了丈夫的圈套，在丈夫出车祸身亡以及女儿丢失的情况下，她回到老屋喝药自杀。《男士止步》中厌倦家庭生活的柳青转而在美容馆里感受到了来自同性的理解和疼爱，对丈夫的失望和隔膜解构了所谓的模范婚姻……计文君坚持描写婚恋中的女性和女性的婚恋，明显地表达了对当代社会中艰难而宿命地追求真爱和幸福的女性的体恤、悲悯和反思。理想的男性形象在计文君的作品中几乎是缺席的，他们远不能够与女主人公心心相印地生活在一起。这批作品描写了女性在日常生活中苦涩的爱恋、涌动的欲望、无望的幸福，以及男女之间无味无趣的婚姻，充分表现出在一个伦理失衡、价值失序、家庭失和的时代中，仍然心存爱情理想与家庭皈依意识的女性，内心所不得不承受的孤独与失望、痛苦与无助、困惑与迷失。

在计文君描写女性婚恋的作品中，《天河》《开片》《剔红》

具有非常重要的分量，标志着计文君小说风格的形成，以及作家对女性主体成长的思考所达到的深度。《天河》是计文君的成名作和代表作，小说以秋小兰竞争织女角色为主线，以秋小兰的情感生活为副线，描写了她在事业和爱情两个层面上的成长历程。计文君把含有伤痛与抚慰、自恋与自怜、懵懂与醒悟的女性成长图，编织得绵密而气韵灵动，温婉雅致的字里行间充溢着她对青年女性的爱怜和审视。姑妈去世之后，秋小兰由于唱破嗓子不得不退出织女角色竞争，转而开门收徒。不再受到姑妈的庇护，不再把自己想象成姑妈进行表演，不再生活在姑妈风华绝代却又凄楚无爱的影子中，秋小兰至此才找到自我，于是，青涩、羞怯、恐惧、忧虑等纷纷退去，她破茧成蝶，进入人生新境界。"天河"意象被作者赋予"隔绝""障碍""破碎""受苦"之意，也是秋小兰艰难的成长之路的象征。秋小兰与丈夫、萧舸、姑妈之间，现实生活与艺术世界之间，灵与肉之间，原本都存在着难以逾越的障碍，表明了个体在社会中所遭遇、承受的孤独感和无力感。秋小兰终于在获得了主体意识之后，达成了与自己以及这个世界的和解，达成了对织女角色的身份认同，从而迎来了精神上的成熟。作者对秋小兰这个审美化的人物形象是惺惺相惜而又冷静审视的。秋小兰在婚恋和事业上的坎坷，她的清雅、柔弱、美丽与哀愁，被作者描绘得细腻自然，宛若写实。计文君在秋小兰这个女性形象上表达了自己蕴藏已久的女性体验和才情，也对女性主体成长过程中的孤独和自闭寄予了无限同情和深切反思。

秋小兰在现实生活中化解身份焦虑，与她对织女命运的深切认同几乎是难分彼此的，这正是其成长的悖论。从学做秋依兰到自比织女，秋小兰所择取的精神归属与现代女性的主体意识之间都存在着不可忽视的距离，因而，我们很难说她是从悲剧走向了幸运。焉知秋小兰的织女认同不是另一种身份悲剧？一方面，舞台艺术与现实生活正因为距离而产生审美效应，如将自己与某种虚幻的文化身份执拗地融为一体，认同的悲剧就难以避免。这种情况可以在毕飞宇《青衣》中的筱燕秋身上得到验证。筱燕秋声称"我就是嫦娥"，强大而突显的艺术身份认同让她难以协调好自己与现实生活的关系，丧失了在戏里戏外自由出入的能力和转换角色的从容。《天河》的结尾显示秋小兰并不甘于为师传艺，她如何在艺术生活中化解自身与织女之间的身份暧昧性依然是个谜。另一方面，织女思凡的民间故事作为《天河》的"潜文本"，蕴藏着女性渴望和追求世俗家庭生活的象征性结构。秋小兰在自己的婚姻危机中转变了对性和爱的理解，渴望性爱合一成为她酒后出轨的精神动力。

姑妈秋依兰仰仗军婚来维持演艺生涯，时常遭受丈夫的打骂；秋小兰依靠婚姻来避免流离失所，不得不忍受丈夫带给自己的痛苦和屈辱。婚姻成了秋依兰和秋小兰共同的避难所，这几乎是女性难以摆脱的宿命。当无力掌握自己命运的时候，女性往往约定俗成地选择婚姻来寻求生存和发展。但婚姻这个城堡也许并不坚固，甚至是牢笼和坟墓，并不足以为女性提供温馨的庇护。因此，把婚姻当作女性寻求幸福的保障就值得怀疑和深思。

然而，如果失去家庭即婚姻的庇佑，女性的归宿和出路究竟在何处？这也许是计文君萦绕于心的问题，《开片》《剔红》等小说中对此一再叙说，体现了作者对女性命运的体恤和反思。《开片》中的秦素梅离婚之后靠做家政养家糊口，她像所有担忧女儿幸福的母亲一样，盼望女儿殷彤的人生能有圆满的归宿，她认为年轻女子就像件瓷器，需要找个稳妥的地方摆放。为了有个体面的家庭方便女儿出嫁，一贯单身的秦素梅决定与苏戈教授暂时结婚，并做他的保姆照顾他的饮食起居。然而，秦素梅并不知晓女儿已经是苏戈的情人。殷彤得知真相后被巨大的羞耻感笼罩，终于理解了母亲为安顿好女儿所承受的担忧、恐惧和牺牲，认识到了自己陷入尴尬痛苦的处境是由于贪婪和柔弱，也认识到通过婚姻来寻求幸福造成了一代代女人无法逃脱的破碎的命运。殷彤不再对风流自私的苏戈心存幸福的幻想，毅然把姥姥和母亲接回钧州老家团聚，拒绝以撕碎女性自己的方式来换取婚姻，从而守护了伦理和尊严，体现出现代知识女性内心果敢和美丽的一面。值得注意的是，叙述者"我"从姥姥到母亲到自己破碎的命运中，发现了中国女性悲剧的相似性和宿命性。计文君对现代女性的悲剧命运的反思，已经超越了个体层面而拓展到社会文化和历史层面，具有相当的思想深度。

让女主人公回到故乡钧州守持女性的尊严和美丽，这也是计文君在《剔红》中为遭遇婚姻不幸的女性所设计的自救之路。《剔红》以江天和秋染等人邀请林小娴去电视台当女性养生保健节目的主持人为主线，讲述了两个爱情故事：畅销书作家秋染与出版商江天的情爱纠葛，以及林小娴与罗鑫跨越漫长时空的悲欢离合。江天精明圆滑得如同张爱玲《倾城之恋》中的范柳原，罗鑫则是喜欢对妻子讲述艳遇的男人，他们二人的共同点是都对女色没有餍足。林小娴遭遇婚变之后回到老家钧州经营小药店为生，随遇而安、自尊自爱地过着单纯的日子，她的服饰、饮食、起居、待人接物及其对待自己和命运的姿态都别有风韵，俨如一个"当代资深美女版陶渊明"，显然是作者审美理想的化身。既然在他乡没有理想的男人可以相伴，那就回到故乡品味生命的庄严与自然之境。

二、生活在别处：对家园的回归和寻求

值得注意的是，故乡"钧州"成了我们理解小说及其作者的一个象征性符号。钧州这个虚构的文学版图，是作者"盛放自我经验的容器"，也是计文君有感于"无立足之地的失乡已是命中注定"而为主人公、自己和时代构建的精神之乡，宣告着"这一写作者在人类漫长叙事谱系中选择的位置"①。简言之，钧州是主人公回归和寻求的家园，象征着计文君与动荡繁复的时代之间的一种距离感，是作者乡愁情结的寄寓之地。

在《开片》和《剔红》这两篇小说中，女主人公们从渴望男女恩爱的小家到返乡、安顿在老家，她们的心灵在历经坎坷之后终于拥有了归属感。其实，这条从渴求家庭到重返家乡而觅得精神家园的道路，恰恰蕴含了人们对"家"之意义的多重理解。家庭和家乡都依赖于亲人、住宅等具象而存在，而家园则是主体的身心栖居之地。随着西方存在主义哲学思想的传入，"家园"一词形而上的意味愈加浓烈，更加强调主体精神的皈依和寄托，象征着一种理想化的诗意之境。对故乡或家园的

---

① 计文君：《经验的容器》，《文艺报》，2013 年 9 月 27 日。

眷恋和寻求即是乡愁的重要表达方式，家园感在很大程度上可以说就是归属感。"可以说，乡愁是一种退缩意识。但是乡愁中最核心的东西，被文化的意识压抑着的无意识，从本质上讲，还是一种追求。……是一种在追求失落中的追求。乡愁中所意向的家，不是物质的家，也不是充满伦理温情的家，而是精神的家。是生命的意义，是人在文化中的意义，是陷入困境中的个人对归宿的询问"①。《开片》《剔红》中的故乡虽然在世事变迁中已经物是人非，童年的记忆有温暖也有苦涩，但是仍然葆有强大的心灵庇佑功能，成为婚恋失意的女性最后的落脚之地。

重回故乡不只是一种退缩和逃避，也是在寻求解救，得到自由和安宁。因而，故乡也就在某种程度上被作者诗化成了一个温馨港湾，流露出其怀旧和皈依之情。一方面，男性的自私或者背叛让女性丧失了存在的安全感，现代城市文化也让女性难以拥有家园感；另一方面，故乡的"物候诗学"以及质朴的生活方式也适宜为受过伤害、感到倦怠的女性提供身心疗救。颇具吊诡意味的是，"钧州"实为古地名，这种时空的腾挪和虚构彰显了计文君对逝去岁月的怀恋或者说是召唤。然而，现代人回到钧州就如同梦回唐朝，钧州是不可能实现和拥有的乌有

---

① 张法：《中国文化与悲剧意识》，中国人民大学出版社1989年版，第58页。

之乡。计文君对于女性对悲剧命运的抗争是赞同的，但是，既然女性的归宿和出路在于"不如归去"，还乡原来也是梦幻一场，那么，小说就不可避免地流露出深层的无奈和悲凉。

计文君长期关注女性的命运和归宿问题，既由于她天然的女性身份及自觉的女性主体意识，又根源于人的精神归宿是她所关注和思考的重点。因而，计文君的小说并未拘囿于对女性的体恤和反思，她也描写了乡村小人物和知识分子的"望乡""还乡"的生活以及后者的精神迷失和漂泊无依的状态。比如，《水流向下》中的改，丧夫后住在城里的儿子家里，仍然怀念着老家的山河、庄稼和牲口；后来改去一个精神失常的教授家里做保姆，又多了一重对亲人的挂念。该小说缓缓地叙述了一个乡村妇女在离家之后对故乡的怀念、对亲人的思恋，不动声色地描绘出老人精神上的孤独和苦闷。疯癫的老教授虽然在家，却也是失去精神家园的漂泊者，他对改的依恋和需要，实际上是在她身上寻找到了一种熟识和亲近的童年记忆。改带领着教授一起抓蛐蛐、看河水，二人对故乡记忆的怀旧和寻找，诉说的正是其内心深处浓浓的孤独和乡愁。

在《窑变》中，计文君叙述了失业离婚的邵自清的回乡—离乡之路，知识分子还乡之后寻找不到童年记忆中的老家。如今的钧镇对于邵自清来说是一个陌生的不可理解的地方，人们变得野蛮、势利而庸俗，记忆中古雅的老屋因朽烂霉变而不宜居住。失意落魄的邵自清只能靠想象来构建属于他自己的钧镇，还乡如同一场自欺自慰的虚幻的白日梦，梦醒之后，他只能依靠钧瓷商人尴尬度日。《无家别》以杜甫的古诗为小说题记，讲述了知识分子在现实生活中的失败及其精神的漂泊。史彦博士从北京退回故乡在钧州学院教书谋生，却不得不面对父母离世、自己离婚的境遇，虽然在故乡能与老情人重温旧梦，但却因为学生违纪一事，陷入难以应对的荒唐的人际关系中，坐实了同事认为他具有人格缺陷的议论。失去颜面的史彦最后不得已离开钧州学院，无所适从的他发现故乡已经变成了"死寂的等待拆迁的村庄和荒芜的没有作物的田野"，记忆中的树林和村庄都要被夷为平地，庇护了几代人的故乡行将彻底消失了。在唯实尚利的时代里，知识分子试图守持质朴本分的生活的希冀和努力最后以失败告终[①]，他的身心无处安放。家园何处？他往何处去？知识分子漂泊的灵魂渴望拥有归属感，需要找到一个可以安身立命、救赎自己的精神家园。不然，知识分子就只能与《此岸芦苇》中的教授们一样，在名利、权力与

---

① 吕东亮:《20世纪五六十年代革命知识分子的"夜"——重读〈夜读偶记〉与〈燕山夜话〉》,《信阳师范学院学报（哲学社会科学版）》, 2012年第2期。

女色之间辗转反侧，如同芦苇般枉自摇曳、空洞浅薄，寻找不到生命的意义和庄严。在这些小说中，计文君所刻画的知识分子形象都是失去家园的漂泊者，不管他们在社会中失败还是成功，他们都是为文化传统、精神家园所抛弃的孤独者，在迅猛激变的时代潮流中丧失了自我认同与文化认同，陷入深深的孤独和怅惘之中。

三、文化乡愁：富有古典韵味的小说文体

计文君的《天河》《此岸芦苇》《开片》《剔红》等作品，点缀、化用着斑斓灵动的古典诗词和文化典故，犹如格非的《人面桃花》一样，充分汲取了中国古代文学的营养，其古典气韵让人印象深刻、击赏称道。雅致华美、细腻蕴藉的小说语言及其营造出的柔美婉约的意境，从故事的载体变成了审美对象，具有了文学本体论的意义。而当下文坛的小说语言大都往通俗甚至粗鄙的路上发展，穿插着社会流行的民谣、段子以及粗俗或老套的性爱描写语言，与此相比，计文君的小说语言就显得有些贵族气，这是具有深厚文化素养的知识分子创造出来的一种精英文体。如吴义勤所说："总之，她善于借鉴、吸收与转化中国古典文学艺术传统资源，善于探索、实验与整合传统

叙述经验，善于融古于今、以古喻今，善于以传统与现代的结合来表达现代人的复杂情思。"①这种富有古典韵味的小说文体不仅是一种风格特征，而且是计文君的情感倾向和文化姿态的流露，显示出其审美趣味明显地钟情于古典，而这正是"对精致文化传统的留恋"，彰显了作者浓郁的文化乡愁。

文化乡愁是现代人对已经失去和正在失去的传统文化的怀旧和回归，它是具体而又抽象的，是对语言文学、伦理习俗或器物技艺等的怀旧，表达的不仅是怀古思幽，它对已逝的时光和文化的怀念及怅惘，究其实质，还是对存在家园的神往和追寻。在20世纪初内忧外患的时局中，在西方强势文化的冲击和影响下，传统文化被认为是造成国力衰退、民族积弱的根源，于是，轰轰烈烈的新文化运动猛烈批判了传统文化连同其最精致的部分———古典文学。"文化大革命"时期，传统文化再遭浩劫，从而造成维系了中华民族两千余年的文化之根几近断裂，一代知识分子遭遇民族文化的认同危机，丧失了可供安身立命的价值理念和精神家园。20世纪90年代以来，随着以城市化、工业化为表征的现代性的扩张，人们的生产和生活方式发生了巨大变化，应运而生的是社会成员的流动性、不确定感、

---

① 计文君：《器·剔红》，文化艺术出版社2013年版，第1页。

漂泊感和孤独感的增强，这都使得人们日益怀念过去和故乡，渴望寻找到可以皈依的精神家园。计文君少年时代曾跟随父母在两地生活求学，亲历了家人分离的孤独与痛苦。从这个向度来看，计文君对小说文体的选择并不只属于文学范畴，还具有社会文化属性。一方面，计文君在古典文学的阅读和浸润中体验到富有民族特色的精致、华美和诗意，文学作品历久弥新的艺术魅力让她感受到审美的诱惑与乐趣；另一方面，古典文学中存有太多的关于爱情、女性、青春、乡愁的文化记忆，这成为敏感而聪颖的计文君观照自己、理解人生的参照物，从这里出发，让想象力自由驰骋，让心灵从乏味单调的日常生活中解脱出来、得到慰藉，回到美好而诗意的精神世界中。可以说，古典文学所具有的审美救赎功能，不仅丰富了计文君的生命体验，而且使她在精致的传统文化中寻找到了栖居心灵的精神家园。

弗雷德里克·詹姆逊曾说："一个作家撤退到文体中从来不是'天真的'：在这种审美姿态中，真实世界一方面被压抑了，另一方面也被揭示了。"① 从计文君所偏爱的小说文体中，我们

---

① ［英］拉曼·塞尔登著：《文学批评理论——从柏拉图到现在》，刘象愚等译，北京大学出版社 2000 年版，第 258 页。

可以看到文学语言与真实人生的某种微妙关系，富有古典韵味的小说文体、怀旧的审美姿态是创作主体与她所处的现实，她在社会上的位置感、存在感及其相互关系的一种隐喻。也就是说，富有古典韵味的小说文体可视为对通俗的大众文化的抵制，是在现实世界中感到孤独、漂泊、不满的创作主体退守于精致的文化传统中以寻求庇护、力量和慰藉。对古典诗词的不断回顾和品味构成了一种感伤的怀旧氛围。美国学者戴维斯认为，"怀旧是我们用来不断地建构、维系和重建我们的认同的手段之一，或者说，是一种毫不费力即可获得的心理透镜"。"对过去事情的怀恋总是以当下的恐惧、不满、焦虑或不安为背景出现的，即使这些东西并未在意识中突显出来；正是这些情感和认知状态带来了认同断裂的威胁（从存在的意义上讲，就是对'微不足道的感觉'的恐惧），而怀旧试图通过运筹我们在连续性上的心理资源，来消除或者至少转移这种威胁"①。社会及文化的大转型使知识分子根据传统而获得的安全感和家园感加速逝去，但它们仍然具有强大的诱惑力和感召力，以富有古典韵味的小说语言为症候的怀旧叙事，即是对已经逝去的那些

---

① ［美］弗雷德·戴维斯：《怀旧和认同》，见周宪主编《文学与认同：跨学科的反思》，中华书局 2008 年版，105 页，第 107—108 页。

美好事物所生发的追忆和怀念。在计文君的小说世界中，那些谙熟古典诗词的主人公与叙述者凭此获得了某种精神上的优越感与身份的连续性；与此同时，富有古典韵味的小说文体也让创造主体获得了明确的精英作家的身份认同，也排遣了那莫可名状、挥之不去的文化乡愁。

家园皈依意识贯穿于计文君的小说中，持久而诗意地书写现代人的乡愁正是计文君的文学世界的魅力和价值所在。中国社会文化正处于深刻的现代转型中，在不断丧失整体性、确定性、单纯性和本真性的现代性状况下，从贾平凹反复述说的乡村挽歌到张炜寻找家园的《你在高原》，再到格非缅怀、召唤乌托邦精神的"江南三部曲"，等等，文学作品中乡愁话语或怀旧作为一种集体记忆的大量重现，揭示了当下时代的精神状况与社会现实产生的某种背离和抵牾，是现代性扩张的过程中文化冲突的一种反映。对于计文君而言，热爱传统文化、营造富有古典韵味的小说文体正是创作主体构建文化认同、救赎自己的方式。乡愁话语具有心理治疗的作用，"在一个不断变动的现代性状况下，乡愁常常作为一种独特的话语形态被制造出来，给予敏感的文人墨客以精神的慰藉"①。乡愁话语集中产生

---

① 周宪主编：《文学与认同：跨学科的反思》，中华书局2008年版，第207页。

于社会文化大转型时期，是作家努力而艰难地适应现代性状况的表现，传达了作家对当下现实的否定倾向和批判姿态；同时使创作主体在寻找归宿和家园的过程中确认自己的位置与寻求的方向，对于作家建构自我认同具有重要作用。计文君长期诗意地书写现代人的乡愁，切中了依恋、寻觅精神家园这个文学母题，其创作具有不可忽视的文化意义。

《倍阳师范学院学报（哲学社会科学版）》，2014年第3期

论计文君"钧州系列"小说

李　群

计文君是近几年在文坛崭露头角的河南籍青年作家，也是当代文坛"中原作家群"中很有潜力的后起之秀。2000年左右开始从事小说创作的计文君，擅长用"凝练、华丽，且极富古典韵味"[1]的语言讲述女性的人生故事。评论界也较多地围绕她笔下的女性意识以及作品中独特的艺术风格展开讨论，《红楼梦》的精神、张爱玲的笔法、女性成长故事、现代的叙事手法与传统的审美趣味等描述成为人们对计文君小说创作普遍的印象与感受。诚然，这些的确是计文君的小说创作极为突出的特征，也构成了鲜明的计氏风格，但我发现，计文君自2010年发表《开片》以来，之后2011年陆续发表《剔红》《花儿》《帅旦》，2012年发表《窑变》，2013年发表《无家别》，这些

---

① 刘涛：《"红"范儿作家计文君》，《文艺报》，2013年5月31日。

连续发表的小说中都明显地出现了同一个地理位置——钧州（有时被称为"钧镇"，系"钧州"旧称），这些作品中对这一地理位置的描写彼此呼应，人物设置上也偶有关联。计文君曾经说过她"从2000年开始写小说，至今为止几乎全部的作品，都与那个叫'钧州'的地方有关"[①]，但之前的作品中，"钧州"并未像2010年以后的这几部作品一样，在故事中发挥着明显的作用，甚至参与到作品中人物命运和作品主题的诠释上来。据此，笔者大胆地将这几部作品看成计文君有意创作的"钧州系列"小说。对于计文君笔下的"钧州系列"，评论界似乎也并未投以过多关注，鲜见有对此进行专门论述的。但是综观其"钧州系列"小说，我们会感觉到在塑造女性形象、刻画女性性格、讲述女性成长的过程中，钧州的老城、钧州出产的钧瓷都寄托了计文君独特的思考。计文君一向擅长讲述女性故事，本文就将选择"钧州系列"中两篇以女性为主要表现对象的作品——《开片》与《剔红》——来进行分析，以探究钧州的老城、钧瓷与小说中女性形象塑造和主题内涵的关系。

---

① 计文君：《经验的容器》，《文艺报》，2013年9月27日。

一、城与人

钧州是座有历史的古城,"东依凤翅山""西边一马平川,曾经沙白水清的钧河在西关外流过""外乡人多半打西边来,过钧河,钻进带着瓮城的西关城门洞,被千年之前浸在城砖里的森森兵气弄得心神一凛"[①],虽然随着商品经济的发展,钧州有了"包着一层鲜亮刺眼瓷片"的新城区,"刚盖好的楼房外墙上都贴满了雪白的窄瓷片,房檐则贴着深红的瓷片",但作家笔下的故事却多在有着"青灰色砖瓦院落"[②]的老城区展开,《开片》中殷彤和姥姥居住的独门独院,《剔红》里林小娴住的白家老宅子,都是这样的老房子。从这些对老城与新城的简单描述中,老城的丰厚底蕴和新城的浅薄刺眼跃然纸上,已经隐隐流露出叙述者情感的喜好。在《开片》中,老城、老房子与女主人公殷彤的关系呈现出更为丰富、复杂的一面。

在《开片》中,殷彤(也即作品中的"我")的成长与老房子、老人的拘束与管教有着密切的关系。在这小院里,正房

---

① 计文君:《器·剔红》,文化艺术出版社2013年版,第2页。
② 同上,第117页。

的门一年四季都挂着帘子，冬天的棉帘、春秋天的布帘和夏天
的竹帘隐隐传达出姥姥对私人生活认真、谨慎的维护姿态。"外
面还是大亮的天光，后院那些小孩成群结队地在街上呼啸而
过"，而姥姥"吃完饭就插好院门和房门，上床睡觉了"①。年
幼的"我"只能寂寞地看着透过门缝的明亮光线，自己给自己
编故事。姥姥对"我"的这种限制造就了"我"丰富的想象力
和巨大的自制力，同时限制越大，冲破限制的动力也越大。当
"我"从母亲那里得知可以通过学习舞蹈离开这里与母亲团聚
的时候，在姥姥、母亲的期望下，"我"虽不喜欢，却坚持着
对舞蹈的刻苦学习，并顺利地考取了北京的舞蹈学院附中，离
开了姥姥的小院，来到北京。小说在之后又写到了母女俩在北
京大姨家住的大杂院租住的小屋——大杂院里挤挤扛扛住了很
多户人家，热热闹闹的倒也有趣；还有"我"和张伟同居时与
张伟的母亲一起住过的张家——两室一厅的新房，但"我"无
处可去，只有进厨房；以及"我"爱上苏戈以后常常留宿的苏
家——但苏家在"我"记忆里更多的是和苏戈纠缠过的沙发、
地板和床，以及缠绵之后仍然要以离去来维持自尊的委屈。在
这些"我"分别以租客、准儿媳和身份暧昧的女友等身份住过

---

① 计文君：《器·剔红》，文化艺术出版社 2013 年版，第 122 页。

的地方，作品中几乎不曾出现如对钧州老城那个小院落一样富有诗意的描写。大门门斗上生动的雕花，院墙外拉粪车的栗色骡子，青灰色的砖墙和地面，门帘上四季变换的图案，甚至院子里花草的香味、雨的气息、寂静雪夜枯枝的断裂声，所有这些关于小院的记忆，无不透露着一份沉静悠远的诗意。对于殷彤而言，在这个小院度过的童年是寂寞、封闭的，但对姥姥来说，这是她对外孙女最安稳的守护。之后殷彤的几个住处，尤其是张家和苏家，表面上看起来，她被当作成年人看待，似乎有着更大的自由，可事实上，她是被拒绝的。张伟的母亲用无穷无尽的家务琐事把她困在厨房和客厅，甚至在她因单位聚餐而晚归的时候把门反锁，冷漠地把她拒之门外；苏戈以深情款款的一句"我不想伤害你"，虚虚实实地和殷彤打太极，把她放到了身份尴尬的位置上。

在《开片》中，钧州与京城成为殷彤成长与生活的两地，钧州的小院是保守的姥姥用严厉的管教和谨慎的保护建造起的壁垒，把殷彤护在其中；京城的套房是殷彤试图通过婚姻爱情寻觅的栖居之地，但漂泊不定的感情、不能或不愿承担责任的男人让这寻觅变得无比痛苦和艰难。城与人的关系呈现出一种奇怪的抵触。脱离钧州小院的禁锢，来到北京，可在北京又迷失在无家的恓惶中。最终，殷彤还是在对钧州故乡的回忆和叙述中找到了自己想要的生活。

计文君描写的并非只是一个异乡人在他乡的漂泊感和失落感。作品对自由、现代的都市的书写的确更多地表达着人与人之间的距离，但对保守、禁锢的故乡采取的极富诗意的描写手段则展示了更多内容，钧州过往的历史，围绕老城的山水地貌，青灰色的砖瓦院落，门斗雕花，旧时风俗，这些都构成了钧州独特的地域文化。只是这样的文化不仅与京城的繁华格格不入，也在遭遇着新城区的冲击和侵蚀。计文君在作品中传达的不只是漂泊者的乡愁，更是对钧州老城古老文化的留恋。

二、钧州的游子与留守者

《剔红》发表在2011年第5期的《人民文学》上，小说讲述了青年美女作家秋染和闺蜜林小娴各自迥异又相互映衬的人生。她们曾经共同生活在钧州老城一个嘈杂脏乱的大杂院里。小城的生活是平淡无趣的，心高气傲的秋染不甘心，在小娴的赞美和鼓励下，通过写小说来寄托自己的内心情怀，之后又离开了钧州，到省文学院专职写作。在遇到文化商人江天以后，包装出一系列打着"伪小说"旗号的违心之作，偏偏市场认账，秋染也因这一系列媚俗的违心之作成为小有名气的作家。在秋染的小说里，"破碴陋院"被她乾坤大挪移变成了有着"花草楼台，云霞翠轩"的"深深庭院"；大街上开过店铺的祖父成为德高望重的儒商，因爱城东凤翅山的秋林，"遍山槲树，一到秋天红叶尽染"，以秋林颜色为孙女命名；家境不好又受过处分的父亲变成富有才情却郁郁不得志的失意之人。这些春秋笔法铺衍出的家世折射出的是主人公秋染身处凡俗却不甘于此的孤单与对抗，她对事实上真有才情又在现实中摆着凉粉摊儿养家的母亲回避不提，恰恰反映了她对在俗世挣扎的母亲的那份维护，这维护也是心性清高的秋染自矜自怜的表现。

同样是面对这充满了世俗意味的大杂院，林小娴却是另一番姿态。她在苦恋十多年后远嫁美国，几年后离婚回国，又回到西关大街那个大杂院里。"两个店铺间不足一米的空隙就是现在的院门，进去宽阔些，收破烂儿的那家倒搬走了，墙根下原本敞着的排水阴沟，如今也拿砖给盖上了，可连天暑热的，多少还能闻到点儿不好的味道，触目都是脏的，褴褛的……"[1]暗沉沉的过厅屋被人租去养土元，不时还会飞出来一两只。小娴带着一群衣着光鲜华丽的客人回家，面对这破败杂乱的景象，她不卑不亢，甚至拿土元的俗称"土鳖"来调侃了一下，一副

---

[1] 计文君：《器·剔红》，文化艺术出版社2013年版，第30页。

云淡风轻的模样。同时，她又在这嘈杂肮脏的环境包围下营造出自己的一方天地。虽然没有空调的房间、烧散煤的厨房、弯弯绕的公共厕所，都在强调女主人过着不时髦、不现代甚至可以说得上是落伍的清贫日子，但"小院门前，那一墙的藤蔓依旧葳蕤，门头上的玫瑰早谢了，只有那半墙凌霄，老藤嫩叶，打着累累的绛红色花苞"①，院子里葡萄架下放着藤椅茶几，葡萄是碧玉一般的颜色，散发着带有蜜味的香气，还有几株开着紫红花的木槿，东北角两棵枝繁叶茂相倾而生的石榴树，小院里让人心静的气氛，都让人留恋。这一切正如小娴的性格那样，清清淡淡，宠辱不惊。与秋染游子回乡不同，小娴就是西关老街的留守者。

从秋染和林小娴的处境我们可以看到：离开钧州的秋染现在已经成为小有名气的美女作家，在江天公司的打造下，手工作坊升级成为现代化流水线，包装出一部又一部媚人的畅销书，可是连她自己心里都鄙薄着这样的媚俗之作。林小娴却如自己的名字一样，娴静优雅、气定神闲，虽然也为房租、生计、养老保险之类的俗事奔波，但却能不失其本心，保持着心底的一片清明天地。

---

① 计文君：《器·剔红》，文化艺术出版社2013年版，第30页。

小说中有一段话对比着秋染和林小娴的状态："年轻的她们，背靠背地互相支撑着，陷在自我和世界的鏖战中。绵延的时间将战争拖向了和解，只是她们各自达成的和解截然相反——小娴与她的内心和解了，放逐了世界；而秋染，她与世界和解了，放逐了内心……"①秋染和小娴同样生活在大杂院里，环境的嘈杂脏乱、俗世的纷争、利益的计较并不因她们内心的高洁丰盈就放过她们。秋染不堪忍受，想要通过挣钱摆脱这些，于是先有了与物质世界的妥协，继之又以种种不得已的理由麻醉自己。小娴却终能守住内心，虽然金钱上一无所有，也不得不妥帖着亲戚朋友间的精明算计，但却心平气和，如俗世中的一朵青莲。在余萍等人的眼中，她是可笑、可怜的，但小娴却将生活过出了自己的滋味。秋染在闹市的灯红酒绿中冷了手脚冷了心肠，小娴却在大杂院后小小的院落里天高云淡。

计文君将这样的环境——钧州和省会、老街中的小院和酒店的高层观景房——对比着来写，两种环境、两种心性，写出了两位现代女性不同的人生选择和精神世界。但这二人又以这样互相的体恤和包容给予对方一份依靠。或许也可以这样认为：秋染和林小娴恰如一个人的两面，务实也好，务虚也罢，

① 计文君：《器·剔红》，文化艺术出版社 2013 年版，第 55 页。

终归是在这滚滚红尘中的一点不甘和坚持。不过，作家似乎也无意于在小娴和秋染的生活中进行是非判断，无论是秋染的俗世挣扎还是小娴的避世而居，都有太多的无奈伴随。作家想要展示的更多的是女性在这一和俗世对抗、挣扎的过程中内心的波澜以及心灵的自足。

三、钧瓷之美与女性成长

计文君的小说多写女性的成长故事。《开片》就可以说是一篇典型的女性成长小说。成长的故事之外，计文君在小说中为主人公最后的成长顿悟设置了一把独特的钥匙——钧瓷。钧瓷是钧州特产，计文君的"钧州系列"小说不止一次提到钧瓷，在《开片》中，更是以钧瓷的开片之美点明题旨，赋予女性成长内涵极为形象独特的描述。

小说主人公殷彤从小在钧州老城的一处独门独院长大，姥姥对她的管教极为严格，时时处处提醒她，女儿家要金贵自己。这样小心的原因就是殷彤的母亲秦素梅年轻时因为不金贵自己，未婚怀孕，让姥姥气恼了一辈子。母亲匆忙下嫁又不堪忍受家庭暴力而执意离婚，在姥姥看来都是她不金贵自己的结果。为了躲避街坊四邻的闲言碎语，秦素梅常年在北京打工，并用自己的痛苦经历告诉女儿："年轻女子就像件瓷器，若不找个稳妥的地方安放，像她似的，哪天一失手，就粉身碎骨了……"①

在姥姥和母亲看来，女子是脆弱的、易受伤害的，所以要格外地小心。"金贵"的意思应该还有对贞洁的看重，尤其是对于从旧时代过来的姥姥来说，贞洁不仅仅是社会道德对女性的约束，更是女性尊严的体现。而对于母亲来说，她更渴望得到婚姻中的尊重和自由。可以看出，母亲的观念比姥姥更进了一步，不再把女性的尊严维系在可笑的贞操上。但对女儿婚姻的期待和担忧，使得她甚至希望通过自己和苏戈的合同婚姻给女儿一个好的家庭背景，然后帮助女儿谋到一个理想的结婚对象，这种把人生的幸福、安稳寄托在婚姻上的观念其实仍是虚妄的、可悲的。

小说《开片》主要讲述的是殷彤的成长，童年时在老房子被姥姥拘束、管教，飞出这"樊笼"到达新环境后，又经历了一段又一段无疾而终的感情：同样出身寒微的鲁辉为了前途，选择了系主任的女儿；单纯又无趣的张伟，不过是懦弱无能不敢面对现实人生的啃老儿童，张母的强势和世故让这段本就不

① 计文君：《器·剔红》，文化艺术出版社2013年版，第133页。

同步的感情面临终结；苏戈的自私与精明被包装上潇洒多情的外衣，口口声声不想委屈了殷彤，实则是为自己的不想承担责任留下了足够的余地。面对鲁辉的选择，当这份朦胧的初恋在和男人的锦绣前程做较量时，于殷彤而言，结果已经不言自明，骄傲的她当作什么都没有发生过以维系自己的尊严；张伟的家庭环境使他就像个长不大的孩子，看起来是个单纯善良的恋人，可是当他请母亲为殷彤安排了一份工作后，自然而然地就索取了殷彤的处子之身，这段感情就像是殷彤童年拿糖果去交换故事书，只不过，这次殷彤交付的是自己的尊严；在苏戈这里，殷彤被一个独立自尊的幌子压得万分委屈，分分合合、虚虚实实的情感太极，维系着一份暧昧不明的情感。在这些情感经历中，殷彤越来越洞悉了婚姻、男人之于女性安稳幸福的不可依靠。

在殷彤的成长经历中，钧州、北京、工作、爱情都在不断地发生着作用，但小说在最后，终于让主人公悟出了姥姥和母亲心心念念要的安稳、安顿的真谛。姥姥和母亲把女人比作瓷器，让殷彤谨记爱惜自己，安放好自己，不要碎了，碎了就是毁了。母亲在姥姥心中就是没安放好自己的碎了的瓷器，一生都毁了。殷彤一直想找个可靠的男人安放自己，可一再失望。直到最后在听父亲殷至诚介绍钧瓷时，听到了"开片"这一说法，并从"开片"中悟出，钧瓷的开片之美，是因为这是来自自我的内部力量，是不可预计的，也是不可把握的，自我毁灭的裂纹恰恰成就了瓷器本身的美丽。这一无比贴切的描述正是女性自我成长的写照。殷彤在明了这一切之后，说出了自己的心声："妈妈，我自己安顿自己，一如你自己安顿了自己。破碎是我们的命运，但破碎未必就是悲剧，妈妈，知道吗？这世界上有一种美丽完整的破碎，叫开片。"

无独有偶，和《开片》中瓷器通过"开片"完成美的蜕变呼应，《剔红》里讲述了另一种精美的工艺——剔红漆盒之"剔红"。所谓"剔"，就是"在胎上的漆半干柔软的状态下动刀"[①]。这样的表达，更像是在述说人生，一遍一遍、经年累月地对生命本来的状态进行改造。林小娴说不喜欢剔红，看着端凝华绝的纹路，分明竟是惨烈的伤口，让人觉得疼痛。林小娴的不喜，正是她对改造的拒绝，哪怕拒绝的是精美绝伦、价值不菲的成器。

对一件艺术品来说，剔红的工艺是一种来自匠人的力量，开片则是内部的自我变化。对于人生来说，剔红就像是外部的规训，开片则是自我的升华。计文君用殷彤对开片之美的领悟

---

① 计文君：《器·剔红》，文化艺术出版社 2013 年版，第 64 页。

诠释了她对人生、婚姻、情感的理解。

通过以上对《开片》《剔红》的分析，我们可以感受到计文君的"钧州系列"小说独特的韵味，作家把她对故乡、历史、人生的感悟灌注其中，在对钧州老城的诗意描述中，在繁华中不失本心的坚守者身上，在钧瓷独特的开片之美里，我们感受到了独特的钧州意蕴。

小说的化城与琢光的心性

——计文君的小说

张　欢　孟繁华

苏珊·桑塔格做过一个比喻，说伟大的作家要么是丈夫，要么是情人。"如今，小说的家庭里充斥着发疯的情人、得意的强奸犯和被阉割的儿子——但罕有丈夫。"[1]我们很容易沿着这个比喻去对照自己的作家名单，然后打量着"丈夫"和"情人"分布的不均衡。如果将视角转向中国"70后"作家，则不免会关联起盛行于20世纪90年代末的热词"美女作家""身体写作"，那种张扬"发疯的情人"的登场方式，更接近于一场事件。作为同代人，计文君的登场时间、登场方式、写作方式、写作风格都不属于那支队伍，并且与之形成反差的是，她更像

---

[1] ［美］苏珊·桑塔格：《反对阐释》，程巍译，上海译文出版社2011年版，第56、57页。

带有女性气质的那个"罕有的丈夫",清醒、斯文、敏锐、细腻、对现实保持充分的开放姿态。

分享荒谬

计文君小说的人物大多是有前史的,这为他们在故事主体层面的言行拓展出一个关于成长记忆与性格逻辑的背景维度。他们往往以主动的、有勇有谋的方式投入现实,并在这个过程中衍生着焦灼、孤单、分裂和逃离,很难分辨隐在这姿态背后的,是理想还是欲望,或者说,这种暧昧的结合本身就是现代社会的复杂表情和内在动力:基于欲望的理想或被理想化了的欲望。无论《无家别》中的史彦、《你我》中的周志伟,还是《开片》里的殷彤、《化城》中的酱紫,他们都用力将各自的人生镶嵌在自己认为的最光明处,却总是无法严丝合缝。他们也试图自我重塑或明珠另投,最终却只能带着无处不在的裂缝与这种不稳定同在。计文君的小说中常常或隐或显地贯穿这样的人物和故事,这似乎是对这一母题的再开发,而经过了历史语境的大变迁,历史困惑和当代话语又有了更多复杂的交错和偏离,任何母题都有缺口,亟待新的叙事来重新激活。新的人物是进城后的高加林、美女版的于连,但他们的困境不再是高加林、于连的困境，或者说，他们困境的起点正是高加林、于连为之奋斗的目标，而他们的终点是没有终点，如此才惶惶不安。

在想象的终点上，《无家别》做了一个"逃离北上广"的实验，其间近于存在主义式的荒诞基调，以及主人公那种被取消了重量的悲愤，是"逃离"的结果和代价。所谓"打回原形"仅仅是弥漫在那些缝隙里的恐惧，或幻想中的依凭，到头来才发现，并不存在一个可以稳定安放自己的"原形"结构。故事并非是由奢侈的哲学命题引发的意义探索，而是基于世俗社会的秩序结构和价值结构所展开的具体的精神困境。值得注意的是其中存在的一个张力结构：虽然史彦是一个边缘化的失败者形象，但文本的整体叙事逻辑则是精英式的，所谓的荒谬感是主人公史彦的感受，并且，其他几个主要人物也或是参与（王启）或是见证（季青）地分享了这种荒谬感，而一直沉浸在"违纪事件"里的其他几个人物则完全没有意识到，或者说，他们只是负责发挥推动这个"荒谬"的功能，因此从头到尾都沉浸在他们以为的"事件"中，坚持不懈地"处理"。那么，如果我们设想这些"事件人物"也获得了一重与史彦他们同样的观看方式，也就是被成功启蒙了，那么这一荒谬处境也即自行瓦解。从这一角度看，史彦的突围失败其实意味着一场"文明的冲突"，而无论前面的无奈返乡，还是对后来不断陷入荒谬的渲染，其实都凸显着主人公对某一种"文明"的指认和选择。小说的结局是史彦辞职离开了钧州学院，也便意味着后者将继续维持自己的那套"文明"，于是，小说中所贯穿的这一"荒谬"结构也就得到了完整保存，否则，接下去的就将是"五四"和80年代的思想主题，而现在，我们已经来到了缺乏共识和主题的"小时代"，因而故事也找到了自己在当代的分叉路径。

对于没有终点的困境，史彦的返乡实验也可以看作是计文君安排的一次戏剧化的行为艺术，然而生活往往是缺乏戏剧性的日复一日，就像《你我》中那对礼貌的夫妻。小说开头几笔就点染了这对夫妻的关系状态：

> 电视信号突然断了，一片冷漠沉闷的蓝漆刷在荧屏上，支瑾抓起遥控器关掉了电视，无意间一抬头，正撞上周志伟的目光，夫妻俩笑了笑，突然降临房间的安静，成了他们需要解决的问题。[①]

一对陷入和平困境的夫妻。究竟是沟通困境导致他们的关系困境，还是关系困境导致了沟通困境？不久我们就发现，这

---

① 计文君：《你我》，出自小说集《帅旦》，山东文艺出版社 2014 年版，第 282 页。

是他们彼此默认的共处方式：沟通困境就是他们的沟通，关系困境就是他们的关系。而这有效保障了他们最大限度地彼此保留，也保障了这不是一篇简单的出轨小说。

周志伟的困境不同于史彦的困境。史彦是以逃离中心、返归原籍的方式确认了原点的坍塌和幻灭，而对荒谬感的演绎与强化，在一定意义上也是他保持自我优越感的心理依据。但是在周志伟这里却是，他在中心城市基本站稳了脚，拥有相对稳定的工作、家庭、情人和不错的前途，然而他让他的"初恋故事"寓言般笼罩自己的生活，不厌其烦地讲给妻子、情人、办公室的暧昧对象。小说采用第三人称全知叙事，但叙事者明显倾向于作为妻子的女主人公支瑾，于是就有了支瑾分别与自己的闺蜜、情人讨论和揣度周志伟讲这个故事的意图，最后得出的结论是"进城后的高加林"的自卑情结。当然，小说并无意探讨城乡二元结构的社会学问题，那个结论也是功能性的——继续维持了支瑾这位家境优渥的城市女性的优越感。文本的叙事角度基本沿着这一方向展开，以至在人物设置上也带上了某些符号化特征：支瑾的情人是风流倜傥的大学教授崔嵬，周志伟的情人则是老家出来的打工妹柳洁。虽然这样一条价值逻辑未免直露，然而不得不承认，这确实映照了当下中国主流价值观的真实图景。但作为一个开放性文本，叙事者的叙事语调又是犹疑的、逃避的、有余地的，参照史彦的自我认同，我们看到周志伟的危机则是自我认同的不确定性，对于城市生活的一切他并没有表现过排斥或不适，而且从各方态度上看，他与各种角色的融合度也颇高，但是，那个与"周锅村老龙潭"捆绑在一起的"初恋故事"却作为周志伟与故乡之间的线索和密码，始终发挥着质疑功能。当一个少年通过多年奋斗终于跻身于自由繁华的都市，分享现代性文明的各种辉煌和便利，难道他不该全面拥抱这一切，同时认同带来这一切的逻辑、规则、潜规则吗？周志伟也的确按照这些建构起现在的自己以及自己的生活方式，但同时他仍不断重复那个"初恋故事"，这是否也意味着他要保留那份质疑，承受这种分裂？如果说周志伟的困境是相当一批通过奋斗打拼进入中心城市的中产者的困境，那么，对这种困境的支璡式理解模式，则是当代社会价值结构的病征。当阶层流动获得合法性，阶层内部的鄙视链也悄然形成，当代中国正在经受这两条线索运行的结果，于是，每个人物的前史就与他们的现在与未来密切相关。

其实，史彦、周志伟是已经高度城市化、现代化了的中年高加林，小说在他们身上衍生的更多是现代社会人与人之间的孤立和隔膜，是来自"不可承受之轻"的生活的侵扰和吞噬。而"不可承受之重"要在一无所有的生命身上才更容易激发骁勇与邪恶。《化城》是围绕当下备受关注的新媒体展开的故事，故事背后是主人公酱紫（姜丽丽）的个人奋斗史和伦理困境。一般来讲，计文君的小说人物往往是不纯粹、不疯狂的，他们身上杂糅着一种犹疑克己的理性和怯弱。但这次的酱紫是彻底的，目标意识强烈迫切、势不可当，相对于史彦、周志伟的消极和迷惘，酱紫显得不计代价、不择手段，更像是个女版于连。然而问题是，当于连的自我实现方式早已被全面接受的时候，于连的成功有何意义？当某种反抗已失去了具体的反抗对象，反抗是否也是一种扩张？

无论如何，姜丽丽获得了变成酱紫的合法性和可能性前提，从而使她一开始就摆脱了"高加林式"失败，全力以赴追求"艾薇般成功"，这也是小说正面叙述的主线。这位艾薇就是她的"德·瑞那夫人"，是她最要好的闺蜜林晓筱的小姑姑，也是她青春时代的偶像，"姜丽丽心内一念翻转，竟成为一件足以改变人生的大事——自己的理想与神祇，原来离自己竟如此之近，近到只隔着一个林晓筱——林晓筱许是上天派来引领自己的使者"①。但十四年后，创业不顺利的酱紫出卖了朋友，将艾薇被家暴的视频第一时间传上了网络，而这个视频是她受

---

① 计文君：《化城》，《人民文学》，2017年第10期。

林晓筱之托帮忙照顾艾薇时就计划好去录下的——既不是迫于无奈，也并非一时兴起。事件对艾薇的打击可想而知，在此期间，林晓筱在遭受一系列家庭变故后患上抑郁症。作为收场，酱紫又推出并自导自演了一个"危机公关"方案，而这个成功"作品"使她同时赢得了资本和受众，一夜之间成为新一代网红和新公司的CEO。

故事本身并不复杂，生活在媒体时代，我们似乎对于类似的报道司空见惯，而文学的意义就在于它不同于新闻报道，文学往往是人性的镜像而不是事件的记录。从某种程度上讲，小说中的酱紫照出的恰恰是初入媒体时代，人们的匿名狂欢及其伦理困境。小说中作为出卖者的酱紫从出卖行为发出的那一刻直至最后，都不曾陷入痛苦或内疚，而始终在长袖善舞多方应对，仅仅在接近尾声的部分，当听到艾薇说早已知道真相时"酱紫血液瞬间凝固了"，这是自以为是的秘密突然被揭破的猝不及防，何况，真正的精神痛苦与别人无关，而是自己对自己的否决。拿破仑时代的于连敢于向德·瑞那夫人开枪，同时也敢于面对自己的耻辱和忏悔——人们犯错误的方式与面对错误的方式都关联着一定的文化背景和精神气质。但在新时代的于连那里仅有"开枪"的手段，而"开枪"的动因和"开枪"后的"完美善后"皆是出自同样的执着——对成功的欲求。成功，几乎成为新时代新的意识形态，它为现代人制造新的价值尺度和行动动力，也意味着新的秩序和关系。欲望作为个体的自我要素，在获得合法性后无限扩张，此时不再是自由伸展与强制压抑的战争，而是伸展与扩张、扩张与扩张之间的僵局。当一切被赋予了个人化、内心化的美感，其实，恶也被内心化了。酱紫的背叛就顺利地进入这一逻辑中，在事件发生后几乎没有人对此表达质疑，包括叙事者都赋予酱紫一种无辜的基调，但女于连并非是初来乍到的简·爱，酱紫也并不无辜。小说末尾是艾薇与酱紫的对话，艾薇以一种禅机偈语式的模糊，将事情轻轻掠了过去，酱紫仍"无辜"地沐浴在象征性的苏醒里。

这里的轻飘是残酷的，因为它不是在困境中力求突围的姿态，而是，没有敌人也没有出路，这是正在成为新的社会中坚的人们制造和面临的又一困境。计文君对于最世俗的现实也始终伸着她敏感而有温度的触须，且并不打算抽回来，她以自己的热情、冷静、观察力以及不可回避的优越感延伸和细究这个世界。

二次元游戏

计文君的人物与自己一代人有着很深的同构性，他们带着自己的成长记忆、优秀努力，在一个繁华现代的城市生活，由他们演绎的故事聪明世俗、哀而不伤，在自尊和虚荣之间、恒常与躁动之间费尽思量又乐此不疲。这些故事大多关乎情爱，并由此展开其隐在生活表层之下的激情、隔膜、焦灼、脆弱。计文君在叙事过程中作为女性的身份自觉是呼之欲出的，但你又很难认为她是个女性主义者，尤其当女性主义几乎成为一条不可触犯的政治正确的准则时，你甚至会从人物设置、价值倾向等各种角度怀疑她是个男权主义者，但也很可能，她就是一个笃意写实的作家。

爱情向来被称为"人类的永恒主题"，其实已经"不永恒"很久了。打开文学史，我们熟悉的是以爱情写启蒙、写革命、写再启蒙，即或再往前追溯也满是"长恨歌"式的帝王之思，"梁祝"式的对抗社会。自从张爱玲打响"男女战争"，才开始了对这种情感关系本身的抽丝剥茧、条分缕析，于是，也让孤寂而怀疑的当代"战场"在文本内外，以生活模仿艺术或艺术模仿艺术。计文君笔下的浮世男女少了物质上的依附，多了几分棋逢对手的紧张和体恤，"那是在核阴影之下打信息战、神经战，不肯输，也不敢赢"①。听上去"战争"升级，更加惊心动魄，实质上却显出人的亲密关系已如此理性、戒备、利己，离

---

① 计文君:《剔红》，出自小说集《帅旦》，山东文艺出版社2014年版，第107页。

爱情更远一步。

升级后的新时代"战争"更像二次元的游戏，虽然同样追求输赢、同样怕输，但前者更大程度上是怕失去，后者则同时在意的是智力优越感是否遭受打击，有一种微妙顽固的虚荣心，这也是计文君的人物独特的"战斗气质"。如，《开片》中的殷彤与苏戈、《剔红》中的秋染和江天、《你我》中的支瑾和崔嵬，这些人物往往都自视很高，都有着一份与文化有关的体面工作，相互间可以做形而下和形而上的交流，也正因为如此，他们都希望最大限度地保留自我、保持自尊，从不歇斯底里也从未全心投入感情，他们对于被认同有着强烈的需要，在某种意义上，他们追求"赢"更像是为了证明自己而不是获得对方，很多时候已经脱离了恋人的身份，是两个对手在较量。因此，这些男女主人公之间的关系，毋宁说是一种具有高度精神代价的情欲关系。然而他们为欲望注入的精神因素也是世俗的，相对于生存层面的欲望，他们这里是享受生活的层面，那些机巧和华彩其实是在用欲望拯救欲望。当然，欲望何尝不是一种韧性和生命活力，他们被自己和他人的欲望围困，相互间又不无体恤，患得患失的同时勇往直前。计文君的"游戏男女"是一些自知在假戏真唱的人，而且下一场他们也还是会继续来唱。

作为一位有强烈身份自觉的女作家，计文君小说的女性叙事显得明确又暧昧，这反而使她的写作姿态逐渐清晰，她并非将"女性"作为立场，而是一种体验、观察和表达。文本中不难看到这样的情形：一方面叙事过程沿女性视角，将主人公的身世、处境，身体的隐秘体验、意象，以及在各种细节中的细微感受、心理、暗示、潜意识……敏感地捕捉并准确呈现出来，从而建构出具有女性主体自觉的"我、我的身体、我的自我"[①]；而另一方面，在情节向结局推进的过程中，又会有痕迹明显的男性中心法则无形中实施着统治，使故事的内在逻辑还原到了"娜拉出走"以前。

计文君的小说常会带来令人愉悦的阅读体验，来自那些滑过去也并不影响情节推进，但没有掠过便邂逅了点石成金的段落。比如《白头吟》中，写一对夫妻在做好各种准备备孕却迟迟无消息的阶段，女主人公种种交织在一起的复杂状态和思虑："丈夫和谈芳，都不肯表现出些许轻慢。轻慢要孩子这件事，就等于轻慢自己的婚姻同时也轻慢了婚姻中的另一个人。不肯轻慢的姿态里，有几分是吃力和紧张的不敢，也有几分是体贴和疼惜的不忍——谈芳如此，她想丈夫多半也是如此。"[②]

---

① ［法］埃莱娜·西苏：《美杜莎的笑声》，孟悦译，见张京媛编《当代女性主义文学批评》，北京大学出版社 1992 年版。

② 计文君：《白头吟》，出自小说集《帅旦》，山东文艺出版社 2014 年版，第 56 页。

将一个女人在多重角色、关系中内心的细腻、多层捕捉得巧妙精微。这些时常出现的即时抓取与生发，不是灵机一动，而是一种来自女性的体察方式和文学表达的转化自觉。

与此同置于文本内部的，还有另一套男性话语和以大众取向为主导的意识形态在驱动故事的整体走向。比如，所有的女主人公都是美丽的，且有高智商和高情商；单身女性总是向往结婚（《开片》中的殷彤、《剔红》中的秋染、《白头吟》中的唐慧、《你我》中的柳洁）；已婚女性的形象大都知性端庄（《白头吟》中的谈芳、《你我》中的支瑾、《化城》中的艾薇）；女性在事关前途的境遇中总少不了受助于与之发生情感关联的男人（《开片》中殷彤与张伟、《化城》中酱紫与韩主任、周鹏）……这些包含传统主流意识形态和通俗趣味的情节模式，往往化身于文本内部，隐而不显但会随时起作用，而当它与叙事者想要传递的意向出现分裂的时候，文本人物则会以对话、独白或者直接发表评论的方式来加以弥合。比如《开片》中林风对性别文化大加批判，而支持故事步步展开的内在逻辑（殷彤的处境及其与苏戈的关系政治）恰恰是林风批判的对象；再如《开片》《剔红》《你我》等篇，都描述了主人公对婚姻的犹豫、矛盾、质疑的情绪，但仅止于情绪，并无内容和思考，与此同时驱动情节的动力又正是这些女性对婚姻的追逐、争取和重视。毋宁说，这也是我们当下无法回避的现实问题：公认的或政治正确的原则、价值理念与贯穿于现实世界、生活伦常中的秩序体系并不重合，文化中国并没有在作为政治的经济的共同体中同步找到自己的当代形态。从某种程度上讲，计文君文本内部的张力状态，与当下作为"想象的共同体"的芜杂与分化状态相映成趣。事实上，对于一个长期处于生存的动荡不安中的民族，专注于对情感的体验和发掘是奢侈的，当文学在处理现代人的情感困境的时候，也可以认为我们是在逐渐探索和建构我们自身的情感方式。在这个意义上，计文君是个不藏匿问题的写实派，她不会擅改她所体会到的真实，即使有所困惑，计文君的困惑状态也是有理有据、眼观六路的，她会在困境中养精蓄锐寻求突破，而不致坐以待毙或坠入虚无——计文君当然知道，所谓的虚无和实有，都不过是小说营造的化城。

写在现实边上

写实的趣味和介入感，虽然使叙事和人物免于虚无，却难以抵御现代性压力下的焦灼无序，以及生活因缺少超越感而必然趋向的拥塞、世俗。现实的能量之大、世俗的裹挟性之强，计文君显然有所体察和警惕，她常以古诗文入小说，也是对这个使用统一现代汉语的当代世界的一种间离。但在现代文本语境与古典修辞之间，这样的移用是有风险的，计文君懂得节制，因此总是挥洒一番旋即自我解嘲地回到现实。在《你我》中主人公也有类似的自我对话，"她不过偶尔拽着这个问题从让人窒息的庸常中探出头，呼吸一口冰冷荒凉的虚无，然后呛咳着又坠回暖烘烘的庸常中来了。她若被人发现长久地挂在这个问题上，好心人多半会建议她去看心理医生了"。被建议看心理医生是不用担心的，对生活有真实的热情的人不会虚无，值得担心的恰恰是连这点偶尔的"虚无"也失掉。在没有信仰、权威、答案的时候，被一些抽象问题和具体困难围困的人，格外迫切地需要一个出口，让自己获得想象性的确认。因此，有一些人物，除了承担与情节相关的角色任务之外，还回应着主人公的内在需要，甚或是主人公另外一个身份的"自我"。"我们几乎从不思考关于我们身份的硕大的'超文本'现实，当然不去思考当发出'我'的音或写出'我'这个字时的那些事例。但'我'在这个世界上的表达的可能性是内在于最基本的身份表达之中的。"①换句话说，人们需要为自己提供一点确证的依据。他们是

---

① ［美］于连·沃尔夫莱：《批评关键词——文学与文化理论》，陈永国译，北京大学出版社 2015 年版，第 122 页。

逃离或确认现实的另一个"自我"，因此，这些人物也就带有些许理想化和神秘感，是将主人公的需要内在化的人物，他们有可能是去世的长辈或在世的朋友，是一种精神上的在场，与主人公保持着心理上的关联。他们没有那么多烟火气和现代感，他们与主人公的关系亲近，存在于主人公的生活之内又在其外，他们会直接或间接地参与到主人公的生活中，但又与之没有利害关系。从叙事策略的角度，他们常常在情节上起到化解僵局、另辟蹊径的效果；在节奏上缓解因集中铺陈事件冲突所带来的紧张感，将叙事氛围导入多重调性的穿插呼应。《剔红》中的林小娴、《琢光》中的司望舒、《白头吟》中的韩秋月都属于此类人物。

秋染叹气说："我可真是不懂你了，这么过有意思吗？"

小娴含笑问道："那怎么过才有意思呢？"

秋染怔了一下，说："其实，活着的那点儿意思，是自己找的。"

"也未必……"小娴微微一笑，"有几个人真是自己找到那点儿意思的？"她略仰起脸，眼睛又眯了起来，额角有一斑明亮的光落在那儿，曼圆的脸庞，忽然生出一点儿宝相庄严的意味。①

---

① 计文君：《剔红》，出自小说集《帅旦》，山东文艺出版社2014年版，第145页。

这段对话直接地烘托了在林小娴身上离尘出世的超验意味，其实在整个叙事过程中，这一部分都被赋予了某种由衷的信赖和禅意，她懂中医，晓传统文化，超然物外又事事皆通，煎药、烹茶、种花、养猫、养家，性格上又温婉恬淡、与世无争，经历了生活的起落仍对生活不失善意，对问题永远有自己的看法，并能以自己的方式使秋染心生安宁。与之相似的，《琢光》中的司望舒之于艾薇，也近于无所不能，又解意知心，身份上也是医生，并且是心理学医生，于是不但为林晓筱提供医学上的治疗，而且也成了艾薇纾解心理的心灵导师、灵魂栖所。

他们的存在具有很强的象征意味，与其说是某个具体的人物，不如说是一种心理寄托和向往。当现代人失去了上帝、颠覆了权威，一切都意义不明、心怀叵测，孤立的人开始需要一点依据和参考，同时需要一种可以暂时出离现实、除虑息心的出口。这些人物以及林小娴家的院子、司望舒的风园、韩秋月的合欢林，都不失为某种象征性意象，在一定程度上都承担着情节之外的意义功能。但是，现代社会的世俗化程度已经太深，对于缺乏形而上精神背景的人来说，对现实的出离也是确认现实的方式之一，因此不可离开得太远。套用钱锺书解释"人生边上"的说法，因为现实太大，即便是对出离现实的想

象也只能建构在"现实边上"。于是，我们看到，当入世热情
与出世之心同时并生，矛盾和自我纠葛也就随之而来，最后现
实总归是占了上风，否则也就成了对所有的殚精竭虑、百转千
回的自我否定。文本中的人物对话也是这种矛盾的一个表现方
式，《剔红》中秋染质疑林小娴的遗世独立，最后小娴还是承
认"自己所谓爱惜心性的说法，也许是怯懦的托辞"，"我是算
过得失的"。在《琢光》中，当真追究起来，无欲无求的司望
舒也是各方周旋且游刃有余，世外桃源的风园也终究是一个炙
手可热的项目。"超越"并没有发生，暂时的"出离"意象也是
避难式的、策略性的。计文君始终是站在地上看天空的，她的
世俗之爱和写实理性令她困厄也不歇斯底里，神往也依然保留
怀疑，她一直用自己琢光的心性看着这个世界。

《上海文化》，2018年第3期

火中栽莲

——计文君的小说

黄德海

一

"我写小说的第一年都用来建造世界：在一个中世纪的图书馆里所能找到的所有图书的长长的目录；众多人物的名单和他们的身份，这其中许多人被排除出故事。谁说过叙事要与身份登记机关竞争？也许它还要与城市规划部竞争。为此，我翻遍建筑百科全书，长时间研究其中的建筑图片和设计图，以便为我的修道院画出设计图，确定其间的距离，直到螺旋梯的台阶数。"尽管现代小说越来越看轻这个完整构造世界的传统，甚至不惜代价将之撕裂开来，但我仍然固执地认为，愿意且能够在小说中虚构一个如埃科以上所言的完整世界，是写作这门手艺值得珍重的原因之一。

　　读计文君的小说，能明显感觉到她对虚构完整世界的耐心，只是这世界并非埃科式的可以画出设计图，而是渗透在每一个角落，携带在每个人身上。沧桑的风云，代际的递嬗，花木的生长，房间的格局，器物的陈放，只要在小说中出现了，就一定有着特殊的气息和温度，氤氲出一派别样景致。人物一经出现，也不会行囊空空，匹马单枪，必然随身携带着时代、地域和家庭合力灌注在身上的小世界。这些小世界与周遭另外一些小世界相摩相荡，又生成为另外一个略经变化的世界，看起来风光依旧，却已经是流年暗换，非复昔日景致。或者也可以这么说，计文君虚构的世界，并非一座在风雨剥蚀中顽强挺立的城堡，倒似一个伸缩如意的阳羡鹅笼，不断移步换形，临机而变。

　　仔细推究起来，这个一直变化的虚构世界，乍看与现实世界酷似，却并不真的是我们日常置身的这个——虽然使用的材料无疑来自这里。怎么说呢？相比这个虚构世界的干净整洁，日常世界太尘土飞扬了；相比这个虚构世界的风致宛然，日常世界太直白无隐了；相比这个虚构世界的明暗错落，日常世界太混沌无序了；相比这个虚构世界的典雅古朴，日常世界太粗陋浅显了；相比这个虚构世界的小心翼翼，日常世界太大大咧咧了……自然，这个不同并非虚假，是写作者个性在作品中的必然渗透，就仿佛任何世界都是我们眼中的世界一样，并没有一个统一的世界在眼前。特殊的只是，日常的任何东西，只要进入计文君的小说，就有了一种追光营造出的效果，显而易见地郑重起来，连平板呆滞的神情都因为笼上了虚构的色彩而有了光泽。

我很怀疑，这个虚构世界的光泽，很大一部分来自计文君对物的注视或精微观察。在她的小说里，有各式各样的物，衣饰，陈设，清玩，是虚构世界里真实的那一部分，与人物妥帖地伴生。它们在小说里随时出没，一经出现，就带着与之相关的人的神采、气度、经历。或许正是因为有了这些物，人就不是晃荡的影子，行走在经不起推敲的背景里，而是可以心安理得地走进无论怎样复杂的现实。"一阵带有洋甘菊甜美香气的细雨落下来，被润泽了的蓬乱鬓发跟着梳子恢复了妩媚细密的波纹"，走出来的一定是带着文艺腔残留的谈芳；"一头秀发结结实实地扎着辫子，连根鲜艳点的头绳都不用，她只用黑毛线缠过的皮筋"，这是老实本分的秋小兰即将出门；"从地铺上坐起来，大吼了声'滚'，就又躺下了。深蓝格子的粗布单子，把她裹得严严实实，什么也没露"，接下来，"帅旦"赵菊书就要起身对着生活排兵布阵了。

有时候，这些虚构世界的物不只是人的一部分，它们几乎从人情的世界里独立出来，有了自己明艳无比的风姿，给荒寒无根的尘世以安慰，给孤独寂寥的人生以希望，甚至启发人对自身的心性加以调理。一家老人有囤积衣料的癖好，去世时，"家里还有她十几年前从杭州买回来的成匹的织锦缎、香云纱、重磅真丝，颜色老，花色也旧，没人稀罕"，但这"可笑的癖好里，藏着对日子天长地久的大信"。殷彤经历了人生的深痛隐衷，偶然听到了瓷器"开片"的声音："就在耳畔，啪地好像一根细细的枯枝折断了……声音遥遥地传来……许久又是如此轻微的一声，落进充满紧张感的寂静中去了，我闭上了眼睛，在下一声开片落下之前，有时间和空间，来想些什么……"林小娴把剔红工艺的漆盒送给秋染，那些富丽的装饰，需要繁复的心力，"拿刻刀在石头、木头这样的硬东西上刻叫雕，这东西是在胎上的漆半干柔软的状态下动刀的，所以叫作剔"——什么样的心性，产生了这样的工艺？

二

上面引到的部分，远不是计文君小说中最华彩的部分，尤其是对那些明艳无比的器物来说。可是那华彩是所有文字组合成的，需要总体来看，无法句摘，比如得意识到说话人身上的陈腐气息——"开片之声，却如深潭龙吟，声清而静，能涤人邪思"，比如得认识到自语者刚从痛苦中挣扎出来——"破碎是我们的命运，但破碎未必就是悲剧，妈妈，知道吗？这世界上有一种美丽完整的破碎，叫开片"，比如得明白人物经过了一次切切实实的成长——比如殷彤听到了开片声。这些与人物复合在一起的文字，连同那些韵味别具的篇名，"开片""剔红""窑变"，形成了一个个独特的意象，几乎要从现实中独立出来，却又牵连着冷冷暖暖的人世——"一器一物的高下，关键在会心处，再好的瓷器如果遇不上懂它的人，遇不上能悟出它好处的人，那它也是瓶子罐子……"

计文君小说中的高光人物，多有一份对自己和人世的清醒认知——如果不是过于清醒的话，对世间和人心都看得深细。这看得深细的人呢，偏又是多愁善感的心性、冰清玉洁的神情，迫不得已踏入尘世，对污浊的感受就比别人深，却又没个知冷知热的贴心人在身边，只好自己担待所有的难堪——敏感的心性仿佛吃饭时随身带了显微镜，不小心就放大了食物上的脏污和霉变，却不得不强忍着吞食下去。可这强忍呢，也大部分时候只在嘴上，那双眼睛难免风刀霜剑，锐利得要把人经营日久的画皮全剥下来的样子："江天的目光扯过来扯过去，总忍不住要往小娴身上落。余萍在一边吃干醋，崔琳眼尖，笑着暗示秋染快看……余萍一腔心思都在江天身上，崔琳使坏要逗她，秋染就兴致盎然地在一边看她们眉毛眼睛打架……"

"偶开天眼觑红尘，可怜身是眼中人"，那个自知的人，很可惜不能置身事外，不小心自己就进了藏污纳垢的剧中，"这边秋染要吐，崔琳歪在椅子上动不得，小娴只得丢了余萍照顾秋染……秋染喝酒后一直出虚汗，脸色惨白"。这种明里暗里的冷眼热心、冷心热眼，看起来把世界管带得风生水起，热闹非凡，却改变不了骨子里的计较和荒凉。甚至，我很怀疑，这世界骨子里的计较和荒凉，就跟这密密匝匝的心思有关，跟这过于自知和知人导致的凉薄有关。冰清玉洁的高光者映照出来的世界，竟是一个自缠自缚的脆弱人世，里面的心思太微妙精细了，脆弱得经不起太大的风浪，人也无法在里面踏踏实实生活，即便把自己所有的精力都赔上去，也未必能够全身而退。

或者，当我们把多数的心力都用在这些心思上面，还剩下什么力量来面对人生中最为艰难的独处时刻呢？"这一刻，天地间只剩下她自己——谈芳哭了，孩子似的在深夜哭着找不见的妈妈。这种无助和孤单，似乎和丈夫的深夜未归有关，但终究又无关——它缥缈而浩大，是一个人面对匝天星斗，是一个人迎着海雨天风，是一个夜行于磷火幽微的荒原，无所依附无所交托……"这个因具体的由头引起的无所依附无所交托的感觉，跟由头本身并非直线关系，而是有朽的人类必然面对的困局，即便身边是挨挨挤挤的人，即便你在亲密的人身边："说着话，我们之间会突然出现瞬间的沉默，在那沉默中，我耳边会响起细微的断裂声，像我小时候独自在那张漆黑的大床上，听到窗外寒枝被积雪压断，整个世界满是孤寂和忧伤……"

计文君当然识得这无可抵御的孤寂和忧伤，也知道即便是怎样不堪的人，骨子里也得面对这必然的困局——甚至人不堪一击的脆弱，就是为了抵抗这孤寂和忧伤而采取的奇特手段，因而越写越小心，于是就有了真正的体恤："小心是因为越来越能体会生命个体的艰难，不肯轻易对任何人任何事下断语，于是暧昧，于是欲语还休，于是叙事的时候，机关重重地保卫着每个人物的各种可能性……'情不情'，说穿了不过是'体恤'二字。然而体恤不是件容易的事，不仅要深情，更要智慧。"

深情是对人世的善意，只是缺了点节制；智慧是对人世的理解，明白事实而不自视优越——谈芳去医院探访周老先生的过程，就有了对生病和死亡的新理解："谈芳理解的病与死时刻盘旋其上的人生，悲哀一如天鹅绝唱，蚤虫鸣霜，这不过是带着文艺腔的肤浅想象。站在这里她才知道，人会用最庸常的生活状态来和疾病死亡对抗。"而周老先生跟子女玩弄制衡的帝王心术，背后也不过是因老病而来的无助和恐惧的悲凉心境而已。看清楚了这些，人也就来到了现实的身旁。只是，在如此简陋甚至有些残酷的事实面前，就像《白头吟》里谈芳和丈夫困惑的那样，什么能给人带来真正的安慰呢？

三

除了显见不断更新着的世界和复杂的人心，计文君小说里有一个隐含的内核，就是人物的成长。如果再仔细辨认一下，那差不多可以说，计文君写的是两次成长，而重点落在第二次上。小说中的人物甫一亮相，就差不多已经完成了自己的第一次成长，那些密密匝匝的心思，各式各样的心机，都是第一次成长的结果。而相比第二次成长，此前所说的种种样样的世界和人心，不过是尽职尽责的铺垫和基础，再繁复和充满诱惑的事物，与后面一次成长相比，都显而易见地黯然失色了。

第一次成长，是在姥姥的拧掐、祖母的打骂、姑姑的脸色和父母的压力下形成的，上一代要把自己经历世界获得的经验用强力原封不动地灌输给下一代和下下一代——"（我和母亲）灶就用大姨家的，我住校，而母亲要跑好几家做工，早出晚归的，做不了几顿饭，但母亲不错日子地给大姨用灶火的钱。姥姥的话，这叫明白事理，不然亲戚是处不长的。""秋依兰看不惯小兰的娇气样，怎么着了就那么些眼泪？……秋依兰从不当着人挑剔小兰的戏，她在背地里下狠劲，弄得小兰成天眼泪汪汪看见她像个避猫鼠似的畏畏缩缩，秋依兰恨她不大方，通身没气派，更生气。"

所有上代的教育如果不是根据下代人的性情变化，弄不好都要造成障碍，最后就弄僵了一个人，如康昆仑学琵琶，因为此前的好本领，反而成了学习更高技艺的障碍，得"不近乐器十余年，使忘其本领，然后可教"。不加第二番的淘洗，人不是让自己的心和处世方式跟现实的复杂世界同质同构，生成如上面所说的计较荒凉的人世；就是像秋小兰那样只在模仿里存在，停止了自我的生长："秋小兰一直是那个小姑娘，她还在那堵叶影斑驳的墙前面踢着腿，想着舞台，而这些年扮装上台的，不过是秋依兰的影子，一个没有生命的影子。"

古典时代人物的成长，人们面对世界，"一切既令人感到新奇，又让人觉得熟悉；既险象环生，却又为他们所掌握。世界虽然广阔无垠，却是他们自己的家园，因为心理深处燃烧的火焰和头上璀璨的星辰拥有共同的本性"，人只要在这个稳定的时空中展开自我，完成对世界的认识并与之平和共处，成长的过程即告完成，因而作为与世界和解的成长"闪烁着的不灭的生命喜悦"。而到了现在，"任何有谱系有背景有限制的知识，经由现代传媒这个粉碎机，都成了无拘无束零星破碎的信息，这些漫天飞舞的信息，往往带来的不是了解，而是遮蔽和污染"。一个从上代那里学会了处世的人，得把上代人教会的那一套忘掉才能出门，否则难免会碰得头破血流。

也果然是艰难的成长，人得用出在一棵大树下长成另外一棵大树的力气，才能在这破碎、偶然甚至残酷无比的世上，完成一点点真正属于自己的第二次成长。《开片》里的殷彤、《剔红》里的秋染（和并非作为配角的林小娴）、《白头吟》里的谈芳，都付出了巨大的代价才认识了一点自己，成长了可怜巴巴的一点点，而略一转头，复杂的生活仍然幕天席地。最为典型的是《天河》里的秋小兰，她残酷地认识到，"她的婚姻是假的，空的，她的戏也是假的，空的，秋小兰虚度韶华吃苦受罪维持的不过是两份假，两份空……"姑姑秋依兰拼尽余力为她争取的舞台机会，也随着她的去世终止，秋小兰失去了所有的依恃，被孤零零地困在世上——或许没人会期望这样的时机："一个'卧鱼'倒下，长长的水袖抛向空中，泪水和汗水在脸上纵横。无人看到，一个风华绝代弥散王者之香的秋小兰在这一刻破茧成蝶！"

不怕有人说成比附，我想说，虽然小说里人物的经历只是虚构，但计文君小说里的成长，就是她自己的内在成长过程，是她对生命的反身自识。仔细看，这个属于人物也属于作者自己的成长，其自省的时间是从童年到青春期结束，开出了充满青春性光的夺目之花，而此后生命中经受的那一切，似乎还只是他者的故事，没有能够融进新的成长中去。这原因，或许是现实的变化越来越快，"使得小说家们遭遇到前所未有的挑战，他们不断修改着虚构的方式，努力消除自己笔下的世界与读者身处的世界之间的隔阂"；或许更直接的原因，是写作者容易忘记，人类始终处在不停的变化之中，"问题不在改变，而在认识"。人只有先于世界的变化反身自识，完成自己的成长，才有可能提前抵达现实，在变动不居的世界之火里栽出不变的永恒莲花。如果把人生看成一个不断绵延的过程，计文君此前写作中的花朵就必然再次变成此时广袤的根和亭亭的叶，或许，从《化城》开始，那朵莲花即将有更为浩大的盛放。

《驯养生活》，上海人民出版社2018年版，第130—139页

现代都市的焦虑与松弛

行 超

小说《婴之未孩》看似写的是都市男女的情爱故事，但实际上，作家所瞩目的是女性自身的成长与矛盾，以及人与人之间微妙的关系。在计文君笔下，红玫瑰与白玫瑰不仅是男人的追求，更是每个女性自身的一体两面。

看起来，小说中的苏卿像她所爱的《霓裳羽衣舞》一样，华丽热烈得仿佛红玫瑰；艾冬则时刻理性得体，恰似那宜室宜家的白玫瑰。可是，当艾冬将自己从那场名存实亡的婚姻中解放出来，进而在一个新的男人的怀抱中"软得几乎要四散流淌"的时候，她心底那朵红玫瑰几乎是在野蛮生长，慢慢长成了让人又爱又恨的"朱砂痣"；而苏卿，当她强打精神地在"夺婴大战"中挣扎着，并最终在一场狼藉的饭局之后告别了自己漫长的青春时，她那略显吃力的坚持其实都不过是让人心疼的"明月光"。

　　苏卿何以成为红玫瑰，要追溯到她那凄惨的童年，这个被"大白瓢"收养的弃婴，她必须强大，必须无所顾忌，必须事事强出头，否则一不小心就会被不幸的命运追上。虽是近邻，艾冬的成长环境却恰恰相反，艾冬乖巧且从小被娇惯，为数不多的"犯错"都是因为苏卿。成年后的两个人仿佛交换了命运一般，苏卿学业、婚姻事事强于艾冬，即便这样，在她心里，艾冬的存在"就是让她感觉自己不好"。甘田告诉苏卿，那是因为"她拥有什么你没有却很想要的东西"，苏卿永远不会拥有的正是艾冬以及所有人与生俱来的平凡的家庭和童年。为了维护看似幸福美满的生活，苏卿将自己时刻包裹在繁华的假象之下，艾冬则被一段庸常的婚姻紧紧束缚着。然而表面的平静被戳穿时，真正的苏卿与真正的艾冬几乎是体无完肤地暴露在那个苦心塑造的虚幻的自己面前。释放自我的反向生长也就此开始，这生长的过程意味着与虚幻的自己告别，从而重新开启寻找"真我"之路。

　　小说《婴之未孩》中有一种暧昧的气息。几乎每一对人物，在表面一览无余的关系后面，都藏着那么点别扭。夫妻之间、闺蜜之间，没有人真正无所保留、坦诚相待，持续的焦虑和紧张时刻蔓延在每个人物的内心深处。事实上，这样的"别扭"和"保留"正是现代都市人与人关系的核心。现代都市是陌生人的世界，"陌生"带来的最大的好处是自由，最大的问题是孤独。小说中的所有人，看起来都是成功的都市精英，但事实上，每个人心底都藏着难以为外人道的秘密和隐痛。面对一个突如其来的孩子，苏卿和丈夫老赵必须攒足火力同仇敌忾，但谁又知道，这对看似恩爱的夫妻心底究竟因此生了多少芥蒂？世事通达、洞察人心的心理学专家甘田，在爱情与婚姻的问题中踟蹰懦弱，甚至几次三番对自己的职业与生活产生怀疑。经历了丧子与背叛的艾冬，留给身边人的印象只是"心大到漏风，神经比电缆还粗"，没有人知道她的内心遭受着多么残忍的折磨，以至于需要依赖药物来维持心理与生理的平静……小说写的是城市中产阶级的焦虑，作者着力探讨的是，当都市中的人们丰衣足食，不再为物质所困，甚至吃的是定制的有机蔬菜、用的是上万的婴儿车的时候，我们是不是还会焦虑，我们焦虑的是什么？

与这种普遍的紧张和焦虑所不同的是，小说中艾冬与甘田之间则呈现出一种独特的松弛。两人的感情因一次酒后失态而起——对于甘田来说，这并不是什么新鲜事。真正让他感到新鲜的，恰是艾冬的直接和洒脱。或许正是这种没头没尾的缘分和无甚瓜葛的关系，赋予了这两个都市陌生人对彼此敞开心扉的勇气。他们一个是心理疾病患者，一个是心理学专家，艾冬向甘田诉说了自己藏在心底的秘密，甘田由此得知她这些年所承受的内心的痛苦。正是从那一刻开始，这两个精神世界中多少有些不顺遂的男女决定在寒夜中抱团取暖，彼此治愈。他们从未轻言爱情，也无契约、无承诺，是一种现代都市特有的无束缚的爱人关系。在小说中，这样的关系最终成为都市人拯救自己、拯救对方，甚至是拯救爱情的最后力量。也正是在这对男女身上，计文君真正与张爱玲相区别，她摒弃了张爱玲"偏执的深刻"，也不仅仅是冷眼旁观地刺破真相，而多生出了一份犹疑，一份仁慈与温暖。

《文艺报》，2018年9月14日

"后真相时代"的虚与实

饶 翔

化城只是驿站，远非终点；化城固然美好，但并不能取代真实的、也许并不那么美好甚或有悲有苦的人生。

直面现实不仅是一种勇敢，更是一种能力。不贪恋"化城"，毅然踏上新的人生旅途，开创新的人生境界，可谓是勇者的成长之路。而这或许也便是作者在"后真相时代"所要传递的"真"。

计文君还是那个计文君——早就被人贴上了"'红'范儿"和"张腔"标签的这位女作家，倒也不讳言《红楼梦》和张爱玲给她打上的文学底色，我想这反倒显示了她的自信，在计文君新近搭建的"化城"里，读者或许仍然能在某个拐角处偶遇曹雪芹或者张爱玲的"幽灵"，那不妨如故友重逢一般，道声"你好"。但曹雪芹毕竟没有活在今天，张爱玲的"上海摩登"里也没有微信朋友圈，当下的现实纵然气象万千，一般人看来仍是浮光掠影，在《化城喻》里，计文君究竟能不负其文学底蕴，以其敏锐与耐心，为身处新媒体时代幻变中的人们"捕风捉影"。

微信公众号、头条号、微博、直播平台以及其他各种自媒体App、社群部落……形成了吞吐量惊人的精神产品的自由市场，先走一步的大咖们，譬如艾薇，创造了不可思议的财富神话，如酱紫这样被激励或被蛊惑的小商小贩们，也就蜂拥而至了。

这是故事的背景。小说的主人公之一艾薇经营的自媒体名为"临水照花人"，推出的文化视频节目"艾薇女士的客厅"，命名其来有自，对标的是民国林徽因"太太的客厅"，经营的是漂亮精致优雅知性的现代都市丽人形象，"读万卷书行万里路"，时时惦记"诗和远方"——脚下异国土地，笔底锦绣文章；人生观是"爱自己"，在现世的艰难中坚持过讲格调有品质的生活。作家和文化名人的身份提升了艾薇身份的含金量，成功吸引了500多万男女闺蜜粉丝，而薇蜜们的回报是每年在"薇店"消费一亿元人民币的实际行动。以她为中心的公司"盛世薇光"也获得了微格基金两个亿的投资。

作为第一代的"网红"，艾薇实际上是一个成功的文化商人，只不过，她的商品是她自己，她售卖的是自己的形象。当形象成为一种商品，围绕形象塑造的诸种行为也便应视作商业行为，加工、包装甚至虚构都是其必要的生产环节。经营和售卖（消费）个人形象当然并不新鲜，可以说是娱乐业明星制造的核心，在当前的网络用语中，它被称之为"卖人设"，而在信息高度发达的网络时代，"卖人设"者须时刻提防人设崩塌。

一次家暴事件引发了艾薇人设崩塌的险情，对其从容驾驭生活、爱情甜蜜、婚姻美满的人设无疑是摧毁性的伤害。这时，年轻一辈的酱紫适时登场了，因其与艾薇的侄女林晓筱的闺蜜关系，酱紫得以以救护者的身份第一时间赶赴家暴现场，机敏的酱紫意识到，这对于艰难求存的她及她的自媒体"后真相时代"是一个十分难得的逆袭上位的契机，她必须抓住它。

通过一整套的设计，酱紫向公众披露了艾薇遭遇家暴的事实，同时又在自己的"后真相时代"视频节目中对艾薇的人生做出了解读："把妥协、失败、压抑、扭曲打扮成现世安稳红尘修行，叛逆少女华丽转身成人生赢家，暗黑青春埋入记忆，不会再和任何人说起自己内心的各种拧巴——这是不少生于20世纪70年代的小姑娘，共同的来处与去路。"酱紫进而引导薇蜜们如何面对艾薇的人设崩塌："你们可以选择做艾薇的闺蜜，也可以选择做艾薇人设的消费者。你们发现一直告诉你们要爱自己的艾薇，其实并不真的爱自己，作为闺蜜，你们会觉得心疼，作为消费者，你们会觉得上当。真相，只是你们的选择，你们会怎么选呢？"

酱紫显然对网络时代的舆论引导和危机公关颇有心得——"优秀的危机公关方案不是为了澄清事实，其实也没谁真正关心事实，而是把公众的注意力和情绪引到有利于自己的方向，更高明些的还能化危为机，引发公众同情，肯定正面情感。"酱紫在这场家暴事件中所表现出来的过人心机和公关能力，说服了艾薇；而作为成功的文化商人，艾薇则将利置于义之前，她收起了被出卖的愤怒，将酱紫收入麾下。从此，在"盛世薇光"的商业版图上，"艾薇女士的客厅"退出历史舞台，"后真相时代"成功接棒。

所谓"后真相时代"不仅是酱紫的自媒体，也是媒介研究者对当前信息传播社会的一种描述和观察——"真相是什么？面对漫天飞舞的信息碎片，你所获得的真相，其实就是你的态度与选择。"这是酱紫对"后真相时代"节目的诠释，在某种程度上，她在新媒体运营摸爬滚打的实践中所形成的感知已接近西方媒介研究者的认识水平。在2016年，"后真相"曾被《牛津英语词典》选作年度词汇。牛津字典将"后真相"定义为"诉诸情感及个人信念，较客观事实更能影响民意"。"后真相时代"即在这个时代，真相没有被篡改，也没有被质疑，只是变得很次要了。人们不再相信真相，只相信感觉，只愿意去听、去看想听和想看的东西。互联网的快速传播所导致的信息芜杂，使辨别真假变得越来越难，也使很多人丧失了寻找真相的耐心。因此，立场和情绪渐渐取代了真相。更进一步地说，如鲍德里亚所分析的，在充斥着各种符号的"超真实"的媒介社会，真实与虚构之间界限已经"内爆"，这即是意义的内爆。一如下篇《琢光》中酱紫掉进了"兔子洞"，"梦游仙境"，在似梦非梦中，酱紫其实心如明镜——"有了幻境，谁还要寻找真相？"

可以说，"后真相时代"取代"艾薇女士的客厅"是一种历史的必然，反映出网络话语风向。从两个人的自我命名便可以看出，"艾薇女士的客厅"还是沿袭着上一辈的遗风，只是将"太太的客厅"搬到了新的媒介平台罢了；而"后真相时代"则瞄准当下，具有较多的新媒介性。包装成文艺华美的传统人设在一个"解构"的网络话语场中最易成为被解构的对象，而"解构"是在更年轻一代中流行的话语方式。从积极的意义上讲，解构是对包装成高尚美好的虚伪之物的嘲讽，然而，解构虚假并不必然地导向真实。通过在镜头前勇敢地自暴个人暗黑历史的举动，"真实"成为酱紫人设的关键词，然而，酱紫很清楚，她得为这样的人设付出相应的代价——这种"真实"是供人消费的，极少有人愿意让这种"真实"进入自己真实的人生。

换句话说，无论是包装起来的被斥之为"虚伪"的人设，还是反"包装"的以"真实"名之的人设，在商品消费的体系中，同样都只是大众消费的对象，都是真实人生的异化（有意味的情节是，当酱紫受人之托，在"后真相时代"节目中真的试图寻找真相时，不仅在现实中遭遇危险，节目也招致停播）。从林爱东到艾薇，从姜丽丽到酱紫，名称的更改也意味着，她们先后走上的都是一条自我异化之路。

如计文君此前的《剔红》等不少作品一样，《化城喻》在对新媒体时代世态人心的勾描摹化间也隐含着女性的成长与自我救赎的主题。

身为弃儿的酱紫从最底层挣扎奋斗出来的历史被闺蜜乌迪称为"从爬虫修炼成人"，这个过程中由卑微、痛楚和血泪构成的复杂生命经验，并非仅供展示的伤口，亦非供人消费的"真实"。靠心机与背叛闺蜜林晓筱所取得的成功逆袭，使她不能不心怀愧疚，特别是在林晓筱患上精神分裂症之后。上篇《化城》终篇于酱紫走到发病的林晓筱身边，切切地呼唤她的名字。

下篇《琢光》引入一个新的中心人物——由精神科大夫转型为心理学教授的女性司望舒。她摒弃了精神病院对病人的常规治疗手段，在自己所创建的"风园"里对精神病人进行"心理修复"。艾薇遭家暴受伤后被好友司望舒接到风园疗伤休养，当林晓筱患病后，艾薇又强行将林晓筱从精神病院接至风园，在这里，"北京和盛世薇光的投资变得遥远且不大真实，ICU里的父亲，怀里的林晓筱，才是真的"。另一边，伴随着事业上的步步为营，酱紫的精神却出现了危机，这其中不仅有对林晓筱的歉疚，有对于陆离情感的幻灭，同时也包含某种自我怀疑。司望舒和风园为这些遭遇精神危机的女性提供了庇佑。在象征的意义上，这是女性的自助与自救。

小说以丰富的互文性推进了意义的表达。司望舒告诉艾薇，她带着林晓筱一起读《红楼梦》，才读到第二十五回，林晓筱便好了。《红楼梦》第二十五回是《魇魔法叔嫂逢五鬼　通灵玉蒙蔽遇双真》，借僧道之口说凤姐被利所迷，宝玉被情所迷，故而虽有通灵玉也会被魔咒所伤。这可以视作司望舒对艾薇的提醒，也是对人心病症的一种诊断。

而小说中多次出现的佛经故事"化城喻"也颇有深意："幻化的城，却能提供真实的庇护和憩息。"风园仿佛就是一座"幻化的城"，在封闭的玻璃屋顶下制造出一座世外桃源，让在苦苦跋涉中疲惫的身体休憩，让迷乱的精神和心灵得以修复，其受惠者甚至包括司望舒自己。然而，化城只是驿站，远非终点；化城固然美好，但并不能取代真实的、也许并不那么美好甚或有悲有苦的人生。《琢光》结尾处，"艾薇低头站在水中央，司望舒无意间抬头，穹顶上是天心明月——她知道那是影像，但又如何？穹顶之外，有真的天空"。直面现实不仅是一种勇敢，更是一种能力。不贪恋"化城"，毅然踏上新的人生旅途，开创新的人生境界，可谓是勇者的成长之路。而这或许也便是作者在"后真相时代"所要传递的"真"。

《文艺报》，2019年3月25日

新媒体塑造的"新青年"

——以计文君《化城喻》为例

李 馨

一

2019年是"五四"新文化运动一百周年，人们以各种方式纪念这段历史，并借以思考当下。从文学和媒介的关系来看，当下同"五四"时期有诸多相似。百年前，一部分"新青年"以新兴的报刊媒介为阵地，反对文言、提倡并运用白话，发出自己的声音，登上文学乃至历史的舞台，卷起时代"新潮"。与此同时，"五四"新青年不能再走旧的科举考试之路，做作家、报人、记者，既是他们的生活方式，也是他们的谋生方式。这样的变化在现代文学中多有所体现，现代文学史中的经典文本《倪焕之》《家》等，都有通过办刊物表达新声的新青年的身影。

百年之后，我们又一次经历媒介巨变对文学的影响。随着计算机技术和互联网技术的发展，人类从印刷时代进入电子时代，正如白话文代替文言文，影响了百年来人们的阅读、思维方式一样，新媒介再次对文学、思想产生了巨大的影响。在《文学史的视角：新媒介·亚文化·80后》中，吴俊曾经界定过新媒介文学的概念："凭借新的电子技术工具写作、传播和阅读的文学。新的电子技术工具（电子媒介）也就是电脑、手机、阅读器等。……新媒介文学也就是电子（网络）媒介文学，即互联网文学。"[1]这篇发表于2009年的文章认定新媒介文化为一种社会亚文化现象，是与纸质传统的文化形式这一主流文化形态相对的，但该文章仍旧认为这一亚文化将改变文学的格局："亚文化/亚文学的力量仍足以创造出自己的历史，仍足以改变自身与主流文化、主流文学的力量对比，甚至，仍足以使主流文化、主流文学的既定身份与地位在一种相对的时空里发生明确的变化，乃至革命性的改造、置换、取代。——大约一百年前，白话文学就是这样完胜了文言文学。"[2]

如果说在2009年，新媒介文化、文学仍能被明确地认为是

<hr>

[1] 吴俊：《文学史的视角：新媒介·亚文化·80后——兼以〈萌芽〉新概念作文的个案为例》，《文艺争鸣》，2009年第9期。

[2] 同上。

一种亚文化，那么在移动互联网技术继续飞速发展了十年后的2019年，这一命题已经不再坚定。我们或许仍旧不能将新媒介文学认定为主流文学，但是，不只是小众群体或者亚文化群体有自己的新媒体媒介，即便是最主流的文学和文化机构，文学界如《人民文学》《收获》，官媒如新华社、《人民日报》，都十分重视利用新媒介完成自身的传播。与此同时，个人借助新媒体来造成影响力，也成为普遍现象，"自媒体""网红""大 V"成为这一新形势下的新事物。生活在当下，没有人能否认移动互联网带给人们的堪称魔幻的改变，这是我们这一时代最新的现实。

面向现实、摹写现实，是文学的经典使命之一，能很好地处理与现实的关系的作品，往往容易成为经典作品。而面对当前纷繁复杂的现实，小说写作的难度，是当下普遍存在并被广泛讨论的问题。计文君的小说《化城喻》关注人们在新媒体时代中的生存境况，十分难得地显示出对当下现实的认识和分析能力。

小说中最值得注意的人物是酱紫。出身贫微的她，努力挣扎着进入大学后，因为共同的文艺爱好和孤僻的气质，与出身高贵的林晓筱成为闺蜜。毕业后努力工作多年，生活看似光鲜高贵，实则卖力狼狈，被讽为"昌平名媛"。酱紫辞职创业，运营自己的新媒体公众号"后真相时代",几次变现不得后,她只好借机会利用了闺蜜的信任,将其明星姑姑艾薇的丑闻盗卖,在多方利益权衡之后,她掘得了第一桶金,并晋升成为新媒体时代的红人,成为成功女性。

关于年轻人怎样在大城市挣扎和辛苦的故事,在当代小说中并不少见。徐则臣笔下,在中关村街道上奔跑逃窜着的边红旗,毕飞宇《相爱的日子》里,不承认贫穷的对方是爱人的年轻男女,都给我们留下深刻的印象。但是《化城喻》中的讲述仍旧令人感喟。青年时期,酱紫和林晓筱之间虽然有着巨大的阶级差异,但被两个人以甜蜜的友情成功遮掩。成年之后她努力工作,闺蜜之间的阶级差异似乎在日常的高消费中被抹平,但二人的差别却像小说中提到的那双"大红底"鞋一样,有着正品和高仿之分。如果说被林晓筱无意间讽刺为"昌平名媛",戳中了这层看不见的边界,那么,酱紫未婚夫父亲的生病,则暴露出了她对生活不堪一击的抵抗力,将她"昌平名媛"光鲜的假面彻底撕下。未婚夫罗鑫的父亲生大病之后,本来准备结婚的二人迅速地和平分手,"酱紫失去的与其说是伴侣,不如说是战友。他们之间的情感究竟是不是爱情并不重要,但他们之间真的有感情。男友说,就像在森林里,他被老虎咬住了腿,酱紫根本无力杀死老虎救出他,留下只会一起葬身虎口,最好的办法当然是丢下他逃命——他会大喊着让她快跑！快跑！"[1]
这样的故事触目惊心：穿着世界名牌、吃着格调小众的饭店，
然而这些都市时尚男女所身处的花花世界，其实仍旧是狰狞的
原始丛林。

酱紫的人生并没有止步于这样的悲情故事。文艺青年——
"昌平名媛"——成功女性，酱紫的人生完成了三连跳。不可
否认，酱紫的成功所依靠的除了她的努力，还有她的心机和恶
毒。这样的女性形象，不论在影视剧还是小说中并不鲜见，但
是酱紫的独特之处在于，帮助她完成命运反转的，是这个时代
所独有的东西：新媒体运营。

二

计文君曾在创作谈中强调，《化城》要着重讲述的是人物
的再成长，而新媒体内幕只是一种题材，并不重要。[2]作者或

---

[1] 计文君：《化城喻》，广西师范大学出版社2018年版，第48页。

[2] 参见计文君：《计文君〈化城〉：化城之喻与人的"再成长"》，《小说月报》
微信专稿，2017年11月13日。（注：《化城喻》的前篇《化城》和后篇《琢
光》曾作为两部中篇小说分别发表于《人民文学》2017年第10期和《收获》
2018年第1期，故此该创作谈日期较《化城喻》出版日期更早。）

许低估了她所依托的题材的重要性。即使如作者所说，新媒体只是一种题材，但它在严肃文学中仍旧是十分新鲜的题材。影响每个人生活的事物被作家审美化，从而进入文学作品，这本身就是值得重视的写作现象。其次，在这两篇小说中，新媒体这一媒介，并不是一个与人物无关的外壳，它从多个角度影响酱紫的选择，并因此嵌入酱紫的生命。

首先，新媒体时代为新青年提供了新的谋生方式。如果说借用新的媒介表达自己并且谋生，是五四"新青年"和百年后的"新青年"的共同之处的话，那么在"阶级固化"浪潮声声的当下，实现一夜暴富，实现资产增值甚至阶级跃升，则是新媒体给予这个时代青年人的独特可能性。新媒体时代的"新青年"以移动电子为媒介，既使得"内容生产者"可以尽可能地实现个人运作，避免因合作而产生的人力物力成本，更使得从作者到读者、从创作到流通这一过程所需要的时间缩短到以小时乃至以分秒计，而它所达到的影响力却可以是世界范围的。这使得新青年们通过将流量和影响力"变现"，从而获得财富的可能性加强、速度加倍，这一翻转命运的通道也许没那么宽敞，但是它的简易性为每个人都提供了机会。

2016年，网络红人Papi酱依靠在微博、微信公众号等新媒体平台发布有趣的小视频，在大约十个月的时间里，微博粉丝数突破两千万，微信公众号上每条视频的阅读量都近百万，微信公众号、优酷、微博等各大平台累计播放量过亿。Papi酱本人成为奢侈品的代言人，而她视频中的一条贴片广告拍卖出2200万的天价，天使投资人对她的个人估值更达到一个亿[①]。这些令人咋舌的数字，成为我们这个时代的奇观和神话。在这个奇观背后，有无数青年"中小业者"，他们依靠贩卖文字及其周边或者赚取广告费来作为生活方式和谋生方式。小说中，酱紫实现命运的翻转，无论在本质上同从前的故事有多少相似性，但是在方式上仍旧同这个新媒体时代紧密地结合在一起。没有新媒体作为媒介，酱紫要如何挣脱自己的不幸命运，走向她所认为的高位，犹未可知，因此，她是新媒体时代的典型人物。

其次，酱紫的经历还启发我们，由经济关系开始，新媒体时代还在一定程度上改变了男女之间的关系。传统的商业环境中，谋求事业成功的女性，往往会在"女性魅力"和"成功人士"之间失去其中一项，甚至需要借助身体去换取资源，而在只借助移动终端为媒介的新媒体时代，男女之间的起跑线趋同。酱紫的成长初期，她曾依靠同高中班主任的亲密关系获得

① 参见李莎：《Papi酱：一亿估值下，我在"戴着镣铐跳舞"》，"Vista看天下"公众号，2017年1月10日。

经济补助，曾经做杂志主编的"小三"获得了进京机会，但也为此付出了极为屈辱的代价。在进行新媒体运营之后，她不再以身体换取男性的帮助，而是独自凭借文艺的语言、细腻的心理共情、理性冷静的思考，以及被稀释后显得平易近人的思想，壮大自己的自媒体，从而攫取机会。因此，酱紫同前男友罗鑫的分手就具有更丰富的意味：同要结婚的前男友仓促分手，不只是两个困苦的人遵循着丛林法则无法互救，也显现出男女关系的变化——男性难以再成为女性的拯救者。小说的结尾处，两人显示出的和好迹象，也是在各自的问题都各自处理好之后才逐渐发生的。虽然像小说《妻妾成群》、电视剧《甄嬛传》《我的前半生》中的女性一样，酱紫为了"成功"所倾轧、伤害的人仍旧多为女性，但是不同之处在于，不论是谋求高位的酱紫还是她所羡慕的、已经成功的艾薇，她们为了占有优势资源所要讨好的，已经不再是权力中心或高位的男性，而是无处不在的普通民众和巨大的资本市场。

还值得注意的是，新媒体时代在一定程度上改变了文学的话语方式。在纸媒时代，文艺青年酱紫或许会选择同偶像艾薇一样写一些典型的小女人散文，为读者送上"心灵鸡汤"。而在新媒体时代复杂的读者语境中，酱紫却不能再选择这一话语方式，事实上，以"心灵鸡汤"成功的艾薇也因为面临这样的困境而需要转型，因为这一话语体系被受众认为是虚假的。酱紫的"后真相时代"这一公众号，只能采用解构类型的话语，以所谓冷静的方式分析事情，然而这不过是塑造一种似真的假象，对艾薇婚变的分析典型地证明了这一点。成名后的酱紫用跌宕的剧情来直播自己的悲惨童年经历，以毁坏光环的方式塑造新的自我形象，其目的只是获得更多的点击量。从"鸡汤"到"毒鸡汤"，从虚构真实到消费真实，酱紫的经历是这个时代的缩影，点明了新媒体时代"娱乐至死"背后的暗黑情境。如果说传统文学传达的是情感和思想，那么这些新媒体时代的文字、图片和视频，已不能被单纯地称为文学和艺术，它仍以看似文学的方式使用文字，但是这些文字既不生产真理，也不传达思想。

由此，小说启发我们对新媒体时代进行更深入的思考。新媒介带来了财富和权力的重构，这一吴俊当时敏锐地提出和研究的问题，在移动互联网时代有了更复杂、更多元的面向。移动互联网时代下的新媒体这一电子媒介，不仅不同于印刷时代，甚至不同于电脑互联网时代，它不仅改变了文学圈内部的生态，改变了文字工作者的生活性质，而且在更大的范围内，改变着人同世界的关系，以及人们认识和理解世界的方式。

三

新媒体催生并塑造了"新"青年，但"新"并不意味着"好"，"新"青年的价值或者意义有待更长时间的观察和认定。《化城喻》敏锐地意识到新媒体时代带给人的病征，写出了高速上升之路带给人的扭曲和伤害。在前篇《化城》中，酱紫的闺蜜、富家小姐林晓筱在其繁华而又肤浅的生活中患上了精神分裂症，后篇《琢光》则将这人物之"病"表达得更为明确：小说人物活动的主要场景，除了风云变幻的公司，大多是在"风园"这一世外桃源般的场所，而其本质不过是一家精神病院。艾薇、林晓筱和酱紫，都因为精神问题先后在此咨询乃至住院。酱紫对林晓筱的背叛加重了林晓筱的病情，成功后的酱紫搅入更多的人事纷争和感情欺骗，在意识到自己对闺蜜的巨大伤害后，她陷入精神危机。她产生的眩晕感，不仅是生理性的、具象的，更是精神性的、抽象的。即使是艾薇这个成熟的老板，也在新媒体公司运营中几度受挫，需要精神救助；甚至于精神强大的司望舒，这个艾薇的闺蜜和"风园"的精神医生，也几度被现实扰乱了心境。

由此我们知道，计文君并不只是被动地摹写现实。《化城喻》具有《红楼梦》式的繁复的物质书写，也有《子夜》式的对资本运转的准确描摹，显示了作者较高的现实主义写作技巧；但是更重要的是，计文君写出了新的现实对人的性格和命运产生的影响，写出了新媒体时代的"时代病"。在《〈废都〉漫议》中，王富仁这样评价贾平凹的敏锐："他是一个会以心灵感受人生的人，他常常能够感受到人们尚感受不清或根本感受不到的东西。在前些年，我在小书摊上看到他的长篇小说《浮躁》，就曾使我心里一愣。在那时，我刚刚感受到中国社会空气中似乎有一种不太对劲的东西，一种埋伏着悲剧的东西，而他却把一部几十万字的小说写成并出版了，小说的题名一下子便照亮了我内心的那点模模糊糊的感受。"① 《化城喻》具有类似的敏锐。书写当下的现实，而能照亮读者内心模糊感受的作品，我们可以称之为优秀的作品。

20世纪80年代，作为流派的先锋文学，用先锋技巧对长期以来我国的现实主义写作形成反动，带来文坛的激变。而在当下，先锋的写作技巧已经成为常态，作家对现实的感受能力和书写能力下降的问题则日渐凸显。可以说，敏锐地感受到变化

---

① 王富仁：《〈废都〉漫议》，《王富仁自选集》，广西师范大学出版社1999年版，第262页。

中的现实，看到背后隐藏的时代暗影，并将之用合适的方式表现出来，这样的现实主义写作，才是我们这个时代真正的先锋写作。计文君的《化城喻》，面向新媒体时代这一最新的现实，不仅为我们刻画了新媒体时代下的新青年形象，同时启发我们思考这个时代对人的伤害，这是现实主义的，也是先锋的。它启发读者呼唤更多类似的作品，更多能深刻地揳入这一"千年未有之大变局"并思考我们所处的时代的优秀作品。

《长江文艺评论》，2020年第1期

透视时代症候群

——谈计文君小说

张天宇

提到作家计文君，很多人会首先想到她在作品中对于"阳羡鹅笼""化城"等典故的灵活运用，或是对其作品中常常出现的虚构的故乡"钧州"印象深刻，抑或着重关注她对于《红楼梦》的研究以及《红楼梦》与张爱玲的作品对她的文学创作产生的影响。这些就像一件件典雅别致的珐琅器，而其内里承载的却是计文君对于我们这个时代的思考。正如计文君先前在访谈中解释自己并非高产作家时所说："我用工笔的方式去捕捉这个时代的象，所以写得很慢。"[①]作为一个自21世纪之初就开始小说创作的作家，计文君敏锐地体察着这个时代，但又从未止

---

① 陈菁霞、计文君：《计文君：用工笔捕捉"时代之象"》，《中华读书报》，2019年2月27日。

于描摹时代的表象，而是通过细致摩挲时代的纹理，丈量着生长于我们这个时代的人心中的土地。

一

读计文君的小说，我们很容易从中感受到一种强烈的时代感。计文君对于时代的变化有着敏锐的觉察力，她常常将社会热点置于作品中，展现出她对于当下社会的密切关注。21世纪伊始，讲座式栏目《百家讲坛》在央视开播。《百家讲坛》以"开放的社会大学"的方式向百姓普及知识，节目播出至今一直享有极高的收视率，在专家学者走出象牙塔进入大众视野之后，一颗颗学术明星由此诞生。计文君在《此岸芦苇》中即塑造了一位恬淡寡欲的大学教授盛易龄，在央视著名讲坛大放异彩之后生活全然改变，一举成名为他带来追捧与邀约，也使他招致流言、诽谤和"键盘侠"的攻击，让他成为永远无法到达山顶的西西弗斯。随着城市化进程的加快和房地产产业的迅猛发展，因房屋拆迁补偿问题引发的纠纷不断增加，拆迁问题已成为社会话题引起热议。2011年1月21日，《国有土地上房屋征收与补偿条例》颁布并施行，引发全民关注和进一步讨论。在2011年9月发表的《帅旦》中，计文君触及了作为时下社会热点的拆迁问题。小说主人公赵菊书以穆桂英般的勇猛倾尽一生为房而战，其"收复失地"历经时代变迁，真实反映出百姓的"安居"之艰难。

与此相承，计文君最具时代感的作品要数其新近出版的长篇小说《化城喻》。《化城喻》记录了姜丽丽从一名家境贫寒的平凡女生蜕变为享有社会极高关注度的网红"酱紫"的成长过程，以及最早一代的新媒体红人艾薇及其文化传媒公司的转型之路。"后真相"（Post-truth），意为"相对于情感及个人信念，客观事实对形成民意只有相对小的影响。"[1]随着2016年英国脱欧和美国总统大选这两起政坛巨变的出现，"后真相"一词在西方国家使用量激增，从而被牛津词典选为2016年的年度词汇，并在全球范围内流行。中国有着与"后真相"相似的语境。新媒体时代的到来极大地改变了人们的思维方式，信息传播技术的迅速发展导致信息量激增的同时也使信息传播的门槛降低。发布信息不再是报纸、电视、广播等传统媒介的专利，在微博、微信公众号等各种自媒体平台，普通民众既可以自由发表观点和言论，又能够随时随地获取海量信息。因此，一方面，具有私人色彩的自媒体平台极易由于利益驱动而放弃对信息真实性的坚守，通过渲染情绪对受众进行错误引导；另一方

---

[1]《"后真相" 牛津词典2016年度词为啥是它？》，新华网，2016年11月18日。

面，对海量碎片化信息缺乏鉴别能力的大众更容易被带有某种强烈情感和立场的信息裹挟而偏离客观事实。敏锐地洞察时代的计文君，在发表于《青年文学》2017年第7期的对谈中即使用了"后真相时代"一词来形容我们所生活的时代："真相实在是很难表达的，特别是对于我们这些生活在'后真相时代'里的人来说。"[1]同年10月，中篇小说《化城》发表。2018年，长篇小说《化城喻》随即出版。

在《化城喻》中，主人公酱紫将其微信公众号、头条号和微博营销号均命名为"后真相时代"。"酱紫"意为"这样子"，与"后真相时代"形成呼应，标示着当代社会对于所谓真相的重新定义。"酱紫"源自网络流行语，本身即是当代网络文化一种符号化的展现。事实上，小说正是聚焦于自媒体时代新兴的网红现象。网红作为一种当代的新兴职业，门槛低，收入高，在当代青年群体中具有广泛的影响力。他们依靠消费者（即粉丝）的关注和情感投入而获得收益，而这正是"后真相"一词的寓意。从细节来看，"闲鱼""I Do"等商业品牌的出现在渲染社会市场化氛围的同时与现实接轨，小说中提到的电影《七

---

[1] 计文君、岳雯、王清辉：《欲望幻术——〈阳羡鹅笼〉三人谈》，《青年文学》，2017年第7期。

月与安生》《疯狂动物城》于2016年，即小说发表的前一年上映……计文君通过这些深具时代感的细节完成对虚构与现实的交融，与读者拉近了距离，使读者很容易获得一种在场感，并由此触发对我们所生活的时代"何为真相"的思考。

二

然而，计文君并非时代的追随者，记录时代并不是她写作的最终目的。她由时代出发，由表及里，关注生活于其中的芸芸众生，从一个个角色身上挖掘我们习焉不察的时代症候，书写了当代人的生存困境。

计文君笔下的人物以物质殷实、社会地位高、带有文艺气息的中产阶层为主，如《此岸芦苇》中的主人公大多就职于高校，《想给你的那座花园》里的女主人公易红是当地著名女企业家，《化城喻》中的艾薇和酱紫均是自媒体时代的网络红人。在外人眼中，他们过着富足且自在的生活，不用为鸡毛蒜皮而烦恼，但空虚和迷茫是他们精神的常态，他们的本我与他们身上的标签常以一种悖论的方式并存。《此岸芦苇》中作为大学教授的盛易龄，凭借在电视上讲故事一举成名，却在被名利裹挟之后与理想渐行渐远，作为传道授业解惑者，自己却失去了人生的方向。在《想给你的那座花园》中，易红是市里有名的女企业家，事业经营得风生水起，却因精神的空虚与真情的缺失而自杀。《化城喻》中的艾薇凭借自己营造出的"幸福婚姻"的假象吸引了一众粉丝，而她始终未曾拥有过如自己所述的完美爱情；当她遭遇家暴时，最令她担忧的不是自己的不幸，而是人设崩塌带来的产品信誉问题。计文君注意到了人设在当代人生活中的普遍存在，以及人物的人设与真实之间呈现出的逐渐撕裂的动态特征。人设的维持能够为自己带来名与利，但物质上的富有无法弥补精神上的空虚，反而会使自己身陷桎梏。人设的维持、面具的加固最终带来的往往是自我的迷失。计文君写出了当代人被名利绑架、被人设绑架的生存困境。

自我的迷失另一方面来自"真相"的可塑性。酱紫的"后真相时代"撕开了艾薇一直以来苦心经营的伪装，用视频剪辑的办法将艾薇真实的一面呈现给大众，但"后真相时代"呈现给观众的也并非事件的全部真相，酱紫通过视频剪辑和对事件的重述暴露了艾薇的不堪，同时成功为自己开脱。在视频的结语中，酱紫讲道："真相是什么？面对漫天飞舞的信息碎片，你所获得的真相，其实就是你的态度和选择。"①作者借酱紫之口

---

① 计文君：《化城喻》，广西师范大学出版社2018年版，第70—71页。

道出了信息爆炸的时代真相的本质。而由此一炮而红的酱紫也并没有维护住她的人设。成为艾薇所在的创世公司签约主播的酱紫所有不堪回首的经历几乎都在公司之后的一期视频中被彻底曝光，而酱紫清楚，她理应为她的"真实"人设付出代价。酱紫和艾薇的"真实"都是供人消费的，其价值在于满足观众的好奇心。在情感消费盛行的时代，真相已变得无关紧要，作者有如实况转播，书写出了生活在"后真相时代"的人的生存境遇。

除了刻画逐渐迷失自我的中产阶级众生相，计文君对生存于社会底层的普通百姓也予以观照。《水流向下》中的改是为家庭操劳了一辈子的农村妇女，在丈夫去世之后被儿子儿媳接到他们城市的家中养老，但幸福的养老生活随着儿媳的下岗不复存在，本打算享受天伦之乐的改为了分担儿子儿媳的经济压力与教授的女儿签了"卖身契"，成了教授的保姆。改和教授一个贫困一个富裕，一个来自农村一个坐拥别墅，却有着成为空巢老人的共同命运。在小说的结尾，改把别墅的花园变为自己乡下的菜地，计文君以两个陌生的老人的相互依偎作为对于亲人离散的慰藉。亲情的缺失和空巢老人群体的形成正成为当代中国的社会病，而当代青年普遍面临的生存压力同样是不容忽视的症结所在。

三

从古至今，贴近社会现实、真实反映生活的现实主义小说不胜枚举，暴露社会问题的作品也是各有千秋。而计文君创作的独特性在于她一直在变换观察时代的角度，从不同角度书写当代人的生存境遇。套用她常举出的盲人摸象的比喻，写作者由于身处时代之中，无法得知全貌，计文君为了避免成为以偏概全的"盲人"，则不断变换位置和手法，以求更全面、更准确地把握"象"，以此丰富自己对于生活的认知。这就导致她的小说风格迥异，各具特色，我们在惊叹于此篇的别具一格之余，也对她的下一篇充满期待。

在一些作品中，计文君对于时代症候群的发现来源于她对日渐衰微的传统文化的关注。计文君让新旧两个时代的不同文化、不同生活方式在同一篇小说中进行对话，不仅从历时性的角度展现了时代的发展，也表达了她对于传统文化的敬重和对其走向失落的叹惋。如《灵歌》采用了第一人称叙事，从一个儿童的视角讲述了姥姥的衰老直至去世和弟弟的成长过程。姥姥是在葬礼上唱灵歌的歌者，姥姥唱的灵歌与响器班子的奏乐一唱一和，形成一曲优美的乐章，因此姥姥在附近的城里乡下都享有名望。姥姥这一形象作为灵歌的发扬者，可被视为传统文化的象征。在"我"的心里，"姥姥的灵歌，是葬礼的魂"[①]，可以看出叙述者对姥姥给予了很高的评价。但姥姥的生活随着弟弟龙龙的出生发生了改变。计文君在此以日记的形式记录了龙龙诞生的时间——1981年，这一年份不仅意味着"我"的家族命运的转变，也是象征时代变迁的重要节点。20世纪80年代，随着改革开放政策的实施，我国的文化呈现出开放多元的繁荣景象，但在年轻一代中出现了盲目追求外来文化的弊病，本土的传统文化受到冲击。在文中，沉迷于漫画书和网络游戏的龙龙象征着80年代后的现代文化。"我"在日记的开篇就提到龙龙出生时姥姥的院子里飞来一只乌鸦，之后又强调了乌鸦"报凶"的寓意，作者以乌鸦这一意象向读者暗示。从小说后续的发展来看也的确如此：龙龙成了姥姥生活的主要内容，逐渐衰老的姥姥没有力气再去唱灵歌，为别人唱了一辈子灵歌的姥姥自己的葬礼却因无人唱灵歌而显得冷清又凄凉；另一方面，代表着新生力量的龙龙整天沉浸在漫画和网络游戏中，习惯于被母亲揽在怀里，缺乏自食其力的能力。龙龙面对姥姥的离世冷淡而木讷，俨然一副局外人的样态。小说采用了双线交错的

[①] 计文君：《灵歌》，参见《你我》，长江文艺出版社2019年版，第170页。

结构书写姥姥和龙龙的人生轨迹，以寓言的形式表现出现代文化成为主流、传统文化日渐衰微且后继无人的文化发展困境，以及当代人精神的空虚与异化。

《端午》则将时间设定在端午节这样一个中华民族的传统节日前后，主人公周爱冬对旧时端午的回忆和如今家里冷清的节日气氛形成鲜明对比，表现出传统节日在当代人生活中日趋边缘化的地位。在爱冬的记忆中，格外讲究的沈奶奶包出的粽子齐整精致，宛如香包。而如今沈奶奶因为粽子导致胃穿孔入院，似乎象征着过往的慢节奏的生活不复存在。如今人们对待端午已不再像沈奶奶那样认真和细致，超市里的粽子来自流水线生产，种类繁多，但远不及家乡粽子精致。端午作为中国的传统节日，在当代社会已不再具有浓重的仪式感，更多时候则沦为商家营销的商机。陌生的年轻女孩不知艾叶为何物，儿子通过上网查资料写得一篇完美的端午作文，却在现实生活中拒绝过端午，丈夫对鸡蛋、粽子等端午食物也表现出本能的抗拒……在当前快节奏、商品化的社会中，传统节日似乎沦为"老古董"，被人们选择性忽视。爱冬在母亲去世后出现感官迟钝的症状，这正是属于我们这个时代的症候群的一种。正如齐格蒙特·鲍曼与蒂姆·梅在《社会学之思》中指出的，"我们的感觉不仅仅是身体刺激的结果，也是我们经由语言来表达对自己存在状态的判断"①。感官的迟钝在某种程度上意味着失语，意味着处于现实之中的爱冬的存在感与安全感的缺失。从另一角度来看，感官迟钝作为现代医学诊断结果，恰恰表明爱冬有着异于同时代其他人的感知能力，也许由此才得以唤起她对过往时光的记忆和对端午的重视。而努力守护传统文化的爱冬被丈夫和儿子视为异类，能够敏锐感知传统节日却被诊断为感官迟钝。计文君从今昔对比中慨叹传统文化的式微，并触及了时代的症结之所在。

精神医学是计文君观察众生相的另一角度。不可否认，文学在一定程度上推动了精神疾病进入大众视野并引起关注。如郁达夫的小说《沉沦》的问世让抑郁症首次以"忧郁病"的命名取代先前的"精神衰弱"②，在现代中国引起轰动；格非的《傻瓜的诗篇》让我们看到了精神分裂症患者与"正常人"的双向转化的可能。计文君在其小说中也通过对精神疾病进行书写，表达了对于当代人的心理健康问题的关切。如前面提到的《端午》中爱冬的感官迟钝，以及《问津变》中患有抑郁

---

① （英）齐格蒙特·鲍曼、蒂姆·梅：《社会学之思》，李康译，上海文艺出版社 2020 年版，第 163—164 页。

② 李音：《用病痛创造叙事——抑郁症的解剖、"达夫式文学"与现代情感教育》，《南方文坛》，2020 年第 6 期。

症的艾冬。事实上，爱冬表现出的感官系统的迟钝是抑郁症的临床表现之一，需要吃药治疗的抑郁症患者艾冬头脑清醒、遇事冷静，被贾弘毅母亲评价为"心狠又有主意的女人"①，甚至能够成为身为心理咨询师的甘田的"镇定剂"。两位女主人公拥有着同音的姓，均以"冬"字作名，都患有抑郁症，却都在生活中表现出异于常人的敏锐和清醒，这是计文君笔下的精神疾病患者相比于其他作家的同类角色所展现出的不同之处。

不仅如此，计文君还塑造了一批以关注公众心理健康、治疗精神疾病为职业的人物形象，如《想给你的那座花园》中的叙述者是心理医生，《化城喻》中的司望舒是心理学系的老师，《问津变》的男主人公甘田是著名心理咨询师。他们本是解决心理问题、治愈内心创伤的专业人员，却都在不同程度上表露出了内心脆弱的一面。尤其是作为知名心理咨询师和畅销心理读物作家的甘田，忙于各种巡讲和签售活动，他的"鸡汤"式的动听的讲演就像童话里的魔笛，为他带来无数追捧者。但回归生活，甘田却时常无力解决自己和身边人的精神困境，反倒是作为抑郁症患者的艾冬帮他度过了一次次"为心所困"的艰

---

① 计文君：《问津变》，广西师范大学出版社2019年版，第219页。

难时期。计文君让心理医生这类被大众赋予光环的职业从神坛走下，还他们以"正常人"的面孔以及血肉之躯，以此展现当代人普遍存在的精神危机。

爱情是计文君小说中的重要母题，但现实中的爱情并非如童话故事般简单美好。事实上，随着社会经济的发展和人们思想观念的解放，当代人的婚恋观念相比其父辈已发生了极大的改变。如《七寸》中宋小雅的母亲秉持传统的贞操观念，认为女儿失掉了贞洁是莫大的不幸，因此她在得知姚辉性侵了宋小雅后，不择手段地强迫二人成婚。因为在她心中，婚姻是一种可靠的约束力，能让双方从一而终、安分守己地共同生活。但在当代人眼中，婚姻的实质是一种契约关系，一纸婚书已很难阻挡一些人对于"真爱"的追求。因此，传统意义上的美满婚姻与天作之合常常缺席于计文君的小说中。其文字更多表现的是三人甚至多人的情感纠葛，以及由此生发出的人的困惑与无力感。如《七寸》与《满庭芳》中的三角关系、《你我》中的四角关系、《想给你的那座花园》中易红与多位男人的复杂情感等。在这些故事中，婚姻有如围城，一群人将真心交付给了城外的人，但身体被婚姻的枷锁束缚而动弹不得，为能出逃想尽办法；另一群人被有名无实的婚姻禁锢，在无助和彷徨中艰难成长，最终彻悟，破茧而出。计文君笔下的爱情百态与岌岌可危的婚姻正是当代社会两性关系的缩影，亦可视作其对于婚姻伦理与夫妻关系的重新审视与反思。

四

对经典文本的传承不仅使计文君的小说独具艺术特色，也是计文君透视时代症候群的独特方式。正如计文君所说，"任何一部新的小说文本的产生，都必须面对此前文学史中的全部文本，尤其是经典文本。最好不要有自己的作品是亘古以来独此一家的妄念。某种意义上，创作新作品，就是在和此前的固有作品进行对话。过分强调作品与时代和现实的关系，或者强调创新的绝对价值，以此来抗拒、消减这种'影响的焦虑'，我觉得大可不必"①。计文君的很多作品都采用典故作为其精神内核，呈现出一种互文性特征。

小说《阳羡鹅笼》源自同名历史典故，系出自《太平广记·续齐谐记》的一则幻术。计文君的《阳羡鹅笼》将这则幻术置于文首作为文章的楔子，随后书写了生活在当代的七名男女的情感纠葛，其人物关系与同名幻术如出一辙。在幻术阳羡

---

① 张元珂、计文君：《面向内心的写作》，《创作与评论》，2014年第10期。

鹅笼中，每个人都有自己的秘密，通过吞吐释放和隐藏，但在书生许彦的眼中他们相安无事。阳羡鹅笼之所以为幻术，除了吞吐这一奇幻的人物出场方式，想必还在于人物彼此各怀私欲却能和谐相处的理想化模式难以实现。小说《阳羡鹅笼》中的人物关系也如幻术一般环环相扣，但看似平静的表面之下暗涌的是人与人之间情感关系的疏离、裂痕，是人物内心的不安、彷徨、焦灼和空虚。婚外情在现代人的生活中已不再新鲜，计文君巧妙引用古代幻术对情感世界中的众生相进行白描，展现了当代社会中人物的情感态度与生存困境，以及错位的情感关系中生发出的善意与温暖。与幻术不同的是，计文君追求一种细节的真实，从细微之处非常自然地展现了人物的情感态度与内心流转。

在《化城喻》中，《法华经·化城喻品第七》同样作为小说的楔子出现，"化城喻品"的故事作为小说的精神内核贯穿全书。艾薇和酱紫面临危机陷入困境时，都从"化城喻品"的故事中获得了顿悟与继续前行的勇气。"化城喻品"作为互文文本的出现避免了使小说成为一个专注于自媒体运营与网红成长的故事，而是展现了信息爆炸的时代当代人的精神困境及其再成长的艰难历程。在高速发展的当代社会，人人面临着激烈的竞争和巨大的精神压力，被时代洪流裹挟的芸芸众生如何能够不迷失方向？如何能在困难之中磨炼心性，获得成长？虚构的城池能够给人真实的庇护和憩息，这一具有禅意的寓言是计文君为人心浮躁的当代社会开出的一剂良方。

即使是在计文君的颇具时代感的小说中，读者往往也能嗅到其中的古典韵味。计文君善于从经典文本中汲取养分，使自己作品的内蕴更为丰富。计文君对《红楼梦》和张爱玲的作品深有研究，其创作中也不时出现二者的身影，表现为显性和隐性双重层面。《化城》中看似无心出现的一句"竹篱茅舍自甘心"正是李纨抽到的梅花签词，小说中间或出现的华美绚丽的文辞和精致细腻的描写明显带有张爱玲的文韵。从计文君小说整体呈现出的复杂人性与其中流露出的无可奈何的悲凉气息中，读者可以感受到《红楼梦》悲剧意蕴的渗入。在两性关系的表现上，《你我》中形同虚设的夫妻关系和他们情感纽带的若有还无让人不禁想起张爱玲笔下的那些苍白无力的爱情。"爱上让她受罪的人"是计文君部分小说共有的主题，如《七寸》中的宋小雅在母亲的逼迫下与曾对自己实施过性侵的姚辉结婚，此后饱受姚辉的唾弃与利用。《满庭芳》中的陈改霞为拒绝离婚与丈夫韦亦是搏斗了三十八年，长期守活寡的她照顾婆婆、抚养儿子，还要忍受韦亦是的冷漠和他的情人的存在。在张爱玲的小说中也存在"爱上让她受罪的人"这一主题，如《金锁记》中的曹七巧由于嫁给骨痨病人终生被锁在了黄金的枷锁里，心灵遭受重创的七巧变成"阁楼上的疯女人",在自己的人生被毁之后,她亲手葬送了子女的幸福。《色戒》中的王佳芝对自己的敌人和猎物易先生动了心,放走了易先生却丧失了自己的性命。计文君与张爱玲的部分作品在主题上存在相似性,但与曹七巧和王佳芝不同,计文君笔下的女性具有了摆脱男性束缚的独立意识和主体性,她们在寻找自我的过程中获得成长。对经典文本的批判性继承丰富了计文君小说的时代特质和故事内涵,使其既带有"红楼精神"与诗性气质,又具有独立性和主体性。

谈及作家对于当下的关注,计文君曾表示:"每个作家都无法不关注当下,回避是另一种方式的关注,我们都是自己时代的人质,躲不掉的。"[1]但计文君的成功之处在于,她既能够凭借其敏锐的洞察力把握时代的脉搏,使作品具有现时性的特征;又能够作为"人质"却不被时代裹挟,以独立自主的意识和略带禅意的视角静观世人的浮躁心性,透视时代症候群。通过对我们这个时代的书写,计文君由虚构的小说抵达生活的真实,触摸到了"人悖论性的存在和无法逃脱的困境"[2]。

---

[1] 张丽军、计文君:《计文君:我们都是自己时代的人质——七〇后作家访谈录之十五》,《芳草》,2015 年第 1 期。

[2] 计文君:《虚构的魅力,梦的力量》,《文艺报》,2013 年 5 月 31 日。

研究资料索引

1. 研究评论

李敬泽:《计文君：也许和也许》,《天河》，北京：作家出版社，2009年11月，第1—3页。

王良娟:《浅析计文君的〈飞在空中的红鲫鱼〉》,《文学教育（中）》，2011年第7期，第147—148页。

何向阳:《愿得一人心 白头不相离》,《文艺报》，2013年3月18日，第3版。

刘涛:《"红"范儿作家计文君》,《文艺报》，2013年5月31日，第2版。

吴义勤:《序》,《器·剔红》，北京：文化艺术出版社，2013年6月，第1—4页。

郭艳:《计文君："脱域"而去与回望内心》,《文艺报》，2013年9月27日，第5版。

孙先科:《计文君论》,《中国现代文学研究丛刊》,2013年第12期,第168—179页。

张维阳、孟繁华:《冲突、选择与守成——计文君小说世界中的三重风景》,《南方文坛》,2014年第1期,第134—137页。

樊会芹:《人生万事的"隔"与"渡"——论计文君〈天河〉的主题隐喻义》,《信阳师范学院学报(哲学社会科学版)》,2014年第3期,第95—97页。

杜昆:《现代人乡愁的三重奏——论计文君的小说创作》,《信阳师范学院学报(哲学社会科学版)》,2014年第3期,第90—94页。

李群:《孤独的成长与艰难的"破茧"——浅析计文君的〈天河〉》,《山花》(下半月),2014年第10期,第115—116页。

兰青:《伪知识分子的无立足之地——浅谈计文君〈无家别〉中的史彦形象》,《青年作家》,2014年第24期,第53页。

黄鋆鋆:《泅渡于现代与传统间的闺秀——萧丽红〈千江有水千江月〉与计文君〈剔红〉等的比较》,《安阳工学院学报》,2016年第1期,第11—14页。

刘涛:《论中国70后作家的古典追求——以张学东、计文君、东君为例》,《雨花》,2016年第2期,第46—50页。

李群:《论计文君"钧州系列"小说》,《小说评论》,2016

年第3期，第176—180页。

张玉琼：《论计文君小说中女性主体精神的皈依与寄托》，《名作欣赏》，2017年第36期，第75—76页。

张欢、孟繁华：《小说的化城与琢光的心性——计文君的小说》，《上海文化》，2018年第3期，第28—34页。

黄德海：《火中栽莲——计文君的小说》，《驯养生活》，上海：上海人民出版社，2018年8月，第130—139页。

行超：《现代都市的焦虑与松弛》，《文艺报》，2018年9月14日，第2版。

赵振杰：《存在先于本质，或一份精神病理学档案——评计文君中篇小说〈夏生的汉玉蝉〉》，《南腔北调》，2018年第11期，第76—77页。

任梦玲：《戒断与重生——读计文君中篇小说〈夏生的汉玉蝉〉》，《作品与争鸣》，2019年第1期，第155—157页。

饶翔：《"后真相时代"的虚与实》，《文艺报》，2019年3月25日，第2版。

曹梦雨：《论计文君小说中的意象象征——以〈剔红〉为例》，《戏剧之家》，2019年第19期，第234页。

李群：《计文君小说关键词》，《信阳师范学院学报（哲学社会科学版）》，2020年第1期，第112—117页。

李馨：《新媒体塑造的"新青年"——以计文君〈化城喻〉为例》，《长江文艺评论》，2020年第1期，第98—102页。

王雪：《"津"各有别"问"就是了——读计文君中篇小说集〈问津变〉》，《文艺报》，2020年5月25日，第6版。

2. 学术专著

李群编著：《邵丽、乔叶、计文君研究》，郑州：河南大学出版社，2015年。

3. 作家对谈

张元珂、计文君：《面向内心的写作》，《创作与评论》，2014年第10期，第115—123页。

张丽军、计文君：《计文君：我们都是自己时代的人质——七〇后作家访谈录之十五》，《芳草》，2015年第1期，第202—208页。

计文君、岳雯、王清辉：《欲望幻术——〈阳羡鹅笼〉三人谈》，《青年文学》，2017年第7期，第125—134页。

吴佳燕、计文君：《"我更愿意我的人物在荒寒孤单中感受到温暖与庇护"》，《长江文艺》，2019年第3期，第99—105页。

陈菁霞、计文君：《计文君：用工笔捕捉"时代之象"》，《中华读书报》，2019年2月27日，第7版。

作家创作年表

2001 年

5月，中篇小说《烟城危澜》发表于《莽原》2001年第3期。

2003 年

4月，中篇小说《飞在空中的红鲫鱼》发表于《人民文学》2003年第4期。

2005 年

3月，中篇小说《七寸》发表于《莽原》2005年第2期。

8月，短篇小说《水流向下》发表于《人民文学》2005年第8期。

2006年

2月，中篇小说《男士止步》入选《华文2005年度最佳小说选·最佳网络小说》，由汕头大学出版社、北京燕山出版社出版。

3月，短篇小说《鹿皮靴子》发表于《莽原》2006年第2期。

3月，短篇小说《阳羡鹅笼》发表于《莽原》2006年第2期。

2007年

11月，论文《黛玉之"心证"——试论林黛玉形象的精神优美与精神病态》发表于《红楼梦学刊》2007年第6期。

2008年

1月，中篇小说《风月无边》发表于《星火·中短篇小说》2008年第1期。

2月，中篇小说《想给你的那座花园》发表于《人民文学》2008年第2期。

8月，中篇小说《天河》发表于《人民文学》2008年第8期。

2009 年

3 月，论文《一树春风有两般:〈传奇〉与〈红楼梦〉继承关系再分析》发表于《红楼梦学刊》2009 年第 2 期。

5 月，短篇小说《嫩南瓜》发表于《星火》2009 年第 3 期。

11 月，小说集《天河》由作家出版社出版。

2010 年

6 月，中篇小说《此岸芦苇》发表于《中国作家》（文学版）2010 年第 6 期。

7 月，论文《张爱玲的"红楼家数"——〈传奇〉与〈红楼梦〉人物塑造对比分析》发表于《红楼梦学刊》2010 年第 4 期。

8 月，短篇小说《你我》发表于《人民文学》2010 年第 8 期。

10 月，短篇小说《慢递》发表于《芒种》2010 年第 10 期。

11 月，中篇小说《开片》发表于《十月》2010 年第 6 期。

2011 年

4 月，评论《此曲只应天上有——青春版昆曲〈红楼梦〉观感》发表于《中国演员》2011 年第 2 期。

5 月，中篇小说《剔红》发表于《人民文学》2011 年第 5 期。

6 月，短篇小说《花儿》发表于《中国作家》（文学版）

2011年第11期。

9月，短篇小说《帅旦》发表于《人民文学》2011年第9期。

9月28日，评论《"七〇后"的尴尬与可能》发表于《文艺报》。

2012年

1月18日，论文《〈红楼梦〉与中国现当代小说》发表于《文艺报》。

3月，中篇小说《窑变》发表于《清明》2012年第2期。

3月，论文《谁是"继承人"：〈红楼梦〉小说艺术现当代继承问题分析》发表于《红楼梦学刊》2012年第2期。

3月19日，随笔《红豆新翻，肠断江南——谈〈江南逢李龟年〉》发表于《人民政协报》。

4月2日，随笔《美人香草托喻极深——谈〈闺意献张水部〉》发表于《人民政协报》。

4月16日，随笔《高华典丽，语浅情深——谈〈夜雨寄北〉》发表于《人民政协报》。

5月14日，随笔《借景立言，是耶非耶——谈张继〈枫桥夜泊〉》发表于《人民政协报》。

7月，中篇小说《白头吟》发表于《人民文学》2012年第7期。

8月10日，创作谈《千足虫之舞》发表于《文艺报》。

9月，论文《失落的〈红楼梦〉互文艺术》发表于《红楼梦学刊》2012年第5期。

11月，论文《浅析端木蕻良对曹雪芹形象的塑造》发表于《红楼梦学刊》2012年第6期。

12月14日，评论《沙汀：在其香居茶馆里》发表于《文艺报》。

2013年

1月，短篇小说《鸽子》发表于《北京文学（精彩阅读）》2013年第1期。

1月4日，随笔《题材意识与个人经验》发表于《文艺报》。

1月14日，随笔《红豆与相思》发表于《人民政协报》。

2月1日，《中国故事的另一种讲述方式》发表于《文艺报》。

2月4日，随笔《别人的世界》发表于《人民政协报》。

2月25日，随笔《中国式别离》发表于《人民政协报》。

3月18日，随笔《伤春》发表于《人民政协报》。

4月1日，随笔《物候诗学》发表于《人民政协报》。

5月，小说集《剔红》由上海文艺出版社出版。

5月31日，创作谈《虚构的魅力，梦的力量》发表于《文艺报》。

6月，小说集《器·剔红》由文化艺术出版社出版。

7月15日，随笔《读〈西厢〉——戏曲漫笔之一》发表于《人民政协报》。

7月29日，随笔《再读〈西厢〉——戏曲漫笔之二》发表于《人民政协报》。

8月，中篇小说《无家别》发表于《中国作家》(文学版)2013年第8期。

8月12日，随笔《三读〈西厢〉——戏曲漫笔之三》发表于《人民政协报》。

8月26日，随笔《四读〈西厢〉——戏曲漫笔之四》发表于《人民政协报》。

9月，中篇小说《卷珠帘》发表于《人民文学》2013年第9期。

9月，论文《论〈红楼梦〉中的空间建构》发表于《红楼梦学刊》2013年第5期。

9月27日，随笔《经验的容器》发表于《文艺报》。

10月，创作谈《创作谈：无边无际的现实》发表于《北京文学(中篇小说月报)》2013年第10期。

12月，学术专著《谁是继承人——〈红楼梦〉小说艺术现当代继承问题研究》由文化艺术出版社出版。

2014年

4月，小说集《窑变》由太白文艺出版社出版。

6月，小说集《帅旦》由山东文艺出版社出版。

7月，论文《想象中的城——城市文学的转向》发表于《当代作家评论》2014年第4期。

2015年

1月，评论《书法家刘绍典的莽苍之书》发表于《时代报告》2015年第1期。

3月，会议论文《培育创意人才 搭建创新平台》，收录于会议论文集《学科建设与文化创意》，由云南人民出版社出版。

6月，音乐剧《摇滚·西厢》，新绛文化出品。

6月5日，评论《让文学经典重生于当下》发表于《光明日报》。

6月12日，评论《力求中国故事的世界表达》发表于《人民日报》。

11月，论文《唐诗故事·计量相思》发表于《江苏现代计量》2015年第11期。

12月，评论《〈弦与刀〉——岳雯印象记》发表于《创作与评论》2015年第24期。

2016年

12月，评论《莽苍之书——中国当代实力派书法名家刘绍典》发表于《人大建设》2016年第A1期。

2017年

1月，小说集《白头吟》由人间出版社出版。

7月，论文《网红：内容驱动传播的"魅力格体"》发表于《天涯》2017年第4期。

10月，中篇小说《化城》发表于《人民文学》2017年第10期。

11月，创作谈《观不自在》发表于《北京文学（中篇小说月报）》2017年第11期。

2018年

1月，中篇小说《琢光》发表于《收获》2018年第1期。

3月，短篇小说《端午》发表于《飞天》2018年第3期。

7月，中篇小说《夏生的汉玉蝉》发表于《人民文学》2018年第7期。

8月，创作谈《纯属虚构》发表于《北京文学（中篇小说月报）》2018年第8期。

9月，中篇小说《婴之未孩》发表于《十月》2018年第5期。

11月，长篇小说《化城喻》由广西师范大学出版社出版。

2019年

3月，中篇小说《桃花源》发表于《长江文艺》2019年第3期。

3月，中篇小说《画魂》发表于《江南》2019年第2期。

3月，中篇小说《问津》发表于《收获》2019年第2期。

3月25日，创作谈《大象的故事》发表于《文艺报》。

4月，创作谈《活的故事》发表于《北京文学（中篇小说月报）》2019年第4期。

7月，中篇小说《满庭芳》发表于《清明》2019年第4期。

7月，创作谈《人生步步是绝境》发表于《北京文学（中篇小说月报）》2019年第7期。

8月，长篇小说《问津变》由广西师范大学出版社出版。

9月，创作谈《这里胜似花开》发表于《北京文学（中篇小说月报）》2019年第9期。

12月，小说集《你我》由长江文艺出版社出版。

后　记

这套"当代河南女作家研究资料汇编"系列丛书分为五本，包括：《当代河南女作家研究资料汇编　何向阳卷》《当代河南女作家研究资料汇编　邵丽卷》《当代河南女作家研究资料汇编　梁鸿卷》《当代河南女作家研究资料汇编　乔叶卷》《当代河南女作家研究资料汇编　计文君卷》。为全面而完整地呈现这些作家的创作及研究样貌，每本书二十余万字，分为六部分：作家作品选、作家创作谈、对谈、研究论文、研究资料索引、作家创作年表。

作为资料选编，我们的工作主要致力于对21世纪以来的河南女作家——何向阳、邵丽、梁鸿、乔叶、计文君的研究论文进行收集、汇编。在我的构想里，这些研究资料的编纂是构成当代河南女性文学发展史的重要部分，尝试呈现河南女性文学的发展脉络。我所期待的是，这套资料汇编能尽可能兼容并包，众语喧哗，为河南女性文学发展提供丰富翔实而深具学术品质的参考。

特别致谢五位青年批评家——行超、李馨、杨毅、马思钰、张天宇，作为每本研究资料的副主编，他们承担了研究资料的基础搜集和整理工作，而具体篇目的选定，则由我和他们分别商量、讨论定稿。

感谢河南省文联、河南作家协会的资助。感谢五位作家何向阳、邵丽、梁鸿、乔叶、计文君的作品授权。感谢责任编辑韩晓征、李婧婧、张小彩、窦玉帅及北京十月文艺出版社，没有他们的工作，就没有这个系列研究资料的问世。

张莉

2021年6月9日

图书在版编目 (CIP) 数据

当代河南女作家研究资料汇编. 计文君卷 / 张莉，
张天宇主编. -- 北京：北京十月文艺出版社，2021.9
ISBN 978-7-5302-2163-1

Ⅰ. ①当… Ⅱ. ①张… ②张… Ⅲ. ①计文君—文学
研究②计文君—人物研究 Ⅳ. ①I206.7②K825.6

中国版本图书馆 CIP 数据核字 (2021) 第 117784 号

当代河南女作家研究资料汇编　计文君卷
DANGDAI HENAN NÜ ZUOJIA YANJIU ZILIAO HUIBIAN　JIWENJUN JUAN
张莉　张天宇　主编

出　　版　北 京 出 版 集 团
　　　　　北京十月文艺出版社
地　　址　北京北三环中路 6 号
邮　　编　100120
网　　址　www.bph.com.cn
发　　行　新经典发行有限公司
　　　　　电话（010）68423599
经　　销　新华书店
印　　刷　北京盛通印刷股份有限公司
版　　次　2021 年 9 月第 1 版
　　　　　2021 年 9 月第 1 次印刷
开　　本　850 毫米 × 1168 毫米　1/32
印　　张　13
字　　数　240 千字
书　　号　ISBN 978-7-5302-2163-1
定　　价　55.00 元
质量监督电话　010-58572393
如有印装质量问题，由本社负责调换。